앞선 정보 제공! 도서 업데이트

언제, 왜 업데이트될까?

도서의 학습 효율을 높이기 위해 자료를 추가로 제공할 때!
공기업 · 대기업 필기시험에 변동사항 발생 시 정보 공유를 위해!
공기업 · 대기업 채용 및 시험 관련 중요 이슈가 생겼을 때!

01 시대에듀 도서
www.sdedu.co.kr/book
홈페이지 접속

02 상단 카테고리
「도서업데이트」
클릭

03 해당
기업명으로
검색

참고자료, 시험 개정사항 등 정보 제공으로 학습효율을 높여 드립니다.

한국산업인력공단

사 원

HRDK 한국산업인력공단

사
이
다

사일 동안
이것만 풀면
다 합격!

한국산업인력공단 6급
NCS + 한국사 + 영어

시대에듀

2025 최신판 시대에듀 사이다 모의고사
한국산업인력공단 6급 NCS + 한국사 + 영어

Always **with you**

사람의 인연은 길에서 우연하게 만나거나 함께 살아가는 것만을 의미하지는 않습니다.
책을 펴내는 출판사와 그 책을 읽는 독자의 만남도 소중한 인연입니다.
시대에듀는 항상 독자의 마음을 헤아리기 위해 노력하고 있습니다. 늘 독자와 함께하겠습니다.

머리말 PREFACE

기업과 근로자의 인적자원개발을 지원하는 사업을 종합적으로 수행하는 한국산업
인력공단은 2025년에 일반직 6급 신규직원을 채용할 예정이다. 한국산업인력공단의
채용절차는 「지원서 접수 ➜ 필기시험 ➜ 인성검사 ➜ 면접시험 ➜ 최종 합격자 발표」
순서로 이루어지며, 필기시험은 일반행정의 경우 직업능력, 한국사, 영어로 진행된다.
그중 직업능력은 조직이해능력, 의사소통능력, 수리능력, 문제해결능력, 직업윤리,
자원관리능력 총 6개의 영역을 평가하며, 2024년에는 PSAT형 문제의 비중이 높은
피듈형으로 진행되었다. 따라서 필기시험에서 고득점을 받기 위해 다양한 유형에 대한
폭넓은 학습과 문제풀이능력을 높이는 등 철저한 준비가 필요하다.

한국산업인력공단 일반직 6급 합격을 위해 시대에듀에서는 기업별 NCS 시리즈 누적
판매량 1위의 출간 경험을 토대로 다음과 같은 특징을 가진 도서를 출간하였다.

도서의 특징

❶ 합격으로 이끌 가이드를 통한 채용 흐름 확인!
  • 한국산업인력공단 소개와 최신 시험 분석을 수록하여 채용 흐름을 파악하는 데 도움이 될 수 있도록
    하였다.
❷ 기출응용 모의고사를 통한 완벽한 실전 대비!
  • 철저한 분석을 통해 실제 유형과 유사한 기출응용 모의고사를 4회분 수록하여 시험 직전 4일 동안
    자신의 실력을 점검하고 향상시킬 수 있도록 하였다.
❸ 다양한 콘텐츠로 최종 합격까지!
  • 온라인 모의고사를 무료로 제공하여 필기시험에 대비할 수 있도록 하였다.
  • 모바일 OMR 답안채점/성적분석 서비스를 통해 자동으로 점수를 채점하고 확인할 수 있도록 하였다.

끝으로 본 도서를 통해 한국산업인력공단 6급 채용을 준비하는 모든 수험생 여러분이
합격의 기쁨을 누리기를 진심으로 기원한다.

SDC(Sidae Data Center) 씀

◇ **미션**

> 우리는 인적자원개발을 통해 함께 잘사는 나라를 만든다

◇ **비전**

> K-HRD를 짓는 글로벌 인적자원개발 파트너

◇ **핵심가치**

미래   상생   청렴   안전

◇ **인재상**

사회人	▶	Human(인간답고)
창조人	▶	Reformative(창조적이며)
행동人	▶	Dynamic(열정적인)
학습人	▶	Knowledge based Learner(지식 기반 학습인)

◇ **경영목표 & 전략과제**

| 개인의 고용가능성과 기업의 생산성 제고 | 능력개발·숙련(직업능력개발 맞춤형 지원 강화)
• 강소기업 확대를 위한 기업성장형 훈련 지원
• 디지털 신기술 맞춤형 훈련 강화
• 숙련기술 친화 기반 구축 |

| 고객중심 디지털 국가자격 완성 | 능력평가·NCS(디지털 기반 직업능력평가 효용성 제고)
• 디지털 전환 기반 국가자격 혁신
• 현장 중심 자격품질 제고
• 전 국민 직무능력 활용 인프라 구축 |

| 글로벌 일자리 지원체계 고도화 | 국제인력·글로벌협력(글로벌 인적자원 교류 협력 강화)
• 인구·산업변화 맞춤형 외국인력 선발·도입
• 해외일경험·취업 지원으로 청년 미래도약 지원
• 글로벌 인적자원 역량체계 강화 |

| 지속가능경영 체계 구축 | 경영관리(기관운영 효율화 및 ESG경영 고도화)
• 지속가능경영을 위한 기능혁신 및 효율화
• 공단 특화 ESG경영 강화
• 안전 최우선 조직문화 정착 |

◇ **캐릭터**

이루미	해냄이

신입 채용 안내 INFORMATION

◇ 지원자격(공통)

❶ 최종합격자 발표 후 임용 즉시 근무 가능한 자(불가능 시 합격 취소)

❷ 한국산업인력공단 인사규정 제24조의 결격사유에 해당하지 않는 자로서 병역법 제76조에서 정한 병역의무 불이행 사실이 없는 자

❸ 성별 및 연령 제한 없음

※ 단, 공단 인사규정 제48조에 따라 만 60세 이상자는 지원할 수 없음

◇ 필기시험

모집단위		평가영역(문항 수)	총문항 수	시험시간	비고
일반직 6급	일반행정	직업능력(40), 한국사(20), 영어(20)	80문항	80분	객관식 5지 택일형
	기록물관리				
	정보기술	직업능력(20), 한국사(20), 전산학(40)	80문항		
	데이터분석	직업능력(20), 한국사(20), 데이터분석(40)	80문항		
	산업안전	직업능력(20), 한국사(20), 산업안전(40)	80문항		

※ 직업능력 : 조직이해능력, 의사소통능력, 수리능력, 문제해결능력, 직업윤리, 자원관리능력 및 직무수행능력(직무 상황에 대한 처리, 대응능력 등)을 평가
※ 한국사 : 전 범위
※ 영어 : 문법, 어휘, 독해, 비즈니스 영어 등

◇ 면접시험

구분	방식	내용
토론면접	다(多) 대 다(多) 방식	직무수행능력, 직업기초능력 등
인성면접	일(一) 대 다(多) 방식	지원동기, 조직적합성 등

❖ 위 채용 안내는 2024년 채용공고를 기준으로 작성하였으므로 세부사항은 확정된 채용공고를 확인하기 바랍니다.

2024년 기출분석 ANALYSIS

총평

한국산업인력공단 6급 필기시험은 PSAT형 문제의 비중이 높은 피듈형으로 출제되었고, 난도가 높은 편이었다. 세트문제가 많았으며 특히 자원관리능력과 다른 영역이 결부된 형태의 문제가 다수 출제되었다. 의사소통능력의 경우 한국산업인력공단 관련 지문이 출제되었으며 수리능력은 자료 이해 문제의 비중이 높았다. 또한 NCS와 함께 한국사와 영어 영역도 평가하기에 다양한 문제를 풀어보는 것이 중요하며, 모듈이론에 대한 이해 역시 필요하므로 영역별로 꼼꼼히 학습하는 태도가 필요했으리라 본다.

◇ 영역별 출제 비중

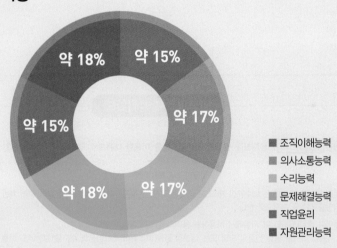

약 18% 약 15%
약 15% 약 17%
약 18% 약 17%

- ■ 조직이해능력
- ■ 의사소통능력
- ■ 수리능력
- ■ 문제해결능력
- ■ 직업윤리
- ■ 자원관리능력

구분	출제 특징	출제 키워드
의사소통능력	• 문서 내용 이해 문제가 출제됨 • 세트문제가 출제됨	• 한국산업인력공단 사업 절차, 한국산업인력공단 6급 채용 직무기술서, 개인 방송 겸직 허가 여부, 대한민국 명장 등
수리능력	• 자료 이해 문제가 출제됨 • 그래프 문제가 출제됨	• 자격증 유형별 응시 및 합격 비율, 가중치, 투자금, 연이자, 연수익, 흑자 등
자원관리능력	• 비용 계산 문제가 출제됨 • 인원 선발 문제가 출제됨	• 가산점, 연차, 휴가, 주유비, 도로구조물 등
직업윤리	• 모듈형 문제가 출제됨	• 부당한 지시 등
영어	• 문장 나열 문제가 출제됨 • 문법 문제가 출제됨 • 빈칸 삽입 문제가 출제됨	• 스티브잡스, 관계대명사, 동의어 등

주요 공기업 적중 문제 TEST CHECK

한국산업인력공단

가중치 ▶ 키워드

03 다음은 과일의 종류별 무게에 따른 가격표이다. 종류별 무게를 가중치로 적용하여 가격에 대한 가중평균을 구하면 42만 원이다. 이때 빈칸 ㉠에 들어갈 수치로 옳은 것은?

<과일 종류별 가격 및 무게>

(단위 : 만 원, kg)

구분	(가)	(나)	(다)	(라)
가격	25	40	60	㉠
무게	40	15	25	20

① 40
② 45
③ 50
④ 55
⑤ 60

임금피크제 ▶ 키워드

03 다음은 임금피크제 운용지침을 발췌한 것이다. 이를 이해한 내용으로 적절하지 않은 것은?

<임금피크제 운용지침>

목적(제1조) 이 지침은 보수규정 제5조에 따라 한국산업인력공단의 임금피크제 운용에 관한 제반 사항을 정함을 목적으로 한다.

용어의 정의(제2조) 이 지침에서 사용하는 용어의 정의는 다음과 같다.

1. 임금피크제란 일정 연령의 도달 또는 생산성 등을 고려하여 피크임금의 수준을 결정하고 이를 기준으로 임금을 조정하는 임금체계를 말한다.
2. 임금피크제 대상 직원이란 임금피크제의 적용기준에 도달하는 직원을 말한다.
3. 별도정원이란 임금피크제 대상 직원 중 정년 보장자인 1, 2급 직원은 정년퇴직일 1년 전, 정년연 장자인 3급 이하 직원은 정년연장기간인 정년퇴직일 3년 전 기간 동안의 인원으로 별도직무군과 초임직급군 정원을 합한 인원으로 한다.
4. 별도직무군이란 임금피크제 대상 직원 중 기존 정원에서 제외되어 별도정원으로 관리되는 별도 직무를 수행하는 직무군을 말한다.
5. 초임직급군이란 신규채용인원 중 정원으로 편입되지 않고 별도정원으로 관리되는 직급군을 말한다.

적용범위(제3조) 임금피크제 운용에 관해 법령, 정관 및 규정에서 따로 정한 것을 제외하고는 이 지침에 따른다.

임금피크제 적용대상(제4조) 임금피크제의 적용 대상은 정규직 및 무기계약 직원으로 한다.

적용시기(제5조) 임금피크제의 적용 시기는 다음 각 호와 같이 정한다.

1. 정년퇴직예정일 3년 전부터 임금피크제를 적용한다.
2. 정년퇴직예정일이 6월 30일인 경우 3년 전 7월 1일부터, 정년퇴직예정일이 12월 31일인 경우 3년 전 1월 1일부터 임금피크제를 적용한다.

피크임금(제6조)

① 임금피크제 대상 직원의 임금 조정을 위한 피크임금은 제5조의 적용 전 1년간의 급여 총액 중 가족수당, 자녀학비보조금, 직무급(직책급 등 이와 유사항목 포함), 경영평가성과급을 제외한 금 액을 말한다.

② 제1항의 급여 총액이라 함은 보수규정 등 취업규칙에서 정한 급여 항목의 지급 총액을 말한다.

국민연금공단

맞춤법 ▶ 유형

10 다음 〈보기〉에서 밑줄 친 부분의 맞춤법이 옳은 것은?

> **보기**
> 조직에 문제가 발생하면 우리는 먼저 원인을 <u>일일히</u> 분석합니다. 이후 구성원 모두가 해결 방안을 찾기 위해 머리를 <u>맞대고</u> 함께 고민합니다. 이때 우리는 '<u>어떻게든</u> 되겠지.'라는 안일한 생각을 버리고, '<u>흐터지면</u> 죽는다.'는 마음으로 뭉쳐야 합니다. 조직의 위기를 함께 극복할 때 우리는 더 나은 모습으로 성장할 수 있습니다.

① 일일히　　　　　　　　　　② 맞대고
③ 어떻게든　　　　　　　　　　④ 흐터지면

바탕화면 ▶ 키워드

03 귀하는 거래처의 컴퓨터를 빌려서 쓰게 되었는데, 해당 컴퓨터를 부팅하고 바탕화면에 저장된 엑셀 파일을 열자 어디에 사용될지 모르는 고객의 상세한 신상정보가 담겨 있었다. 다음 중 귀하가 취해야 할 태도로 가장 적절한 것은?

① 고객 신상 정보를 즉시 지우고 빌린 컴퓨터를 사용한다.
② 고객 신상 정보의 훼손을 방지하고자 자신의 USB에 백업해두고 보관해준다.
③ 고객 신상 정보를 저장장치에 복사해서 빌린 거래처 담당자에게 되돌려준다.
④ 거래처에 고객 신상 정보 삭제를 요청한다.

소금물 농도 ▶ 유형

02 농도가 9%인 A소금물 300g과 농도가 11.2%인 B소금물 250g을 합쳐서 C소금물을 만들었다. C소금물을 20% 덜어내고 10g의 소금을 추가했을 때, 만들어진 소금물의 농도는?

① 12%　　　　　　　　　　② 13%
③ 14%　　　　　　　　　　④ 15%

학습플랜 STUDY PLAN

1일 차 학습플랜   1일 차 기출응용 모의고사

_____월 _____일
NCS

한국사	영어

2일 차 학습플랜   2일 차 기출응용 모의고사

_____월 _____일
NCS

한국사	영어

3일 차 학습플랜 3일 차 기출응용 모의고사

_____월 _____일
NCS

한국사	영어

4일 차 학습플랜 4일 차 기출응용 모의고사

_____월 _____일
NCS

한국사	영어

취약영역 분석 WEAK POINT

1일 차 취약영역 분석

시작 시간	:	종료 시간	:
풀이 개수	개	못 푼 개수	개
맞힌 개수	개	틀린 개수	개
취약영역 / 유형			
2일 차 대비 개선점			

2일 차 취약영역 분석

시작 시간	:	종료 시간	:
풀이 개수	개	못 푼 개수	개
맞힌 개수	개	틀린 개수	개
취약영역 / 유형			
3일 차 대비 개선점			

3일 차 취약영역 분석

시작 시간	:	종료 시간	:
풀이 개수	개	못 푼 개수	개
맞힌 개수	개	틀린 개수	개
취약영역 / 유형			
4일 차 대비 개선점			

4일 차 취약영역 분석

시작 시간	:	종료 시간	:
풀이 개수	개	못 푼 개수	개
맞힌 개수	개	틀린 개수	개
취약영역 / 유형			
시험일 대비 개선점			

이 책의 차례 CONTENTS

문 제 편 한국산업인력공단 6급 NCS + 한국사 + 영어

1일 차 기출응용 모의고사	2
2일 차 기출응용 모의고사	46
3일 차 기출응용 모의고사	90
4일 차 기출응용 모의고사	134

해 설 편 정답 및 해설

1일 차 기출응용 모의고사	2
2일 차 기출응용 모의고사	15
3일 차 기출응용 모의고사	30
4일 차 기출응용 모의고사	43
OMR 답안카드	

1일 차
기출응용 모의고사

〈문항 수 및 시험시간〉

평가영역	문항 수	시험시간	모바일 OMR 답안채점/성적분석 서비스
[NCS] 조직이해＋의사소통＋수리＋ 　　　문제해결＋직업윤리＋자원관리 [한국사] 전 범위 [영어] 문법, 어휘, 독해, 비즈니스 영어 등	80문항	80분	

1일 차 기출응용 모의고사

문항 수 : 80문항
시험시간 : 80분

| 01 | 직업능력

01 다음 글의 제목으로 가장 적절한 것은?

> '100세 시대' 노인의 큰 고민거리 중 하나가 바로 주변의 도움 없이도 긴 세월을 잘 버텨낼 주거 공간이다. 이미 많은 언론에서 보도되었듯이 우리나라는 '노인이 살기 불편한 나라'인 것이 사실이다. 일본이 고령화 시대의 도시 모델로 의(醫)·직(職)·주(住) 일체형 주거 단지를 도입하고 있는 데 비해 우리나라는 아직 노인을 위한 공용 주택도 변변치 않은 실정이다.
> 일본은 우리보다 30년 빠르게 고령화 사회에 당면했다. 일본 정부는 개인 주택을 노인 친화적 구조로 개조하도록 전문 컨설턴트를 붙이고 보조금까지 주고 있다. 또한 사회 전반에는 장애 없는 '유니버설 디자인'을 보편화하도록 노력해 왔다. 그 결과 실내에 휠체어 작동 공간이 확보되고, 바닥에는 턱이 없으며, 손잡이와 미끄럼 방지 장치도 기본적으로 설치되었다. 이와 같은 준비는 노쇠해 거동이 불편해져도 익숙한 집, 익숙한 마을에서 끝까지 살고 싶다는 노인들의 바람을 존중했기 때문이다. 그러나 이러한 정책의 이면에는 기하급수적으로 증가하는 사회 복지 비용을 절감하자는 목적도 있었다. 고령자 입주시설을 설치하고 운영하는 비용이 재가 복지 비용보다 몇 배나 더 들기 때문이다.
> 우리나라의 경우 공동 주택인 아파트를 잘 활용하면 의외로 문제를 쉽게 풀 수 있을 것이다. 대규모 주거 단지의 일부를 고령 친화형으로 설계해서 노인 공유 동(棟)을 의무적으로 공급하는 것이다. 그곳에 식당, 욕실, 스포츠센터, 독서실, 오락실, 세탁실, 요양실, 게스트하우스, 육아 시설 등 노인들이 선호하는 시설을 넣으면 된다. 이러한 공유 공간은 가구당 전용 면적을 줄이고 공유 면적을 넓히면 해결된다. 공유 경제가 확산되면 모든 공동 주택이 작은 공동체로 바뀔 것이다. 공유 공간에서의 삶은 노인들만 모여 사는 실버타운과 달리 전체적인 활력도 높아질 것으로 예상된다.

① 더욱 빨라지는 고령화 속도를 줄이는 방법
② '유니버설 디자인'의 노인 친화적 주택
③ 노인 주거 문제, 소유에서 공유로 바꿔 해결하자.
④ 증가하는 사회 복지 비용, 그 해결 방안은?
⑤ 일본과 한국의 노인 주거 정책 비교

02 다음 글의 빈칸에 들어갈 내용으로 가장 적절한 것은?

사회가 변하면 사람들은 그때까지의 생활을 그대로 수긍하지 못한다. 새로운 생활에 맞는 새로운 언어를 필요로 하게 된다. 그 언어가 자연스럽게 육성되기를 기다릴 수도 있지만, 사람들은 대개 외국으로부터 그러한 개념의 언어를 빌려오려고 한다. 돈이나 기술을 빌리는 것에 비하면 언어는 대가 없이 빌려 쓸 수 있으므로 대부분 제한 없이 외래어를 빌린다. 특히 _____ 광복 이후 우리 사회에서 외래어가 넘쳐나는 것은 그간 우리나라의 고도성장과 절대 무관하지 않다.

① 외래어의 증가는 사회의 팽창과 함께 진행된다.
② 새로운 언어는 사회의 변화를 선도하기도 한다.
③ 외래어가 증가하면 범람한다는 비판을 받게 된다.
④ 새로운 언어는 인간의 욕망을 적절히 표현해 준다.
⑤ 새로운 언어는 필연적으로 외국의 개념을 빌릴 수밖에 없다.

03 다음 중 문제 유형이 다른 하나는 무엇인가?

① 김사원은 생산성을 향상하기 위해서 업무 프로세스, 작업방법 등을 개선할 방안을 마련하여 발표하였다.
② 이대리는 HR 제도 개선을 위한 인력 재산정 프로젝트를 추진하기 위해 해당 직무 담당자들과 인터뷰를 진행하였다.
③ 임과장은 구성원들의 성과를 향상할 수 있는 방안을 마련하기 위하여 구성원들에게 제공할 수 있는 교육·훈련 프로그램을 구상하여 발표하였다.
④ 최팀장은 2030 비전 달성을 위한 해외 사업 진출 프로젝트 방안을 마련하여 발표하였다.
⑤ 장대리는 회사의 재고율을 줄이기 위해 타 기업의 업무방식 정보를 참고하여 새로운 제도를 발표하였다.

04 다음 글을 읽고 이해한 내용으로 적절하지 않은 것은?

> 미술작품을 연구함에 있어 문헌사료의 중요성은 선사시대 미술연구의 한계를 통해서 절감할 수 있다. 울산의 천전리 암각화의 연구 성과를 예로 든다면 청동기 시대에 새겨졌다는 공통된 의견만 있을 뿐, 암각화의 제작 배경이나 작품의 내용에 대한 해석은 연구자의 주관적인 의견 제시에 그칠 수밖에 없다. 그러므로 고대 미술 작품과 관련된 직·간접적인 기록이 존재하지 않는다면 그 작품은 감상의 범주를 벗어나기 어렵다.
> 미술사 연구의 시작은 작품의 제작시기를 파악하는 것에서부터 출발한다. 일반적으로 미술사에서는 양식사적 비교 편년에 의해 작품의 제작시기를 판단하는데, 이때 무엇보다도 중요한 것이 양식비교의 기준이 되는 작품이 존재해야 한다는 것이다. 비교 편년의 기준이 되는 작품을 흔히 '기준작'이라고 하는데, 기준작의 전제조건은 제작시기가 작품에 명시되어 있거나, 작품의 제작과 연관된 신뢰할 만한 기록을 보유한 작품이어야 한다는 점에서 기준작의 설정은 기록의 도움을 받을 수밖에 없다. 그러나 기준작의 설정을 전적으로 기록에만 의존하는 것도 곤란하다. 왜냐하면 물질자료와 달리 기록은 상황에 따라 왜곡되거나 윤색될 수도 있고, 후대에 가필되는 경우도 있기 때문이다. 따라서 작품에 명문이 있다 하더라도 기준작으로 삼기 위해서는 그것이 과연 신뢰할 만한 사료인가에 대한 엄정한 사료적 비판이 선행되어야 한다.
> 예를 들어, 일본 호류지 금당의 금동약사여래좌상 광배의 뒷면에는 스이코 천황과 쇼토쿠 태자가 요메이 천황의 유언에 따라 607년에 조성했다는 명문이 있다. 하지만 일본 학계에서는 이 불상을 7세기 초의 기준작으로 거론하지 않는다. 그 이유는 명문의 서체와 조각양식 및 제작기법 분석을 통해 이 불상이 670년 호류지가 화재로 소실된 이후 재건되면서 새롭게 조성되었다는 견해가 지배적이기 때문이다. 이러한 사례는 기준작의 선정을 위해서 작품과 관련기록에 대한 엄격한 사료의 비판이 전제되어야 한다는 것을 잘 보여준다.
> 한국 불교미술사에서 석굴암은 8세기 중엽 신라 불교미술의 기준작으로 확고하게 정착되어 있다. 절대연대가 확인되지 않은 통일신라 시대 불교미술품은 석굴암을 기준으로 이전과 이후로 구분하여 제작시기를 파악하고 있으며, 석굴암이 8세기 중엽의 기준작으로 설정된 근본적인 원인은 13세기 말에 편찬된 『삼국유사』 제5권의 '불국사 창건기록'에 근거하고 있다.

① 미술작품을 연구함에 있어 문헌사료의 직·간접적인 기록이 중요하다.
② 미술작품의 기록이 존재하지 않는다면, 연구자의 주관적인 의견에서 벗어나기 어렵다.
③ 전적으로 문헌사료의 기록에 의존하여 기준작을 설정하는 것이 중요하다.
④ 석굴암은 8세기 중엽 신라 불교미술의 기준작으로 확고하게 정착되었다.
⑤ 금동약사여래좌상은 작품과 관련기록에 대한 비판이 전제되어야 함을 보여준다.

05 H대학 동문회는 월말에 열릴 동문 초청의 밤 행사를 위해 회비를 갹출하려고 한다. 2025년 비용 계획과 연도별 동문회 참가 현황을 참고하여 비용을 산출할 때, 올해 1인당 최소 회비는 얼마인가?(단, 회비는 만 원 단위로 갹출하며, 올해는 2025년이다)

〈2025년 비용 계획〉

구분	비용	신청자 수
1인당 식사비	25,000원	미정
기념 티셔츠	12,500원	미정
기념 모자	5,000원	120명
홍보 팸플릿	5,000원	미정
기념 컵	5,000원	100명

※ 미정인 신청자 수는 최근 3년간 동문회 참가 현황의 평균을 근거로 산출함

〈2020 ~ 2024년 동문회 참가 현황〉

구분	2020년	2021년	2022년	2023년	2024년
참가 인원	208명	190명	185명	201명	163명

① 3만 원
② 4만 원
③ 5만 원
④ 6만 원
⑤ 7만 원

06 다음 글의 빈칸에 들어갈 내용으로 가장 적절한 것은?

발전은 항상 변화를 내포하고 있다. 그러나 모든 형태의 변화가 전부 발전에 해당하는 것은 아니다. 이를테면 교통신호등이 빨강에서 파랑으로, 파랑에서 빨강으로 바뀌는 변화를 발전으로 생각할 수는 없는 것이다. 즉, _____ 좀 더 구체적으로 말해, 사태의 진전 과정에서 나중에 나타나는 것은 적어도 그 이전 단계에 내재적으로나마 존재했던 것의 전개에 해당한다는 것이다. 이렇게 볼 때, 발전은 선적(線的)인 특성이 있다. 순전한 반복의 과정으로 보이는 것을 발전이라고 규정하지 않는 이유는 그 때문이다. 반복과정에서는 최후에 명백히 나타나는 것이 처음에 존재했던 것과 거의 다르지 않다. 그러나 또 한편으로 우리는 비록 반복의 경우라도 때때로 그 과정 중의 특정 단계를 따로 떼어서 그것을 발견이라고 생각하기도 한다. 즉, 전체 과정에서 어떤 종류의 질이 그 시기에 특정의 수준까지 진전한 경우를 말한다.

① 변화는 특정한 방향으로 발전하는 것을 의미한다.
② 발전은 불특정 방향으로 일어나는 변모라는 의미이다.
③ 발전은 어떤 특정한 반복으로 일어나는 변화라는 의미로 사용된다.
④ 변화는 어떤 특정한 방향으로 일어나는 발전이라는 의미로 사용된다.
⑤ 발전은 어떤 특정한 방향으로 일어나는 변화라는 의미를 내포하고 있다.

07 A사원은 출근하던 중에 상사인 B대리로부터 급한 연락을 받았다. 업무에 꼭 필요한 물품을 찾아오지 못한 채 회사에 이미 출근했으니 A사원이 대신 물품을 찾아 출근해 달라는 부탁이었다. A사원이 속한 부서의 H부장은 대개 출근 시간이 늦기 때문에 A사원은 별다른 고민 없이 B대리의 부탁대로 물품을 찾은 뒤에 출근 시간보다 10분 늦게 회사에 도착했다. 그러나 그날따라 정시에 출근한 H부장이 A사원에게 그동안 계속해서 지각을 했었느냐며 잔소리를 했다. 이런 상황에서 당신이 A사원이라면 어떻게 할 것인가?

① 가만히 듣고 있다가 H부장의 말이 끝나면 B대리 탓을 한다.

② H부장에게 지각하지 말라며 오히려 언성을 높인다.

③ B대리에게 물품을 건네지 않음으로써 H부장에게 혼나도록 만든다.

④ 개인적으로 B대리에게 찾아가 H부장에게 자초지종을 잘 말해 달라고 부탁한다.

⑤ B대리의 이야기는 하지 않고 오늘 하루만 지각한 것이라고 변명한다.

08 다음 글에서 밑줄 친 ㉠~㉤의 수정 방안으로 적절하지 않은 것은?

〈올해의 탐방 참가자 공모 신청 동기와 사전 준비 정도〉

올해의 탐방 참가자 공모를 보며 저는 가슴이 뛰었습니다. ㉠ 저를 선발해 주신다면 탐방의 성과를 공유함으로써 해외 탐방의 취지를 살릴 수 있도록 최선을 다하겠습니다. 탐방 지역으로 발표된 페루는 문화인류학에 관심 있는 제가 평소 가 보고 싶었던 지역이기 때문입니다. ㉡ 잉카 문명에 대한 제 관심은 세계사 수업을 통해 싹텄습니다.

세계사를 공부하는 과정에서 저는 여러 가지 문헌들과 사진 자료들을 살펴보고 ㉢ 잉카 문명의 매력에 매료되었습니다. 또한 탐방 예정지인 페루의 옛 도시 쿠스코와 마추픽추를 포함한 잉카 문명 유적지들은 유네스코 세계 문화유산으로 지정되어 있을 정도로 문화 인류학적 가치가 큰 유적지임을 알게 되었습니다. 그래서 언젠가는 제가 직접 방문하여 당시 사람들이 남긴 유산을 살펴보고 싶다는 ㉣ 소망입니다.

저는 탐방에 대한 사전 준비도 열심히 해 왔다고 자부합니다. 저는 이미 잉카 문명의 역사와 지리에 대해 많은 자료와 문헌들을 ㉤ 조사했더니, 첨부한 계획서와 같이 이번 탐방을 통해 구체적으로 심화 학습할 주제와 탐구 계획도 정해 놓았습니다.

---

① ㉠ : 글의 제목에 어울리지 않는 내용이므로 삭제한다.

② ㉡ : 첫 번째 문단보다 둘째 문단에 어울리므로 두 번째 문단의 처음으로 옮긴다.

③ ㉢ : 의미의 중복을 피하기 위해 '잉카 문명에 매료되었습니다.'로 고친다.

④ ㉣ : 주어와의 호응을 고려해 '소망을 품게 되었습니다.'로 고친다.

⑤ ㉤ : 뒤에 이어진 문장과의 관계를 고려해 '조사했으므로'로 고친다.

09 다음 글을 읽고 추론한 내용으로 적절하지 않은 것은?

> 금융통화위원회는 다음 통화정책 방향 결정시까지 한국은행 기준금리를 현 수준(1.50%)에서 유지하여 통화정책을 운용하기로 하였다.
>
> 세계경제는 성장세가 확대되는 움직임을 나타내었다. 국제금융시장은 주요국 통화정책 정상화 기대 등으로 국채금리가 상승하였으나 주가가 오름세를 이어가는 등 대체로 안정된 모습을 보였다. 앞으로 세계경제의 성장세는 주요국 통화정책 정상화 속도, 미국 정부 정책 방향, 보호무역주의 확산 움직임 등에 영향을 받을 것으로 보인다.
>
> 국내경제는 투자가 다소 둔화되었으나 수출이 호조를 지속하는 가운데 소비가 완만하게 개선되면서 견실한 성장세를 이어간 것으로 판단된다. 고용 상황은 서비스업 취업자 수 증가폭이 감소하는 등 개선세가 둔화되었다. 국내경제는 금년에도 3% 수준의 성장세를 나타낼 것으로 보인다. 투자가 둔화되겠으나 소비는 가계의 소득여건 개선 등으로 꾸준한 증가세를 이어가고, 수출도 세계경제의 호조에 힘입어 양호한 흐름을 지속할 것으로 예상된다.
>
> 소비자물가는 농축수산물 가격의 상승폭 축소, 도시가스요금 인하 등으로 1%대 중반으로 오름세가 둔화되었다. 근원인플레이션율(식료품 및 에너지 제외 지수)은 1%대 중반을 지속하였으며 일반인 기대인플레이션율은 2%대 중반을 유지하였다. 소비자물가 상승률은 당분간 1%대 초반 수준을 보이다가 하반기 이후 오름세가 확대되면서 목표수준에 점차 근접하겠으며, 연간 전체로는 1%대 후반을 나타낼 것으로 전망된다. 근원인플레이션율도 완만하게 상승할 것으로 보인다.
>
> 금융시장은 장기시장금리가 주요국 금리 상승의 영향으로 오름세를 보였으나, 주가는 기업실적 개선 기대로 상승하는 등 대체로 안정된 모습을 나타내었다. 원/달러 환율은 미 달러화 약세 등으로 하락세를 지속하였다. 가계대출은 증가규모가 축소되었다. 주택가격은 전반적으로 낮은 오름세를 보였으나 수도권 일부 지역에서 상승세가 확대되었다.
>
> 금융통화위원회는 앞으로 성장세 회복이 이어지고 중기적 시계에서 물가상승률이 목표수준에서 안정될 수 있도록 하는 한편 금융안정에 유의하여 통화정책을 운용해 나갈 것이다. 국내경제가 견실한 성장세를 지속하는 가운데 당분간 수요 측면에서의 물가상승압력은 크지 않을 것으로 전망되므로 통화정책의 완화기조를 유지해 나갈 것이다. 이 과정에서 향후 성장과 물가의 흐름을 면밀히 점검하면서 완화정도의 추가 조정 여부를 신중히 판단해 나갈 것이다. 아울러 주요국 중앙은행의 통화정책 변화, 주요국과의 교역여건, 가계부채 증가세, 지정학적 리스크 등도 주의깊게 살펴볼 것이다.

① 국채금리는 주요국 통화정책의 영향을 받는다.
② 현재 근원인플레이션율은 기대인플레이션율을 하회한다.
③ 세계경제는 최근 지속적으로 성장해 왔다.
④ 주택가격과 금융시장은 전반적으로 오름세를 보이고 있다.
⑤ 국내 서비스업 취업자 수가 감소하였으나, 국내경제성장률은 큰 변동이 없을 것으로 예측된다.

10 다음은 2024년 1분기 단지별 수출 현황이다. 다음 (가) ~ (다)에 들어갈 수치를 순서대로 바르게 나열한 것은?(단, 전년 대비 수치는 소수점 둘째 자리에서 반올림한다)

〈2024년 1분기 수출 현황〉

(단위 : 백만 달러)

구분	2024년 1분기	2023년 1분기	전년 대비
국가	66,652	58,809	13.3% 상승
일반	34,273	29,094	(가) 상승
농공	2,729	3,172	14.0% 하락
합계	(나)	91,075	(다) 상승

	(가)	(나)	(다)		(가)	(나)	(다)
①	17.8%	103,654	11.8%	②	15.8%	103,654	13.8%
③	17.8%	102,554	13.8%	④	15.8%	104,654	11.8%
⑤	17.8%	103,654	13.8%				

11 다음 글의 빈칸에 들어갈 내용으로 가장 적절한 것은?

만약 어떤 사람에게 다가온 신비적 경험이 그가 살아갈 수 있는 힘으로 밝혀진다면, 그가 다른 방식으로 살아야 한다고 다수인 우리가 주장할 근거는 어디에도 없다. 사실상 신비적 경험은 우리의 모든 노력을 조롱할 뿐 아니라, 논리라는 관점에서 볼 때 우리의 관할 구역을 절대적으로 벗어나 있다. 우리 자신의 더 합리적인 신념은 신비주의자가 자신의 신념을 위해서 제시하는 증거와 그 본성에 있어서 유사한 증거에 기초해 있다. 우리의 감각이 우리의 신념에 강력한 증거가 되는 것과 마찬가지로, 신비적 경험도 그것을 겪은 사람의 신념에 강력한 증거가 된다. 우리가 지닌 합리적 신념의 증거와 유사한 증거에 해당되는 경험은, 그러한 경험을 한 사람에게 살아갈 힘을 제공해줄 것이다. 신비적 경험은 신비주의자들에게는 살아갈 힘이 되는 것이다. 따라서 _____

① 신비주의가 가져오는 긍정적인 면에 대한 심도 있는 연구가 필요하다.

② 신비주의자들의 삶의 방식이 수정되어야 할 불합리한 것이라고 주장할 수는 없다.

③ 논리적 사고와 신비주의적 사고를 상반된 개념으로 보는 견해는 수정되어야 한다.

④ 신비주의자들은 그렇지 않은 사람들보다 더 나은 삶을 살아간다고 할 수 있다.

⑤ 모든 합리적 신념의 증거는 사실상 신비적 경험에서 나오는 것이다.

12 용민이와 효린이가 호수를 같은 방향으로 도는데 용민이는 7km/h, 효린이는 3km/h의 속력으로 걷는다. 두 사람이 다시 만났을 때 7시간이 지나있었다면, 호수의 둘레는?

① 24km   ② 26km
③ 28km   ④ 30km
⑤ 32km

13 다음 문단을 논리적 순서대로 바르게 나열한 것은?

> (가) 하지만 영화를 볼 때 소리를 없앤다면 어떤 느낌이 들까? 아마 내용이나 분위기, 인물의 심리 등을 파악하기 힘들 것이다. 이런 점을 고려할 때 영화 속 소리는 영상과 분리해서 생각할 수 없는 필수 요소라고 할 수 있다. 소리는 영상 못지않게 다양한 기능이 있기 때문에 현대 영화감독들은 영화 속 소리를 적극적으로 활용하고 있다.
>
> (나) 이와 같이 영화 속 소리는 다양한 기능을 수행하기 때문에 영화의 예술적 상상력을 빼앗는 것이 아니라 오히려 더 풍부하게 해 준다. 그래서 현대 영화에서 소리를 빼고 작품을 완성한다는 것은 생각하기 어려운 일이 되었다.
>
> (다) 영화의 소리에는 대사, 음향 효과, 음악 등이 있으며, 이러한 소리들은 영화에서 다양한 기능을 수행한다. 우선 영화 속 소리는 다른 예술 장르의 표현 수단보다 더 구체적이고 분명하게 내용을 전달하는 데 도움을 줄 수 있다. 그리고 줄거리 전개에 도움을 주거나 작품의 상징적 의미를 전달할 뿐만 아니라 주제 의식을 강조하는 역할을 하기도 한다. 또 영상에 현실감을 줄 수 있으며, 영상의 시공간적 배경을 확인시켜 주는 역할도 한다. 게다가 영화의 분위기를 조성하고 인물의 내면 심리도 표현할 수 있다.
>
> (라) 유성영화가 등장했던 1920년대 후반에 유럽의 표현주의나 형식주의 감독들은 영화 속의 소리에 대한 부정적인 견해가 컸다. 그들은 가장 영화다운 장면은 소리 없이 움직이는 그림으로만 이루어진 장면이라고 믿었다. 그래서 그들은 영화 속 소리가 시각 매체인 영화의 예술적 효과와 영화적 상상력을 빼앗을 것으로 내다보았다.

① (다) - (가) - (라) - (나)   ② (다) - (라) - (가) - (나)
③ (라) - (가) - (다) - (나)   ④ (라) - (다) - (가) - (나)
⑤ (라) - (다) - (나) - (가)

14 다음은 2022~2024년 전자책 이용 매체 사용 비율에 대한 자료이다. 이에 대한 설명으로 옳은 것은?(단, 인원수는 소수점 첫째 자리에서 반올림한다)

〈2022~2024년 전자책 이용 매체 사용 비율〉

(단위 : %)

구분	2022년	2023년		2024년	
	성인	성인	학생	성인	학생
표본 인원(명)	47	112	1,304	338	1,473
컴퓨터	68.1	67.0	43.2	52.1	48.2
휴대폰 / 스마트폰	12.8	14.3	25.5	42.4	38.0
개인용 정보 단말기(PDA)	4.3	3.6	2.3	0.2	0.2
태블릿 PC	–	2.7	0.5	3.8	2.3
휴대용 멀티미디어 플레이어(PMP)	2.1	0.9	13.7	1.0	9.3
전자책 전용 단말기	–	–	2.1	0.5	0.4
기타	12.7	11.5	12.7	–	1.6

① 2022년 휴대폰 / 스마트폰 성인 사용자 수는 2023년 태블릿 PC 성인 사용자 수보다 많다.
② 2024년에 개인용 정보 단말기(PDA) 학생 사용자 수는 전년 대비 증가하였다.
③ 2024년 전자책 전용 단말기 사용자 수는 20명 이상이다.
④ 2023년 컴퓨터 사용자 수는 성인 사용자 수가 학생 사용자 수의 20% 이상을 차지한다.
⑤ 2023~2024년 동안 전년 대비 성인 사용자 비율이 지속적으로 증가한 전자책 이용 매체는 3가지이다.

15 한국산업인력공단 영업부는 야유회에서 4개의 팀으로 나누어서 철봉에 오래 매달리기 시합을 하였다. 다음은 팀별 기록 정보이다. A팀 4번 선수와 B팀 2번 선수 기록의 평균은 얼마인가?

〈팀별 철봉 오래 매달리기 기록〉

(단위 : 초)

구분	1번 선수	2번 선수	3번 선수	4번 선수	5번 선수
A팀	32	46	42	( )	42
B팀	48	( )	36	53	55
C팀	51	30	46	45	53
D팀	36	50	40	52	42

※ C팀의 평균은 A팀보다 3초 긺
※ D팀의 평균은 B팀보다 2초 짧음

① 43초　　　　　　　　　　② 42초
③ 41초　　　　　　　　　　④ 40초
⑤ 39초

16 다음 첫 문단에 이어 (가) ~ (다)를 순서대로 바르게 나열한 것은?

> 어떤 문화의 변동은 절대 외래문화의 압도적 영향이나 이식에 의해 일방적으로 이루어지는 것이 아니라 수용 주체의 창조적·능동적 측면과 관련되어 이루어지는 매우 복합적인 성격의 것이다.
>
> (가) 그리하여 외래문화 중에서 이러한 결핍 부분의 충족에 유용한 부분만을 선별해서 선택적으로 수용하게 된다.
>
> (나) 이러한 수용 주체의 창조적·능동적 측면은 문화 수용과 변동에서 무엇보다도 우선하는 것인데, 이것이 외래문화 요소의 수용을 결정짓는다.
>
> (다) 즉, 어떤 문화의 내부에 결핍 요인이 있을 때 그 문화의 창조적·능동적 측면은 이를 자체적으로 극복하려 노력하지만, 이러한 극복이 내부에서 성취될 수 없을 때 그것은 외래 요소의 수용을 통해 이를 이루고자 한다.
>
> 다시 말해, 외래문화는 수용 주체의 내부 요인에 따라 수용 또는 거부되는 것이다.

① (가) – (나) – (다)   ② (가) – (다) – (나)

③ (나) – (가) – (다)   ④ (나) – (다) – (가)

⑤ (다) – (나) – (가)

17 다음 〈조건〉을 바탕으로 할 때 판단할 내용으로 옳지 않은 것은?

> **조건**
> • 프로젝트는 A부터 E까지의 작업으로 구성되며, 모든 작업은 동일 작업장 내에서 행해진다.
> • 각 작업의 필요 인원과 기간은 다음과 같다.
>
> | 구분 | A작업 | B작업 | C작업 | D작업 | E작업 |
> |---|---|---|---|---|---|
> | 필요 인원(명) | 5 | 3 | 5 | 2 | 4 |
> | 기간(일) | 10 | 18 | 50 | 18 | 16 |
>
> ※ B작업은 A작업이 완료된 이후에 시작할 수 있음
> ※ E작업은 D작업이 완료된 이후에 시작할 수 있음
> • 인력은 A부터 E까지 모든 작업에 동원될 수 있으며, 각 작업에 투입된 인력의 생산성은 동일하다.
> • 프로젝트에 소요되는 비용은 1인당 1일 10만 원의 인건비와 1일 50만 원의 작업장 사용료로 구성된다.
> • 작업의 필요 인원은 증원 또는 감원될 수 없다.

① 프로젝트를 완료하기 위해 필요한 최소 인력은 5명이다.

② 프로젝트를 완료하기 위해 소요되는 최단기간은 50일이다.

③ 프로젝트를 완료하는 데 들어가는 비용은 최소 6천만 원 이하이다.

④ 프로젝트를 최단기간에 완료하는 데 투입되는 최소 인력은 10명이다.

⑤ 프로젝트를 최소 인력으로 완료하는 데 소요되는 최단기간은 94일이다.

18 다음 글에 제시된 조직의 특징으로 가장 적절한 것은?

> H공단의 사내 봉사 동아리에 소속된 70여 명의 임직원이 연탄 나르기 봉사활동을 펼쳤다. 이날 임직원들은 지역주민들이 보다 따뜻하게 겨울을 날 수 있도록 연탄 총 3,000장과 담요를 직접 전달했다. 사내 봉사 동아리에 소속된 H공단 M대리는 "매년 진행하는 연말 연탄 나눔 봉사활동을 통해 지역사회에 도움의 손길을 전할 수 있어 기쁘다."라며 "오늘의 작은 손길이 큰 불씨가 되어 많은 분들이 따뜻한 겨울을 보내길 바란다."라고 말했다.

① 인간관계에 따라 형성된 자발적인 조직
② 이윤을 목적으로 하는 조직
③ 규모와 기능 그리고 규정이 조직화되어 있는 조직
④ 조직 구성원들의 행동을 통제할 장치가 마련되어 있는 조직
⑤ 공익을 요구하지 않는 조직

19 다음 글의 빈칸에 들어갈 내용으로 가장 적절한 것은?

> 알레르기는 도시화와 산업화가 진행되는 지역에서 매우 빠르게 증가하고 있는데, 알레르기의 발병 원인에 대한 20세기의 지배적 이론은 알레르기는 병원균의 침입에 의해 발생하는 감염성 질병이라는 것이다. 하지만 1989년 영국 의사 H는 이 전통적인 이론에 맞서 다음 가설을 제시했다. ＿＿＿＿＿＿＿＿＿＿＿
> ＿＿＿＿＿＿＿＿＿＿＿＿＿＿＿＿ H는 1958년 3월 둘째 주에 태어난 17,000명 이상의 영국 어린이를 대상으로 그들이 23세가 될 때까지 수집한 개인 정보 데이터베이스를 분석하여, 이 가설을 뒷받침하는 증거를 찾았다. 이들의 가족 관계, 사회적 지위, 경제력, 거주 지역, 건강 등의 정보를 비교 분석한 결과, 두 개 항목이 꽃가루 알레르기와 상관관계를 가졌다. 첫째, 함께 자란 형제자매의 수이다. 외동으로 자란 아이의 경우 형제가 서넛인 아이에 비해 꽃가루 알레르기에 취약했다. 둘째, 가족 관계에서 차지하는 서열이다. 동생이 많은 아이보다 손위 형제가 많은 아이가 알레르기에 걸릴 확률이 낮았다.
> H의 주장에 따르면 가족 구성원이 많은 집에 사는 아이들은 가족 구성원, 특히 손위 형제들이 집안으로 끌고 들어오는 온갖 병균에 의한 잦은 감염 덕분에 장기적으로는 알레르기 예방에 오히려 유리하다. H는 유년기에 겪은 이런 감염이 꽃가루 알레르기를 비롯한 알레르기성 질환으로부터 아이들을 보호해 왔다고 생각했다.

① 알레르기는 유년기에 병원균 노출의 기회가 적을수록 발생 확률이 높아진다는 것이다.
② 알레르기는 가족 관계에서 서열이 높은 가족 구성원에게 더 많이 발생한다는 것이다.
③ 알레르기는 성인보다 유년기의 아이들에게 더 많이 발생한다는 것이다.
④ 알레르기는 도시화에 따른 전염병의 증가로 인해 유발된다는 것이다.
⑤ 알레르기는 형제가 많을수록 발생 확률이 낮아진다는 것이다.

※ 다음은 H사의 국제투자유치 행사 참여 안내문이다. 이어지는 질문에 답하시오. [20 ~ 21]

〈행사 참여 안내〉

1) 취지
 – H사의 비전을 세계 시장에 알리고 투자 유치 및 관계자들의 이해를 돕기 위해 행사를 개최함
2) 내용
 – 장소 : 1일 차 후쿠오카 대관, 2일 차 삿포로 본사 연수원
 – 일시 : 2025년 09월 13 ~ 14일(2일간 진행), 09:00 ~ 15:00
 – 주제 : H사의 비전
3) 주최 측 주의사항
 – 복장 및 예절에 관해 우수한 인력을 선발 및 배치할 것
 – 규정에 의한 최소한의 인력을 배치할 것
 – 프레젠테이션 인력을 최소 2인 이상 배치할 것
 – 국제행사에 투입되는 인력은 특히 능력이나 성격과 가장 적합하도록 배치할 것

〈국외 출장 관련 세부지침〉

 – 국외 여비 총액은 특별한 사정이 없는 한 한 해의 예산 내에서 최소 범위로 쓸 수 있도록 함
 – 국제행사 주최가 당사일 경우에는 최소 5인 이상이 출장을 가야함
 – 국제행사 등 국외 여비와 관련된 사업이 완료된 경우, 해당 규모의 국외 여비는 감액하여 편성함

---

20 다음 중 주최 측의 행동으로 옳은 것은?

① 행사가 원활하게 이루어지도록 적어도 8명을 배치한다.
② 프레젠테이션 인력 2명, 이들을 뒷받침할 수 있는 인원 2명을 배치한다.
③ 프레젠테이션 최소 인력 2명, 국제행사 주최가 당사이므로 최소 5인 이상이 출장을 가야 함으로 총인원 7명을 배치한다.
④ 발표가 양일 동안 진행되므로 첫날 후쿠오카에서 행사를 진행할 최소 인원인 5명과 2일 차에 행사를 진행할 최소 인원 5명까지 총 10명을 배치한다.
⑤ 해외 출장 인력을 최소한으로 배치해야 하기 때문에 프레젠테이션 인력 2명, 보조 3명을 선발하여 배치한다.

21 다음 중 주최 측이 인력을 배치하는 유형으로 옳은 것은?

① 양적 배치　　　　　　② 능력 배치
③ 적성 배치　　　　　　④ 질적 배치
⑤ 균형 배치

22 H팀장은 6월부터 10월까지 매월 부산에서 열리는 세미나에 참석하기 위해 숙소를 예약해야 한다. H팀장이 다음 〈조건〉에 따라 예약사이트 M투어, C트립, S닷컴, T호텔스 중 한 곳을 통해 숙소를 예약하고자 할 때, H팀장이 이용할 예약사이트와 6월부터 10월까지의 총숙박비용이 바르게 짝지어진 것은?

〈예약사이트별 예약 정보〉

예약사이트	가격(원/1박)	할인행사
M투어	120,500	3박 이용 시 다음 달에 30% 할인 쿠폰 1매 제공
C트립	111,000	6월부터 8월 사이 1박 이상 숙박 이용내역이 있을 시 10% 할인
S닷컴	105,500	2박 이상 연박 시 10,000원 할인
T호텔스	105,000	멤버십 가입 시 1박당 10% 할인(멤버십 가입비 20,000원)

조건
- 세미나를 위해 6월부터 10월까지 매월 1박 2일로 숙소를 예약한다.
- 숙소는 항상 같은 호텔을 이용한다.
- H팀장은 6월부터 10월까지 총 5번의 숙박비용의 합을 최소화하고자 한다.

　　예약사이트　　　총숙박비용
① 　M투어　　　　566,350원
② 　C트립　　　　492,500원
③ 　C트립　　　　532,800원
④ 　S닷컴　　　　527,500원
⑤ 　T호텔스　　　492,500원

23 한국산업인력공단에 입사한 A∼E사원은 다음과 같이 각각 2개 항목의 물품을 신청하였다. 5명의 사원 중 2명의 진술이 거짓일 때, 신청 사원과 신청 물품이 바르게 짝지어진 것은?

A∼E사원이 신청한 항목은 4개이며, 항목별 신청 사원의 수는 다음과 같다.
- 필기구 : 2명
- 복사용지 : 2명
- 의자 : 3명
- 사무용 전자제품 : 3명

A : 나는 필기구를 신청하였고, E는 거짓말을 하고 있다.
B : 나는 의자를 신청하지 않았고, D는 진실을 말하고 있다.
C : 나는 의자를 신청하지 않았고, E는 진실을 말하고 있다.
D : 나는 필기구와 사무용 전자제품을 신청하였다.
E : 나는 복사용지를 신청하였고, B와 D는 거짓말을 하고 있다.

① A – 복사용지
② A – 의자
③ C – 필기구
④ C – 사무용 전자제품
⑤ E – 필기구

24 다음은 중국에 진출한 프렌차이즈 커피전문점에 대한 SWOT 분석 결과이다. 빈칸 (가) ~ (라)에 들어갈 전략을 순서대로 바르게 나열한 것은?

〈SWOT 분석 결과〉

S(강점)	W(약점)
• 풍부한 원두커피의 맛 • 독특한 인테리어 • 브랜드 파워 • 높은 고객 충성도	• 낮은 중국 내 인지도 • 높은 시설비 • 비싼 임대료
O(기회)	T(위협)
• 중국 경제 급성장 • 서구문화에 대한 관심 • 외국인 집중 • 경쟁업체 진출 미비	• 중국의 차 문화 • 유명 상표 위조 • 커피 구매 인구의 감소

〈분석 결과에 따른 전략〉

(가)	(나)
• 브랜드가 가진 미국 고유문화 고수 • 독특하고 차별화된 인테리어 유지 • 공격적 점포 확장	• 외국인이 많은 곳에 점포 개설 • 본사 직영으로 인테리어 및 운영
(다)	(라)
• 고품질 커피로 상위 소수고객에 집중	• 녹차 향 커피 • 개발 상표 도용 감시

	(가)	(나)	(다)	(라)
①	SO전략	ST전략	WO전략	WT전략
②	WT전략	ST전략	WO전략	SO전략
③	SO전략	WO전략	ST전략	WT전략
④	ST전략	WO전략	SO전략	WT전략
⑤	WT전략	WO전략	ST전략	SO전략

25 한국산업인력공단 전략기획본부 직원 A ~ G 7명은 신입사원 입사 기념으로 단체로 영화관에 갔다. 다음 〈조건〉에 따라 자리에 앉는다고 할 때, 반드시 참인 것은?(단, 가장 왼쪽을 첫 번째 자리로 한다)

> **조건**
> - 7명은 한 열에 나란히 앉는다.
> - 한 열에는 7개의 좌석이 있다.
> - 양 끝자리 옆에는 비상구가 있다.
> - D와 F는 나란히 앉지 않는다.
> - A와 B 사이에는 1명이 앉아 있다.
> - G는 왼쪽에 사람이 있는 것을 싫어한다.
> - C와 G 사이에는 1명이 앉아 있다.
> - G는 비상구와 붙어 있는 자리를 좋아한다.

① E는 D와 F 사이에 앉는다.
② G와 가장 멀리 떨어진 자리에 앉는 사람은 D이다.
③ C의 양옆에는 A와 B가 앉는다.
④ D는 비상구와 붙어 있는 자리에 앉는다.
⑤ 두 번째 자리에는 B가 앉는다.

26 H회사에서는 신입사원 2명을 채용하기 위하여 서류와 필기 전형을 통과한 갑, 을, 병, 정 4명의 최종 면접을 실시하려고 한다. 다음과 같이 4개 부서의 팀장이 각각 4명을 모두 면접하여 채용 우선순위를 결정하였다. 다음 〈보기〉에서 면접 결과에 대한 설명으로 옳은 것을 모두 고르면?

〈면접 결과〉

면접관 순위	인사팀장	경영관리팀장	영업팀장	회계팀장
1순위	을	갑	을	병
2순위	정	을	병	정
3순위	갑	정	정	갑
4순위	병	병	갑	을

※ 우선순위가 높은 사람순으로 2명을 채용함
※ 동점자는 인사, 경영관리, 영업, 회계팀장 순서로 부여한 고순위자로 결정함
※ 각 팀장이 매긴 순위에 대한 가중치는 모두 동일함

> **보기**
>
> ㄱ. '을' 또는 '정' 중 1명이 입사를 포기하면 '갑'이 채용된다.
> ㄴ. 인사팀장이 '을'과 '정'의 순위를 바꿨다면 '갑'이 채용된다.
> ㄷ. 경영관리팀장이 '갑'과 '병'의 순위를 바꿨다면 '정'은 채용되지 못한다.

① ㄱ   ② ㄱ, ㄴ
③ ㄱ, ㄷ   ④ ㄴ, ㄷ
⑤ ㄱ, ㄴ, ㄷ

27 다음 중 직장 내에서 약속에 대한 예절로 옳지 않은 것은?

① 친한 사이일수록 약속을 쉽게 해야 한다.
② 반드시 사전에 약속해야 한다.
③ 어떠한 형태의 약속이든 꼭 지켜야 한다.
④ 약속을 변경할 경우 상대에게 양해를 구한다.
⑤ 어떤 일을 모면하기 위한 수단으로 약속해서는 안 된다.

※ 다음은 2011년 이후 생산된 K사의 스마트폰 시리얼 번호에 대한 자료이다. 이어지는 질문에 답하시오.
[28~29]

- 스마트폰은 다음과 같이 12자리의 시리얼 번호를 갖는다.

제조공장	생산연도	생산된 주	식별자	색상	용량
AA	BB	CC	DDD	EE	F

〈시리얼 번호 부여코드〉

제조공장	생산연도	생산된 주	식별자	색상	용량
AN : 한국 BA : 중국 CF : 베트남 DK : 인도 EP : 대만	11 : 2011년 12 : 2012년 13 : 2013년 14 : 2014년 ⋮ 21 : 2021년 22 : 2022년 23 : 2023년 24 : 2024년	01 : 첫 번째 주 02 : 두 번째 주 ⋮ 10 : 열 번째 주 ⋮	ADW : 보급 DFH : 일반 BEY : 프리미엄 HQC : 한정판 IOH : 이벤트	UY : 빨강 VS : 검정 EE : 파랑 WA : 하양 ML : 초록	M : 8GB S : 16GB T : 32GB U : 64GB

28 다음 중 K사의 한국 공장에서 2023년 서른네 번째 주에 생산된 하얀색 32GB 프리미엄 스마트폰의 시리얼 번호로 옳은 것은?

① AN2334BEYWAT
② AN1434BEYWAT
③ BA2334BEYWAT
④ AN2334BEYMLT
⑤ AN2334HQCWAT

29 다음 글을 바탕으로 할 때 H씨가 구매한 스마트폰의 시리얼 번호로 옳은 것은?

사진 촬영이 취미인 H씨는 기존에 사용하던 스마트폰의 용량이 부족하여 2024년에 K사에서 출시한 256GB의 최신 스마트폰을 구입하였다. H씨가 구매한 검은색 스마트폰은 인도의 공장에서 올해 첫 번째 주에 생산된 한정판 제품이다.

① DK2410HQCVSU
② DL2401HQCVSU
③ DK2401HQCVSU
④ DK1401HQCVSU
⑤ DK2401IOHVSU

우리가 어떤 개체의 행동이나 상태 변화를 설명하고 예측하고자 할 때는 물리적 태세, 목적론적 태세, 지향적 태세라는 전략을 활용할 수 있다. 소금을 물에 넣고, 물 속의 소금에 어떤 변화가 일어날지 예측하기 위해서는 소금과 물 그리고 그것을 지배하는 물리적 법칙을 적용해야 한다. 이는 대상의 물리적 구성 요소와 그것을 지배하는 법칙을 통해 그 변화를 예측한 것이다. 이와 같은 전략을 '물리적 태세'라 한다.

'목적론적 태세'는 개체의 설계 목적이나 기능을 파악하여 그 행동을 설명하고 예측하는 전략이다. 가령 컴퓨터의 〈F8〉 키가 어떤 기능을 하는지 알기만 하면 〈F8〉 키를 누를 때 컴퓨터가 어떤 반응을 보일지 예측할 수 있다. 즉, 〈F8〉 키를 누르면 컴퓨터가 맞춤법을 검사할 것이라고 충분히 예측할 수 있다는 것이다.

마지막으로 '지향적 태세'는 지향성의 개념을 사용하여 개체의 행동을 설명하고 예측하는 전략이다. 여기서 '지향성'이란 어떤 대상을 향한 개체의 의식, 신념, 욕망 등을 가리킨다. 쥐의 왼쪽에 고양이가 나타났을 경우를 가정해 보자. 쥐의 행동을 예측하기 위해서는 어떤 전략을 사용해야 할까? 물리적 태세를 취해 쥐의 물리적 구성 요소나 쥐의 행동 양식을 지배하는 물리적 법칙을 파악할 수는 없다. 또한, 쥐가 어떤 기능이나 목적을 수행하도록 설계된 개체로 보기도 어려우므로 목적론적 태세도 취할 수 없다. 따라서 우리는 쥐가 살고자 하는 지향성을 지닌 개체라고 전제하고, 그 행동을 예측하는 것이 타당할 것이다. 즉, 쥐는 생존 욕구 때문에 '왼쪽에 고양이가 있으니, 그쪽으로 가면 잡아먹힐 위험이 있다. 그러니 왼쪽으로는 가지 말아야지.'라는 믿음을 가질 것이다. 우리는 쥐가 고양이가 있는 왼쪽으로 가는 행동을 하지 않을 것으로 예측할 수 있다. 그런데 예측 과정에서 선행되어야 하는 것은 쥐가 살아남기 위해 합리적으로 행동하는 개체라는 점을 인식해야한다는 것이다. 따라서 지향적 태세를 취한다는 것은 예측 대상이 합리적으로 행동하는 개체임을 가정한다. 유기체는 생존과 번성의 욕구를 성취하기 위한 지향성을 지닌다. 그리고 환경에 성공적으로 적응하기 위해 정보를 수집하고, 축적된 정보에 새로운 정보를 결합하여 가장 합리적이라고 판단되는 행동을 선택한다. 이처럼 대부분의 유기체는 외부 세계와의 관계 속에서 지향성을 지니며 진화해 왔다. 지향적 태세는 우리가 대상을 바라보는 새로운 자세와 관점을 제공했다는 점에서 의의를 찾을 수 있다.

① 구체적 사례를 통해 추상적인 개념을 설명하고 있다.
② 다양한 관점을 소개하면서 이를 서로 절충하고 있다.
③ 전문가의 견해를 토대로 현상의 원인을 분석하고 있다.
④ 기존 이론의 문제점을 밝히고 새로운 이론을 제시하고 있다.
⑤ 시대적 흐름에 따른 핵심 개념의 변화 과정을 규명하고 있다.

※ H대리는 대전에서 출발하여 각각 광주, 대구, 부산, 울산에 있는 4개 지부로 출장을 갈 계획이다. 이어지는 질문에 답하시오. **[31~32]**

〈도시 간 이동비용〉

(단위 : 원)

출발지 \ 도착지	대전	광주	대구	부산	울산
대전		41,000	38,000	44,500	39,000
광주	41,000		32,000	35,500	37,500
대구	38,000	32,000		7,500	10,500
부산	44,500	35,500	7,500		22,000
울산	39,000	37,500	10,500	22,000	

〈도시 간 이동시간〉

출발지 \ 도착지	대전	광주	대구	부산	울산
대전		2시간 40분	2시간 20분	3시간 10분	2시간 45분
광주	2시간 40분		2시간 5분	2시간 15분	2시간 35분
대구	2시간 20분	2시간 5분		40분	1시간 5분
부산	3시간 10분	2시간 15분	40분		1시간 40분
울산	2시간 45분	2시간 35분	1시간 5분	1시간 40분	

31 H대리는 4개 지부를 방문한 후 집으로 퇴근한다. H대리의 집이 대구라고 할 때, 다음 중 H대리가 퇴근하기까지 이동시간이 가장 짧은 경로는?

① 대전 – 부산 – 울산 – 광주 – 대구
② 대전 – 부산 – 광주 – 울산 – 대구
③ 대전 – 광주 – 울산 – 부산 – 대구
④ 대전 – 광주 – 부산 – 울산 – 대구
⑤ 대전 – 울산 – 광주 – 부산 – 대구

32 H대리는 4개 지부를 방문한 후 대전으로 돌아와야 한다. 다음 중 H대리가 대전으로 복귀하기까지 이동비용이 가장 저렴한 경로는?

① 대전 – 광주 – 대구 – 부산 – 울산 – 대전
② 대전 – 광주 – 부산 – 울산 – 대구 – 대전
③ 대전 – 대구 – 부산 – 울산 – 광주 – 대전
④ 대전 – 울산 – 부산 – 대구 – 광주 – 대전
⑤ 대전 – 울산 – 대구 – 부산 – 광주 – 대전

33 다음은 중소기업창업지원법 시행령의 일부이다. 다음 〈보기〉에서 법에서 정의하는 창업에 해당하는 것을 모두 고르면?

창업의 범위(제2조)
창업은 중소기업을 새로 설립하여 사업을 개시하는 것으로서 다음 각 호의 어느 하나에 해당하지 않는 것으로 한다.
1. 타인으로부터 사업을 상속 또는 증여받은 개인이 기존 사업과 같은 종류의 사업을 개인인 중소기업자로서 개시하는 것
2. 개인인 중소기업자가 기존 사업을 계속 영위하면서 중소기업을 새로 설립하는 것
3. 개인인 중소기업자가 기존 사업을 폐업한 후 중소기업을 새로 설립하여 기존 사업과 같은 종류의 사업을 개시하는 것
4. 법인인 기업이 의결권 있는 발행주식 총수의 100분의 50을 초과하여 소유하는 다른 법인인 중소기업을 새로 설립하여 사업을 개시하는 것
5. 법인인 과점주주가 새로 설립되는 법인인 중소기업자의 과점주주가 되어 사업을 개시하는 것
6. 「상법」에 따른 법인인 중소기업자가 회사의 형태를 변경하여 변경 전의 사업과 같은 종류의 사업을 계속하는 것

보기
ㄱ. A전자의 사업을 계속 영위하면서 B전자를 새로 설립하는 경우
ㄴ. C건설의 사업을 폐업한 후 D건설을 새로 설립하는 경우
ㄷ. 법인인 E물류회사의 형태를 변경하여 같은 종류의 사업을 계속하는 경우

① ㄱ ② ㄷ
③ ㄱ, ㄴ ④ ㄴ, ㄷ
⑤ ㄱ, ㄴ, ㄷ

34 다음 중 직장에서의 정직한 생활로 옳지 않은 것은?

① 사적인 용건에는 회사 전화를 사용하지 않는다.

② 부정에 타협하지 않고, 눈감아 주지 않는다.

③ 나의 입장과 처지를 보호하기 위한 거짓말은 하지 않는다.

④ 사회생활에 있어 남들도 다 하는 관행은 따라야 한다.

⑤ 비록 실수를 하였더라도 정직하게 밝히고, 그에 대한 대가를 치른다.

35 A, B는 오후 1시부터 오후 6시까지 근무한다. A는 310개의 제품을 포장하는 데 1시간이 걸리고, B는 작업 속도가 1시간마다 바로 전 시간의 2배가 된다. 두 사람이 받는 하루 임금이 같다고 할 때, B는 처음 시작하는 1시간 동안에 몇 개의 제품을 포장하는가?(단, 일급은 그날 포장한 제품의 개수에 비례한다)

① 25개   ② 50개

③ 75개   ④ 100개

⑤ 125개

※ 다음은 마이클 포터(Michael E. Porter)의 본원적 경쟁전략과 관련된 사례들이다. 이어지는 질문에 답하시오.
[36~38]

〈본원적 경쟁전략〉

마이클 포터가 산업 내에서 효과적으로 경쟁할 수 있는 일반적인 형태의 전략 제시

구분	저원가	차별화
광범위한 시장	비용우위 전략	차별화 전략
좁은 시장	집중화 전략	

〈사례 1〉

나이키는 자체 생산 공장이 없어 각국의 협력사에서 OEM방식으로 생산하고 공급하는 대신 과학적인 제품 개발과 디자인, 제품광고에 막대한 돈을 투자하고 있다. 상품디자인, 그래픽, 환경디자인, 영화 및 비디오 사업팀 등으로 세분화하고 특색을 가미한 디자인을 추구하며, 광고도 농구화의 마이클 조던, 골프용품의 타이거 우즈 등 스타 마케팅을 주로 한다.

〈사례 2〉

포트 하워드 페이퍼(Fort Howard Paper)는 광고경쟁이나 계속적인 신제품 공급으로 타격을 받기 쉬운 일반용품을 파는 대신 몇 종류의 한정된 산업용지 생산에만 노력을 기울였으며, 포터 포인트(Porter Point)는 손수 집을 칠하는 아마추어용 페인트 대신 직업적인 페인트 공을 대상으로 한 페인트나 서비스를 제공하는 데 주력했다. 서비스 형태는 적합한 페인트 선택을 위한 전문적 조언이나 아무리 적은 양이라도 작업장까지 배달해주는 일 또는 직접 판매장에서 접대실을 갖추어 커피를 무료로 대접하는 일 등이 있다.

〈사례 3〉

토요타는 재고로 쌓이는 부품량을 최소화하기 위해 1990년대 초 'JIT'라는 혁신적인 생산시스템을 도입했다. 그 결과 부품을 필요한 시기에 필요한 수량만큼 공급받아 재고비용을 대폭 줄일 수 있었다. 하지만 일본 대지진으로 위기를 겪고 이 시스템을 모든 공장에 적용하기에는 무리가 있다고 판단하여 기존 강점이라고 믿던 JIT 시스템을 개혁하여 재고를 필요에 따라 유동적으로 조절하는 방식을 채택했다. 그 결과 부품 공급 사슬과 관련한 정보습득 능력이 높은 수준으로 개선되어 빈번한 자연재해에도 공장의 가동에 전혀 지장을 주지 않았고, 빠른 대응이 가능하게 되었다.

36 다음 중 사례 1에서 추구하는 전략에 대한 설명으로 옳지 않은 것은?

① 제품적 차별화와 광고의 차별화를 통해 브랜드 자산을 구축하고 있다.
② 좁은 시장에서 경쟁우위 요소를 차별화로 두는 전략이다.
③ 구매자 세분시장에 대한 인식을 제대로 하지 못한다면 위험요소가 될 수 있다.
④ 높은 가격에도 불구하고 구입을 유도하는 독특한 요인으로 인해 경쟁우위를 확보한다.
⑤ 저비용 대량생산보다 차별화된 제품의 생산을 중요시한다.

37 다음 중 사례 2에서 알 수 있는 내용으로 옳지 않은 것은?

① 특정 목표에 대해 차별화될 수 있는 결과를 얻거나 낮은 원가를 실현할 수 있다.

② 특정 지역에 집중적으로 자원을 투입하면 그 지역에 적합한 제품이나 서비스를 제공함으로써 차별화할 수 있다.

③ 특정 시장을 공략할 경우 세분화된 시장을 잘못 선택하면 수익성이 크게 떨어져 의도와는 다른 결과가 나타날 수도 있다.

④ 대체품과의 경쟁가능성이 희박한 부문이나 경쟁기업들의 가장 취약한 부문을 선택해서 집중적인 노력을 기울여 그 산업 내에서 평균 이상의 수익을 달성할 잠재력을 지닐 수 있다.

⑤ 특화된 제품을 사용하기를 원하는 소비자에 초점을 맞춘다면 경쟁력을 갖출 수 있다.

38 다음 〈보기〉에서 사례 3과 관련이 있는 내용을 모두 고르면?

> **보기**
>
> ㄱ. MP3 플레이어는 급격한 기술변화에 의해 무용지물이 되어 스마트폰이 MP3를 대신하게 되었다.
> ㄴ. A자동차 회사는 승용차 부문은 포기하고 상용차 부문만 집중적으로 공략하고 있다.
> ㄷ. B전자 회사는 저가 전략뿐만 아니라 공격적인 투자를 통해 기술적인 차별화 전략을 함께 병행하고 있다.
> ㄹ. C사는 부품의 규격화와 여러 가지 형태 변화, 원자재 투입량의 감소 등을 통해 제작과 조작이 용이하게 크레인 설계를 변형했다.

① ㄱ, ㄴ   ② ㄱ, ㄹ

③ ㄴ, ㄹ   ④ ㄷ, ㄹ

⑤ ㄱ, ㄴ, ㄷ

39 다음은 H회사의 핵심기술 전략룸 구축에 대한 내용이다. 다음 〈보기〉에서 기대효과로 옳은 것을 모두 고르면?

기술기획처는 'ROMM / Retrofit사업 기반 기술 확보 로드맵'을 시작으로 '원전제염해체사업 기반 기술 확보 로드맵', '전략 에너지신사업 기반 기술 확보 로드맵' 등 3개 분야에 대한 로드맵을 수립, 기술개발 등 사업 진출을 위한 기반을 다지고 있다. 올해 2월에는 원전 1차 측 사업 분야와 GT(가스터빈) 고온부품 재생 및 제작사업 분야 등 2개 사업 분야를 추가하고 분야별로 핵심인재를 지정, 전략적 육성을 위한 '미래성장사업 핵심인재 육성 로드맵'을 수립했다. 5개 분야 미래 먹거리 확보를 위한 필요기술 확보 및 핵심인재 육성 현황을 한눈에 파악하고 본사 유관부서 및 사업소 간 소통을 통해 조기 목적을 달성하는 것이 '핵심기술 전략룸' 구축의 본 취지이다.

〈핵심기술 전략룸 구축 내용〉

• 회의실 환경 개선
• 미래성장사업 핵심인재 육성 상황판 게시
• 화상회의 장비 구비

보기

ㄱ. 분야별 정기회의를 통해 기술 확보에 필요한 부분을 파악
ㄴ. 분야별 핵심인재 파악 및 육성
ㄷ. 채용 과정의 투명성 확보
ㄹ. 본사 – 사업소 간 문제 해결 시간 단축
ㅁ. 본사 – 해외지사 간 출장 빈도 증가

① ㄱ, ㄴ, ㄷ
② ㄱ, ㄴ, ㄹ
③ ㄴ, ㄷ, ㄹ
④ ㄴ, ㄷ, ㅁ
⑤ ㄷ, ㄹ, ㅁ

40 다음 그림에서 ㉠~㉢에 들어갈 개념을 순서대로 바르게 나열한 것은?

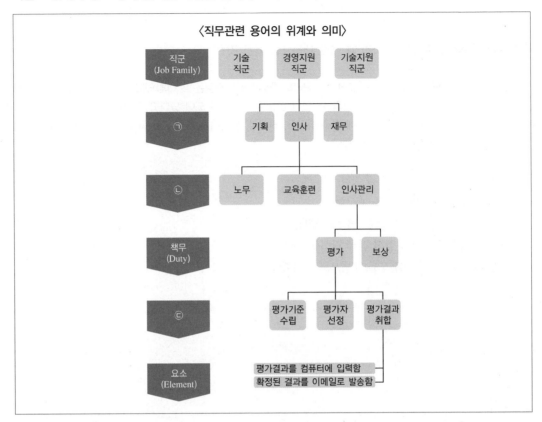

	㉠	㉡	㉢
①	과업	직무	직렬
②	과업	직렬	직무
③	직무	직렬	과업
④	직렬	직무	과업
⑤	직렬	과업	직무

| 02 | 한국사

41 다음 글의 밑줄 친 '이 나라'에 대한 내용으로 옳은 것은?

> 이 나라 사람 부들러는 당시 조선이 청나라의 후정(後庭)과 같은 위치에 있고, 러시아와 일본과는 국경이 인접해 있기 때문에 그 형세가 어쩔 수 없이 분쟁을 일으키게 되어 있다고 주장했다. 따라서 그것을 미연에 방지하기 위해서는 서양의 예에 따라 청나라, 러시아, 일본이 상호 조약을 체결하여 조선을 영세 중립국으로 영구히 보호해야 한다고 주장했다.

① 외규장각 도서를 약탈해 갔다.
② 제너럴셔먼호가 통상을 요구했다.
③ 서양 국가 중 최초로 조약을 체결했다.
④ 러시아, 프랑스와 함께 삼국 간섭을 했다.
⑤ 갑신정변 이후 거문도를 불법으로 점령했다.

42 다음 〈보기〉에서 자료와 관련된 당시의 정치 상황에 대한 설명으로 옳은 것을 모두 고르면?

> 붕당의 폐해가 요즈음보다 심한 적이 없었다. 근래에 와서 인재의 임용이 당목에 들어있는 사람만으로 이루어지니 이러한 상태가 그치지 않는다면 조정에 벼슬할 사람이 몇 명이나 되겠는가. … 지금 새롭게 중창할 시기를 맞이하여 어찌 잘못을 고치고 신정에 힘쓸 생각이 없겠는가. 유배된 사람들은 그 경중을 헤아려 이조가 탕평의 정신으로 수용토록 하라. … 나의 이 말은 위로는 종사를 위하고 아래로는 조정을 진정하려는 것이다. 혹시 이를 의심하거나 기회로 생각하여 상소를 제기하여 알력을 빚는다면, 평생 동안 금고에 처하여 조정에 참여할 뜻이 없는 것으로 간주하겠다.
>
> — 『영조실록』

보기

ㄱ. 일당 전제의 파행적 정치 운영이 붕당의 폐해 가운데 하나였다.
ㄴ. 영조는 탕평책을 통해 붕당 정치의 폐단을 근본적으로 해결하였다.
ㄷ. 정조는 왕권을 강화함으로써 붕당간의 균형관계를 정립하고자 하였다.
ㄹ. 영조는 규장각을 설치하고 신진 인사를 등용하여 세력 균형을 유지하려는 탕평책을 실시하였다.

① ㄱ, ㄷ   ② ㄱ, ㄹ
③ ㄴ, ㄷ   ④ ㄴ, ㄹ
⑤ ㄷ, ㄹ

43 다음 〈보기〉에서 사건이 일어난 시기를 순서대로 바르게 나열한 것은?

> **보기**
> (가) 강조의 정변이 발생했다.
> (나) 별무반을 편성하고 동북 9성을 개척하였다.
> (다) 정중부를 중심으로 한 무신들이 정변을 일으켰다.
> (라) 삼별초 항쟁이 일어났다.

① (가) – (나) – (다) – (라)
② (가) – (다) – (나) – (라)
③ (나) – (다) – (라) – (가)
④ (나) – (라) – (가) – (다)
⑤ (라) – (다) – (나) – (가)

44 다음 중 고려시대 신분제도에 대한 설명으로 옳지 않은 것은?

① 공노비가 아닌 사노비에는 화척, 재인 등이 있다.
② 백정은 양민으로 농사 등을 주업으로 삼았다.
③ 향·소·부곡의 사람들은 양민이나 차별 대우를 받았다.
④ 문벌귀족은 음서, 공음전 등의 특권이 있었다.
⑤ 권문세족은 원나라와의 관계를 통해 지위를 누렸다.

45 다음 중 빈칸 (가)에 들어갈 내용으로 옳은 것은?

전두환 정부		노태우 정부		김영삼 정부
남북 이산가족 최초 상봉	⇨	(가)	⇨	민족 공동체 통일 방안 제안

① 남북 조절 위원회 구성
② 경의선 복구 사업 시작
③ 남북 기본 합의서 채택
④ 7·4 남북 공동 성명 발표
⑤ 남북 정상 회담 최초 개최

46 다음 빈칸에 공통으로 해당하는 민족과 관련된 사실로 옳은 것은?

> 서희가 소손녕에게 말하기를 "우리는 고구려의 후손이라는 뜻에서 나라 이름도 고려라 하였다. 만일 국경을 논한다면 너희 나라 수도인 동경도 우리 땅에 있는 것이니 오히려 당신들이 우리나라를 침략한 것이다."
> 서희는 _____와/과 송나라가 전쟁 중인 관계를 이용하여 교류를 약속하고 압록강 동쪽 280리를 돌려받았다. 고려는 이 지역에 강동 6주를 설치하고 약속과 달리 _____에 사신을 보내지 않았다.
> _____는/은 뒤늦게 이 지역이 중요한 군사지역인 것을 알고 되돌려 달라고 하였으나, 고려는 이를 거부하였다.

① 여진을 물리치고 김종서가 4군 6진을 설치하였다.
② 을지문덕이 수나라 군대를 살수에서 크게 격파하였다.
③ 삼별초가 몽골을 상대로 진도와 제주도에서 항쟁하였다.
④ 윤관이 별무관을 설치하고 여진과의 전쟁에 대비하였다.
⑤ 강감찬이 귀주에서 거란의 소배압을 상대로 승리를 거두었다.

47 다음 중 태조 왕건의 왕권 강화 정책에 대한 설명으로 옳은 것은?

① 지방의 토착 세력들과 혼인 관계를 맺고, 사성(賜姓) 제도를 통해 왕(王)성을 하사함으로 왕실과 유사 가족 관계를 맺는 것으로 정치적 안정을 노렸다.
② 격렬한 붕당의 갈등을 탕평책으로 진화시키고 공론을 장악하여 왕권 강화를 도모했다.
③ 비판 세력을 견제하기 위해 경연과 집현전을 폐지하고 조직 개편을 통해 왕권 강화에 힘썼다.
④ 의정부를 설치하여 6조 중심의 정치 체제를 운영하였다.
⑤ 노비안검법과 과거 제도를 실시함으로써 지방 호족의 권력을 약화시키고 왕권을 강화하고자 했다.

48 다음 밑줄 친 관청 부서와 가장 유사한 현대 사회의 부서는 무엇인가?

> 고려 · 조선 시대에 기능에 따라 서정을 분담하고 집행하던 6개의 중앙관청인 육조(六曹)에는 이조(吏曹) · 호조(戶曹) · 예조(禮曹) · 병조(兵曹) · 형조(刑曹) · 공조(工曹)가 포함되어 있다.

① 홍보   ② 재무
③ 기획   ④ 인사
⑤ SCM

49 다음에서 설명하는 단체의 활동으로 옳은 것은?

> • 중심인물 : 안창호, 양기탁
> • 조직형태 : 비밀 결사
> • 활동 : 국권 회복을 목표로 학교 설립, 자기회사 운영 등

① 정부에 헌의 6조를 건의하였다.
② 한글 맞춤법 통일안을 제정하였다.
③ 조선 혁명 선언을 활동 지침으로 삼았다.
④ 국외에 독립운동기지 건설을 추진하였다.
⑤ 백정에 대한 사회적 차별 철폐를 주장하였다.

50 다음은 어느 사건의 전개 과정이다. 이 사건의 결과로 옳은 것을 〈보기〉에서 모두 고르면?

> 임오년 6월 9일, 무위영 군졸들이 선혜청 책임자인 민겸호의 집으로 쳐들어가 그 집을 모두 부수었다. 한편, 군졸들은 운현궁으로 가서 대원군에게 호소하였다. 임오년 6월 10일, 군졸과 백성들이 창덕궁 궐내에 난입하자, 고종은 급히 대원군의 입궐을 명하였다. 군졸들은 민겸호 등을 살해하고, 이어서 왕비를 찾았다. 왕비는 궐내를 빠져 나가 충주에 있는 민응식의 집으로 비밀리에 피신하였다.
> ─ 『승정원일기』

> **보기**
> ㄱ. 일본은 공사관 경비를 구실로 군대를 주둔시켰다.
> ㄴ. 청은 정치·외교고문을 파견하여 내정을 간섭하였다.
> ㄷ. 러시아 등은 일본에게 요동 반도의 포기를 요구하였다.
> ㄹ. 청군과 일본군의 공동철수를 조건으로 하는 톈진조약이 체결되었다.

① ㄱ, ㄴ   ② ㄱ, ㄷ
③ ㄴ, ㄷ   ④ ㄴ, ㄹ
⑤ ㄷ, ㄹ

51 다음 중 삼국시대에 각 나라의 전성기를 이끌었던 왕의 재위 순서를 바르게 나열한 것은?

① 근초고왕 – 광개토대왕 – 진흥왕

② 광개토대왕 – 근초고왕 – 진흥왕

③ 근초고왕 – 진흥왕 – 광개토대왕

④ 광개토대왕 – 진흥왕 – 근초고왕

⑤ 진흥왕 – 근초고왕 – 광개토대왕

52 다음 〈보기〉에서 자료와 관련된 당시 농민의 생활에 대한 설명으로 옳은 것을 모두 고르면?

당시 백정 농민들이 가족 노동력을 이용하여 경작 가능한 면적은 약 1결 정도였던 것으로 알려져 있다. 결이란 단위는 절대 면적을 가리키는 것이 아니라 대략 20석 정도의 곡식을 생산할 수 있는 면적을 가리킨다. 따라서 지역이나 지형에 따라 절대 면적은 크게 차이가 났다.

1결의 토지를 소유한 농민의 지출은 얼마나 될까? 당시 가족 수를 부부와 자녀를 포함하여 5인으로 삼고 일년 간 양식으로 쓰이는 양을 모두 계산하면 16.8석이 나온다. 여기에 국가에 내는 세금이 3석 정도 포함된다. 또 이듬해 농사를 위한 종자로 남겨두어야 할 곡식과 농사경비 등을 포함하면 한 농가의 총 지출은 최대 24석 정도가 나온다. 전체적으로 적자인 셈이다.

「고려 시대 사람들은 어떻게 살았을까」

> **보기**
>
> ㄱ. 원나라로 건너가서 자별적으로 환관이나 궁녀가 되는 농민이 많았다.
> ㄴ. 농민들은 농사일을 포기하고 가축 도살업에 종사하기도 하였다.
> ㄷ. 국가에서는 몰락한 농민을 구제하기 위하여 구휼제도를 실시하였다.
> ㄹ. 농민들은 새로운 농토를 개간하거나 남의 토지를 빌려 소작하여 생활하였다.

① ㄱ, ㄴ   ② ㄱ, ㄷ

③ ㄴ, ㄷ   ④ ㄴ, ㄹ

⑤ ㄷ, ㄹ

53 다음 사건이 일어난 이후의 결과로 옳은 것은?

> 1875년 8월 서해안에 출몰한 일본 군함 운요호의 선원 일부가 작은 배로 허가 없이 한강 하구를 거슬러 올라왔다. 이에 우리 군이 포를 쏘아 저지하자, 운요호가 함포를 발사하여 초지진을 파괴하였다. 다음 날 일본군은 영종진에 상륙하여 많은 피해를 입혔다.

① 5군영이 설치되었다.
② 통신사가 파견되었다.
③ 척화비가 건립되었다.
④ 병인양요가 일어났다.
⑤ 강화도 조약이 체결되었다.

54 다음 글에서 설명하는 책과 관련된 전쟁 중에 있었던 사실로 옳은 것은?

> 이 책은 전쟁이 끝난 뒤 유성룡이 뒷날을 경계하고자 하는 뜻에서 1592년에서 1598년까지의 일을 직접 기록한 것이다. 책에는 조선과 일본의 관계, 전쟁 발발과 진행 상황 등이 구체적으로 담겨 있다.

① 김종서가 6진을 설치하였다.
② 이종무가 대마도를 정벌하였다.
③ 인조가 남한산성으로 피신하였다.
④ 임경업이 백마산성에서 항전하였다.
⑤ 권율이 행주산성에서 크게 승리하였다.

55 다음 중 정치기구와 그 역할이 바르게 연결된 것은?

① 교정도감 : 관리 비위의 규찰, 인사 행정 및 조세 징수권까지 장악하여 재정권까지 담당하는 고려 후기 최고의 권력기관이다.
② 변정도감 : 법제 및 격식 제정에 관한 문제를 의논한 재신과 추신의 회의기관이다.
③ 식목도감 : 불법으로 빼앗은 노비를 환원시키거나 노비의 신분·상속관계가 잘못된 것을 바로잡아 주는 일을 담당한 임시 관청이다.
④ 도병마사 : 일본 원정을 위한 전방사령부로서 고려에 설치되었던 관서이다.
⑤ 정동행성 : 국방회의 기구로 국가의 군기 및 국방상 중요한 일을 의정하던 합의기관이다.

56 다음의 발언을 한 인물과 관련된 내용으로 옳은 것은?

> 우리가 기다리던 해방은 우리 국토를 양분하였으며, …… 마음속의 38도선이 무너지고야 땅 위의 38도선도 철폐될 수 있다. …… 현실에 있어서 나의 유일한 염원은 3천만 동포와 손을 잡고 통일된 조국의 달성을 위하여 공동 분투하는 것이다. …… 나는 통일된 조국을 세우려다가 38도선을 베고 쓰러질지언정 일신의 구차한 안일을 취하여 단독 정부를 세우는 데에는 협력하지 않겠다.
>
> ― 「삼천만 동포에게 읍고함」

① 정읍 발언을 통해 정부 수립 주장
② 좌·우 합작 위원회 결성
③ 조선노동당 창당
④ 통일 정부 수립을 위해 남북 협상 개최
⑤ 건국 준비 위원회 조직

57 다음은 고려 무신집권기의 기구명과 그 특징이다. 빈칸 (가)에 들어갈 내용으로 옳은 것은?

〈고려 무신집권기의 정치 기구〉

구분	특징
중방	고위 무신들의 회의 기구
교정도감	국정을 총괄하는 최고 권력 기구
정방	(가)
서방	식견이 높은 문사들로 구성한 고문 기구

① 법률과 소송을 관장한 기구
② 곡식의 출납 및 회계를 담당한 기구
③ 최우가 설치한 인사 행정을 담당한 기구
④ 역사서의 편찬과 보관을 담당한 기구
⑤ 수도 경비와 국경 방어를 담당한 군사 기구

58 다음은 시대별 교육기관에 대한 자료이다. 빈칸에 들어갈 교육기관으로 옳은 것은?

고구려	통일신라	고려	조선
태학	( )	국자감	성균관

① 주자감
② 서당
③ 국학
④ 서원
⑤ 경당

59 다음은 조선 중기 명종 때의 상소문이다. 빈칸에 들어갈 인물로 옳은 것은?

〈상소문〉

전하! 지금 황해도에서는 _____(이)라 불리는 도적이 이끄는 무리들이 날뛰어 관아를 습격하여 관군이 토벌하려 나섰지만 오히려 패하는 경우가 잦다고 합니다. 그런데 이들 무리가 도적이 된 과정을 살펴보면 국가의 군적 수포제와 같은 수취 제도의 문란이 원인인 듯 합니다.

① 만적
② 최우
③ 임꺽정
④ 김사미
⑤ 홍경래

60 다음 자료와 관련이 있는 지역은?

• 1696년 일본 에도 막부의 관백(집정관)이 조선 영토임을 재확인함
• 1877년 일본 최고 국가 기관 태정관이 조선 영토임을 확인하는 훈령을 내무성에 내려보냄
• 1900년 대한제국 칙령 제41호에서 이 지역의 관할을 밝힘

① 독도
② 간도
③ 대마도
④ 거제도
⑤ 강화도

61 다음 대화에서 두 사람의 관계로 가장 적절한 것은?

> A : Hello? Can I help you?
> B : Yes. I'm calling to reserve a single room.
> A : Sure. How long do you want to stay?
> B : For six nights.

① 경찰 – 시민   ② 교수 – 학생
③ 호텔 직원 – 고객   ④ 택시 기사 – 승객
⑤ 상사 – 부하직원

62 다음 글의 글쓴이의 심경으로 가장 적절한 것은?

> When I heard the sound of fire engines, I ran to the window and saw several fire engines in front of my apartment. Then the fire alarm ran off. I rushed out to the stairs but I couldn't go down because of the smoke.

① 동정하는   ② 절망적인
③ 안도하는   ④ 만족하는
⑤ 지루한

63 다음 글의 밑줄 친 단어 중 문맥상 쓰임이 적절하지 않은 것은?

> Not everybody is convinced that pumping up our food with foreign genes is a ① bad idea. Many people say these genetically modified (GM) foods may end up harming the ② environment and humans. They fear that plants with new genes ③ forced into them will accidentally crossbreed wild plants and create pesticide*–resistant superweeds. They also say GM foods could carry genes that ④ trigger allergies or other side effects. Already, there's evidence that some GM corn crops may be ⑤ harmful to the caterpillars that turn into monarch butterflies.
> * pesticide : 살충제

64 다음 글의 빈칸에 들어갈 내용으로 가장 적절한 것은?

The dengue virus is contracted through contact with mosquitoes, and nearly half of the world's population is at risk of infection. _____, including pain behind the eyes and in the joints, nausea, and rash. Most patients can recover with rest and by staying hydrated, but some develop a severe condition. Presently, there is no cure for the disease, and no vaccines exist to prevent infection.

① Treatment of acute dengue is supportive
② Symptoms of the disease can vary widely
③ Dengue has become a global problem
④ Very few people understand what causes dengue
⑤ Dengue is endemic in more than 110 countries

65 다음 글의 주제로 가장 적절한 것은?

In some parts of the world, there are many people who can't find jobs. Most of them are very poor. They don't have houses, and they don't have enough food. But more and more people will live on this small earth. So we must think more about the problems.

① We should feel sympathy for the poor people.
② We should try to solve the problems of the world.
③ We should keep our country out of the dangers.
④ We should make our children live better.
⑤ We should think more about the problems.

66 다음 대화 중 어색한 것은?

① A : I'm going to China next month.

   B : Where in China?

② A : I have some good news.

   B : What is it?

③ A : Get me some wine from your trip to Brazil.

   B : You bet.

④ A : I like winter sports.

   B : I envy you.

⑤ A : May I have seconds?

   B : Help yourself.

67 다음 글에서 밑줄 친 'it'이 의미하는 것은?

> For me as a person and a businesswoman every day is a challenge that needs to be faced. History has taught me that if I am to achieve my goals, I should never set limits for myself. I believe it is within each and everyone of us to achieve greatness.

① a businesswoman   ② every day

③ a challenge   ④ history

⑤ to achieve greatness

68 다음 글에서 설명하는 직업으로 옳은 것은?

> She is a very important person in the airplane. She helps to make the passengers comfortable. She has pillows, blankets, and newspapers for the people who wish to use them. She visits the passengers and points out interesting places over which the plane is flying.

① 간호사   ② 기장

③ 승무원   ④ 의사

⑤ 기자

69 다음 글의 빈칸에 들어갈 말로 가장 적절한 것은?

You must come to embrace slowness as a virtue in itself. When it comes to creative endeavors, time is always relative. Whether your project takes months or years to complete, you will always experience a sense of impatience and a desire to get to the end. The single greatest action you can take for acquiring creative power is to _____. You take pleasure in the laborious research process; you enjoy the slow cooking of the idea, the organic growth that naturally takes shape over time. You do not unnaturally draw out the process, which will create its own problems, but the longer you can allow the project to absorb your mental energies, the richer it will become. Imagine yourself years in the future looking back at the work you have done. From that future vantage point, the extra months and years you devoted to the process will not seem painful or laborious at all. It is an illusion of the present that will vanish. Time is your greatest ally.

① set a schedule to have things done on time

② pull yourself together to make a difference

③ reverse your natural anxiety and restlessness

④ avoid the trap of laziness by working too slowly

⑤ establish the order of priority based on your original goal

70 다음 글의 목적으로 가장 적절한 것은?

Because children take stories so seriously and believe in them as if they were real life, the author must evaluate with utmost care whether a sad ending is truly justified. Good children's stories are considerate of the reader as well as of the facts of life and the world. They may show how life and the world are, how problems are solved, or they may teach, comfort, inspire, or entertain. But none of these goals is successfully achieved when the reader is left discouraged when he finishes reading. To a child, unhappiness creates a problem. It is as if the action of the story had not been completed: The child can be confused or even frustrated. A children's story should allow the child to leave the story with confidence that the characters will continue successfully in their lives after the end of the story.

① Criticize   ② Instruct

③ Classify   ④ Dispute

⑤ Compare

71 다음 대화 중 어색한 것은?

① A : This school was established in 1975.

   B : Oh, was it?

② A : My mom is working as a teacher.

   B : Oh, is she?

③ A : We will consider your situation.

   B : Oh, will they?

④ A : You did a good job on your presentation.

   B : Oh, did I?

⑤ A : I want to give some financial rewards to you.

   B : Oh, do you?

※ 다음 글을 읽고 이어지는 질문에 답하시오. [72~73]

Once upon a time there lived a green frog who would never do what his mother told him. His mother grew very old and finally fell ill. She said to him, "When I die, bury me by the river, not on the mountain". That's because she well knew of her son's perverse ways.

When she died, the green frog buried his mother by the river, repenting of all his misdeeds in the past. Whenever it rained, he worried lost her grave should be washed away.

72 다음 중 어머니가 밑줄 친 부분처럼 말한 진정한 의도는?

① 마음대로 해라.　　　　　　　② 버릇 좀 고쳐라.

③ 산에 묻어 달라.　　　　　　　④ 강에 묻어 달라.

⑤ 열심히 살아라.

73 다음 중 윗글의 주제로 가장 적절한 것은?

① 세 살 버릇 여든까지 간다.

② 사람은 태어나면 죽게 마련이다.

③ 하늘은 스스로 돕는 자를 돕는다.

④ 불효하면 부모가 돌아가신 후에 후회한다.

⑤ 호박은 떡잎부터 좋아야 된다.

74 다음 중 주어진 문장이 들어갈 위치로 가장 적절한 곳은?

> Instead of putting more armed police in the street, they chose to play classical music.

> A fascinating experiment once took place in a small Australian village. ___①___ For the past two years, the village had witnessed that the number of street crimes was rapidly increasing. ___②___ Local residents, alarmed by the increase in street crime, got together and decided that the best way to confront the problem was to remove the offenders from the main street after nightfall. ___③___ Every single block began piping out the sounds of Mozart, Bach, Beethoven, and Brahms. ___④___ In less than a week, the town reported a dramatic decrease in crime. ___⑤___ The experiment was so successful that the main train station in Copenhagen, Denmark adopted the same approach–with similar results, too.

※ 다음 글을 읽고 이어지는 질문에 답하시오. [75~76]

> In recent years, the Internet has become very important. By _____ the Internet you can find information on any subject and communicate with others anywhere in the world. Truly the Internet is making the world a global society. But to communicate and do research over the Internet, it is necessary to know English. This is because most information on the Internet is in English. And this is another reason why it is more important than ever to be able to communicate in English. The good news is that there are hundreds of web sites that you can use to improve your English skills, and many of them charge you very little money.

75 다음 중 윗글의 내용으로 적절하지 않은 것은?

① 최근에 인터넷은 매우 중요해졌다.
② 인터넷은 세계를 지구촌으로 만들고 있다.
③ 인터넷 사용에서 영어는 별로 중요하지 않다.
④ 인터넷에 있는 대부분의 정보는 영어로 되어 있다.
⑤ 영어 실력을 향상시키기 위하여 이용할 수 있는 웹사이트가 많다.

76 다음 중 윗글의 빈칸에 들어갈 내용으로 가장 적절한 것은?

① use
② using
③ to use
④ used
⑤ used to

Taegwondo became an official sport at the 2000 Olympics. The competition was held at the State Sports Center in downtown Sydney. Eight gold medals were to be won. Each country that entered was able to send four contestants, two women and two men. As Taegwondo is a full-contact sport, contestants were required to wear protective equipment before entering the competition area. In the Sydney Olympics, Korea won three gold medals in this new official sport.

77 다음 중 윗글의 제목으로 가장 적절한 것은?

① 태권도가 공식 종목이 된 이유
② 2000년 시드니 올림픽에서의 태권도
③ 태권도의 규칙
④ 태권도를 훈련하는 사람들의 수
⑤ 태권도에서 보호 장비를 착용해야 하는 이유

78 다음 중 태권도 종목에서 수여가 예정된 금메달의 개수는 몇 개인가?

① 3개 ② 4개
③ 6개 ④ 7개
⑤ 8개

79 다음 글의 제목으로 가장 적절한 것은?

Professor Taylor, who wrote "What are Children for?" believes that the status of fatherhood has been affected by modern life. "Fathers have moved farther away from their children than ever before," he says. "In the past, sons looked to their father, emulating his job and wisdom. Now, however, fathers have nothing for their children to inherit. The world is changing too quickly, and instead of sitting at their father's feet listening to stories about the world, children are closed up in their own rooms on the Internet, finding out about it first. It is difficult to redefine the role of father. There is nothing obvious for him to do or be."

① 아버지의 정의 : 축적된 가정의 역사
② 아버지의 유산 : 오랜 전통이 지닌 가치
③ 아버지의 역사 : 대를 잇는 아이들
④ 아버지의 위기 : 자녀를 위해 무엇을 할 수 있는가?
⑤ 아버지의 과거 : 미래를 나아가기 위해 과거를 바라보다.

80 다음 중 글쓴이의 주장으로 가장 적절한 것은?

Generally, the quality of life is said to rely on what steps we take to preserve our environment. To save our world, what can we do personally? If we are to preserve our earth, we should listen to the following : "Think globally, act locally". In other words, we should consider the whole earth and its future in our daily activities. Here are some rules we have to keep to preserve our environment.

① 세계화를 이룩하자.
② 현재 환경을 생각해 보자.
③ 삶의 질을 높이자.
④ 다른 사람의 말에 귀를 기울이자.
⑤ 환경의 보존을 생활화하자.

2일 차
기출응용 모의고사

www.sdedu.co.kr

〈문항 수 및 시험시간〉

평가영역	문항 수	시험시간	모바일 OMR 답안채점/성적분석 서비스
[NCS] 조직이해＋의사소통＋수리＋ 　　　 문제해결＋직업윤리＋자원관리 [한국사] 전 범위 [영어] 문법, 어휘, 독해, 비즈니스 영어 등	80문항	80분	

2일 차 기출응용 모의고사

| 01 | 직업능력

01 다음 글의 밑줄 친 ㉠~㉫의 수정 방안으로 적절하지 않은 것은?

안녕하세요? 저는 학생 여러분에게 건의할 사항이 있어서 이 글을 씁니다. 우리 모두가 쾌적한 환경에서 건강하게 학교 생활을 할 수 있도록 학생들 모두 실내에서는 실내화를 착용했으면 좋겠습니다. 실내에서는 실내화를 착용하는 것이 원칙이지만 실외화를 신고 다니는 학생들이 너무 많습니다. 이는 교실 청결은 물론 학생들의 호흡기 건강에 매우 ㉠ 나쁜 악영향을 미칩니다. 특히 꽃가루가 날리는 계절이나 미세먼지가 많을 때, 비가 온 뒤에는 더욱 문제가 됩니다. ㉡ 다만 계단이나 복도에 흙이 많이 떨어져 있어 그곳을 청소하는 학생들이 고생을 합니다. 저 역시 흙이 많이 떨어져 있거나 비가 와 진흙이 묻은 날에는 청소 시간 내에 (㉢) 다 끝내지 못해 수업 시간에 늦은 적이 있었습니다. ㉣ 따라서 학교에서는 청소 도구를 확보해 주셨으면 좋겠습니다. 실내화 착용에 대한 설문 조사 결과, 전체 학생의 50% 정도가 '실내화를 착용하지 않는다'고 응답했고, 실내화를 신지 않는 이유에 대해서는 '갈아 신는 것이 귀찮아서'라는 응답이 가장 많았습니다. ㉤ 이처럼 학생 대부분이 필요성을 인식하고 있지만 단지 귀찮다는 이유로 실내화를 착용하지 않는 것은 문제가 있다고 생각합니다. ㉥ 하지만 '실내화 착용이 필요한가?'라는 질문에는 85% 이상의 학생이 필요하다고 응답했습니다. 쾌적한 학교 생활과 학생들의 건강, 청소하는 친구들을 위해서라도 하루빨리 모든 학생들이 실내화를 착용하길 바랍니다. 감사합니다.

① 의미가 중복되었으므로 ㉠은 '나쁜 영향'으로 수정한다.
② 맥락을 고려하여 ㉡을 '그러나'로 수정한다.
③ 필요한 문장 성분이 없으므로 ㉢에 '청소를'을 추가한다.
④ 글의 핵심 논지에서 벗어난 내용이므로 ㉣은 삭제한다.
⑤ 내용의 자연스러운 연결을 위해 ㉤과 ㉥의 순서를 맞바꾼다.

02 다음 글의 빈칸 (가) ~ (다)에 들어갈 말을 〈보기〉에서 골라 순서대로 바르게 나열한 것은?

_____(가)_____ 다시 말해서 현상학적 측면에서 볼 때 철학도 지식의 내용이 존재하는 어떤 것이라는 점에서는 과학적 지식의 구조와 다를 바가 없다. 존재하는 것과 존재하는 무엇으로 의식되는 것과의 사이에는 근본적인 구별이 선다. 백두산의 금덩어리는 누가 그것을 의식하든 말든 그대로 있고, 화성에서 일어나는 여러 가지 물리적 현상도 누가 의식하든 말든 그대로 존재한다. 존재와 의식과의 위와 같은 관계를 우리는 존재차원과 의미차원이란 말로 구별할 수 있다. 여기서 차원이란 말을 붙인 까닭은 의식 이전의 백두산과 의식 이후의 백두산은 순전히 관점의 문제, 즉 백두산을 생각할 수 있는 차원의 문제이기 때문이다.

현상학적 사고를 존재차원에서 이루어지는 것이라고 말할 수 있다면 분석철학에서 주장하는 사고는 의미차원에서 이루어진다. 바꿔 말하자면 현상학적 측면에서 볼 때 철학은 아무래도 어떤 존재를 인식하는 데 그 근본적인 기능이 있다고 보아야 하는 것에 반해서, 분석철학의 측면에서 볼 때 철학은 존재와는 아무런 직접적인 관계가 없이 존재에 대한 이야기, 서술을 대상으로 한다. 구체적으로 말해서 철학은 그것이 서술할 존재의 대상을 갖고 있지 않고, 오직 어떤 존재를 서술한 언어만을 갖고 있다. 그러나 철학이 언어를 사고의 대상으로 삼는다고 말하지만, 철학은 언어학과 다르다.

_____(나)_____ 그래서 언어학은 한 언어의 기원이라거나 한 언어가 왜 그러한 특정한 기호, 발음 혹은 문법을 갖게 되었는가 또는 그것들이 각기 어떻게 체계화되는가 등을 알려고 한다.

이에 반해서 분석철학은 언어를 대상으로 하되, 그 언어의 구체적인 면에는 근본적인 관심을 두지 않고 그와 같은 구체적인 언어가 가진 의미를 밝히고자 한다. 여기서 철학의 기능은 한 언어가 가진 개념을 해명하고 이해하는 데 있다. 바꿔 말해서 철학의 기능은 언어가 서술하는 어떤 존재를 인식하는 데 있지 않고 그와는 관계없이 한 언어가 무엇인가를 서술하는 경우, 무엇인가의 느낌을 표현하는 경우 또는 그 밖의 경우에 그 언어가 정확히 어떻게 의미가 있는가를 이해하는 데 있다.

_____(다)_____ 개념은 어떤 존재하는 대상을 표상(表象)하는 경우도 많으므로 존재와 그것을 의미하는 개념과는 언뜻 보아서 어떤 인과적 관계가 있는 듯하다.

보기

㉠ 과학에서 말하는 현상과 현상학에서 말하는 현상은 다른 내용을 가지고 있지만, 그것들은 다 같이 어떤 존재, 즉 우주 안에서 일어나는 사건을 가리킨다.

㉡ 언어학은 과학의 한 분야로서 그 연구의 대상을 하나의 구체적 사물로 취급한다.

㉢ 따라서 분석철학자들이 흔히 말하기를, 철학은 개념의 분석에 지나지 않는다는 주장을 하는 것이다.

	(가)	(나)	(다)			(가)	(나)	(다)
①	㉠	㉡	㉢		②	㉠	㉢	㉡
③	㉡	㉠	㉢		④	㉡	㉢	㉠
⑤	㉢	㉡	㉠					

03 A와 B는 각각 해외에서 직구로 물품을 구매하였다. 해외 관세율이 다음과 같을 때, A와 B 중 어떤 사람이 관세를 더 많이 냈으며 그 금액은 얼마인가?

〈해외 관세율〉

(단위 : %)

구분	관세	부가세
책	5	5
유모차, 보행기	5	10
노트북	8	10
스킨, 로션 등 화장품	6.5	10
골프용품, 스포츠용 헬멧	8	10
향수	7	10
커튼	13	10
카메라	8	10
신발	13	10
TV	8	10
휴대폰	8	10

※ 향수 화장품의 경우 개별소비세 7%, 농어촌특별세 10%, 교육세 30%가 추가됨
※ 100만 원 이상 전자제품(TV, 노트북, 카메라, 핸드폰 등)은 개별소비세 20%, 교육세 30%가 추가됨

〈구매 품목〉

A : TV(110만 원), 화장품(5만 원), 휴대폰(60만 원), 스포츠용 헬멧(10만 원)
B : 책(10만 원), 카메라(80만 원), 노트북(110만 원), 신발(10만 원)

① A, 91.5만 원 ② A, 94.5만 원
③ B, 90.5만 원 ④ B, 92.5만 원
⑤ B, 93.5만 원

04 다음 글을 근거로 판단할 때, 〈보기〉에서 옳은 것을 모두 고르면?

A4(210mm×297mm)를 비롯한 국제표준 용지 규격은 독일 물리학자 게오르크 리히텐베르크에 의해 1786년에 처음으로 언급되었다. 이른바 A시리즈 용지들의 면적은 한 등급 올라갈 때마다 두 배로 커진다. 한 등급의 가로는 그 위 등급의 세로의 절반이고, 세로는 그 위 등급의 가로와 같으며, 모든 등급들의 가로 대 세로 비율은 동일하기 때문이다. 용지들의 가로를 W, 세로를 L이라고 하면, 한 등급의 가로 대 세로 비율과 그 위 등급의 가로 대 세로의 비율이 같아야 한다는 것은 등식 $W/L=L/2W$이 성립해야 한다는 것과 같다. 다시 말해 $L2=2W2$이 성립해야 하므로 가로 대 세로 비율은 1 대 $\sqrt{2}$가 되어야 한다. 요컨대 세로가 가로의 $\sqrt{2}$배여야 한다. $\sqrt{2}$는 대략 1.4이다.

이 비율 덕분에 우리는 A3 한 장을 축소 복사하여 A4 한 장에 꼭 맞게 출력할 수 있다. A3를 A4로 축소할 때의 비율은 복사기의 제어판에 70%로 표시된다. 왜냐하면 그 비율은 길이를 축소하는 비율을 의미하는 것이고 $1/\sqrt{2}$은 대략 0.7이기 때문이다. 이 비율로 가로와 세로를 축소하면 면적은 1/2로 줄어든다.

반면 미국과 캐나다에서 쓰이는 미국표준협회 규격 용지들은 가로와 세로가 인치 단위로 정해져 있으며, 레터 용지(8.5인치×11.0인치), 리걸 용지(11인치×17인치), 이그제큐티브 용지(17인치×22인치), D레저 용지(22인치×34인치), E레저 용지(34인치×44인치)가 있다. 미국표준협회 규격 용지의 경우, 한 용지와 그보다 두 등급 위의 용지는 가로 대 세로 비율이 같다.

> **보기**
>
> ㄱ. 국제표준 용지 중 A2 용지의 크기는 420mm×594mm이다.
> ㄴ. A시리즈 용지의 경우, 가장 높은 등급의 용지를 잘라서 바로 아래 등급의 용지 2장을 만들 수 있다.
> ㄷ. A시리즈 용지의 경우, 한 등급 위의 용지로 확대 복사할 때 복사기의 제어판에 표시되는 비율은 130%이다.
> ㄹ. 미국표준협회 규격 용지의 경우, 세로를 가로로 나눈 값은 $\sqrt{2}$이다.

① ㄱ
② ㄱ, ㄴ
③ ㄴ, ㄹ
④ ㄱ, ㄴ, ㄷ
⑤ ㄱ, ㄷ, ㄹ

05 다음 중 내부 벤치마킹에 대한 설명으로 옳은 것은?

① 다각화된 우량 기업의 경우 효과를 보기 어렵다.
② 경쟁 기업을 통해 경영 성과와 관련된 정보를 획득할 수 있다.
③ 같은 기업 내의 타 부서 간 유사한 활용을 비교 대상으로 삼을 수 있다.
④ 문화 및 제도적인 차이로 발생할 수 있는 효과에 대한 검토가 필요하다.
⑤ 벤치마킹 대상의 적대적 태도로 인해 자료 수집에 어려움을 겪을 수 있다.

※ 다음 글을 읽고 이어지는 질문에 답하시오. [6~7]

이산화탄소에 의한 지구온난화로 기상 이변이 빈번해지면서 최근 이산화탄소 포집* 및 저장 기술인 CCS(Carbon Capture & Storage) 기술이 주목을 받고 있다. CCS 기술은 화석연료를 사용하는 화력발전소, 제철소, 시멘트 공장 등에서 발생할 수 있는 대량의 이산화탄소를 고농도로 포집한 후 안전한 땅속에 저장하는 기술이다.

CCS 기술에는 '연소 후 포집 기술', '연소 전 포집 기술', '순산소 연소 포집 기술'이 있다. 연소 후 포집 기술은 화석 연료가 연소될 때 생기는 배기가스에서 이산화탄소를 분리하는 방법이고, 연소 전 포집 기술은 화석 연료에 존재하는 이산화탄소를 연소 전 단계에서 분리하는 방법이다. 순산소 연소 포집 기술은 화석 연료를 연소시킬 때 공기 대신 산소를 주입하여 고농도의 이산화탄소만 배출되게 함으로써 별도의 분리 공정 없이 포집할 수 있는 기술이다. 이 중 연소 후 포집 기술은 현재 가동되고 있는 수많은 이산화탄소 발생원에 직접 적용할 수 있는 방법으로, 화력발전소를 중심으로 실용화되기 시작하면서 CCS 기술의 핵심 분야로 떠오르고 있다. 연소 후 포집 기술은 흡수, 재생, 압축, 수송, 저장 등의 다섯 공정으로 나뉘어 진행되며 이를 위해서는 흡수탑, 재생탑, 압축기, 수송 시설, 저장조 등이 마련되어야 한다.

화력발전소에서 배출되는 배기가스에는 물, 질소 그리고 10 ~ 15% 농도의 이산화탄소가 포함되어 있다. 이 배기가스는 먼저 흡수탑 하단으로 들어가게 되고, 흡수탑 상단에서 주입되는 흡수제와 접촉하게 된다. 흡수제에는 미세 구멍, 기공이 무수히 많이 뚫려 있는데 이 기공에 이산화탄소가 유입되면 화학반응을 일으키면서 달라붙게 된다. 흡수제가 배기가스에서 이산화탄소만을 선택적으로 포집하면 물과 질소는 그대로 굴뚝을 통해 대기 중으로 배출된다. 흡수제가 이산화탄소를 포집할 수 있는 한계, 즉 흡수 포화점에 다다르면 흡수제는 연결관을 통해 재생탑 상단으로 이동하고, 여기에서 고온의 열처리 과정을 거치게 된다. 열처리를 하는 이유는 흡수제에 달라붙어 있는 이산화탄소를 분리하기 위해서이다. 흡수제에 달라붙어 있던 이산화탄소는 130℃ 이상의 열에너지를 받으면 기공 밖으로 빠져나오게 되고, 이산화탄소와 분리된 흡수제는 다시 이산화탄소를 포집할 수 있는 원래의 상태로 재생된 후, 흡수탑 상단으로 보내져 재사용된다. 이처럼 흡수제가 이산화탄소를 포집하고 흡수제가 재생되는 흡수와 재생 공정을 반복하면 90% 이상 고농도의 이산화탄소를 모을 수 있는데, 이렇게 모아진 이산화탄소는 이송에 편리하도록 압축기에서 압축 공정을 거치게 된다. 압축된 이산화탄소는 파이프라인이나 철도, 선박 등의 수송 시설을 통해 땅속의 저장소로 이송되고, 저장소로 이송된 이산화탄소는 800m 이상의 깊이에 있는 폐유전이나 가스전 등에 주입되어 반영구적으로 저장된다.

오늘날 CCS 기술은 지구온난화를 막을 수 있는 가장 현실적인 대안으로 인정받고 있다. 하지만 공정을 진행하는 과정에서 많은 에너지가 소요된다는 점은 극복해야 할 과제이다. 이에 따라 현재 진행되고 있는 연소 후 포집 기술의 핵심적 연구는 ㉠ 흡수 포화점이 향상된 흡수제를 개발하여 ㉡ 경제성이 높은 이산화탄소 포집 기술을 구현하는 방향으로 진행되고 있다.

* 포집 : 물질 속에 있는 미량의 성분을 분리하여 잡아 모으는 일

06 다음 중 윗글에서 알 수 있는 내용으로 적절하지 않은 것은?

① CCS 기술의 개념
② CCS 기술의 종류
③ CCS 기술의 필요성
④ CCS 기술의 개발 과정
⑤ CCS 기술이 극복해야 할 과제

07 **다음 중 밑줄 친 ㉠이 ㉡으로 이어질 수 있는 이유로 가장 적절한 것은?**

① 흡수와 재생 공정을 일원화할 수 있기 때문에
② 흡수와 재생 공정의 반복 횟수를 줄일 수 있기 때문에
③ 재생 공정에서 흡수제의 재생률을 높일 수 있기 때문에
④ 재생 공정이 없어도 이산화탄소를 포집할 수 있기 때문에
⑤ 포집한 이산화탄소를 저장소로 옮기는 운송비를 줄일 수 있기 때문에

08 **H공사 총무부에서는 다음 〈조건〉을 통해 사원수와 사원의 월급을 알아보려고 한다. H공사의 사원수와 사원의 월급 총액으로 바르게 짝지어진 것은?(단, 월급 총액은 H공사가 사원 모두에게 주는 한 달 월급의 합을 말한다)**

조건

- 사원은 모두 동일한 월급을 받는다.
- 사원이 10명 더 늘어나면 기존 월급보다 100만 원 적어지고, 월급 총액은 기존의 80%가 된다.
- 사원이 20명 줄어들면 월급은 기존과 동일하고, 월급 총액은 기존의 60%가 된다.

	사원수	월급 총액
①	45명	1억 원
②	45명	1억 2천만 원
③	50명	1억 2천만 원
④	50명	1억 5천만 원
⑤	55명	1억 5천만 원

※ H공단은 본부에서 내려온 지침에 따라 현수막을 제작하려고 한다. 이어지는 질문에 답하시오. **[9~10]**

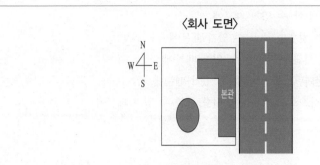

〈회사 도면〉

〈지침사항〉

• 본관의 도로 쪽 벽에 10m×5m[(가로)×(세로)] 현수막 제작
• 원형 건물을 두를 수 있는 현수막 제작
• 현수막 기본크기[(가로 3m)×(세로 1m)] 제작비용 : 5,000원
• 현수막 기본크기에서 추가 면적 제작 시 $1m^2$당 3,000원씩 추가

09 원형 건물의 반지름이 4m이고 본관 현수막과 같은 세로 길이로 만든다면, 두 현수막 제작에 필요한 총 금액은 얼마인가?(단, $\pi=3.14$로 계산한다)

① 330,400원
② 372,800원
③ 518,800원
④ 749,600원
⑤ 895,600원

10 본부에서 조경 관련 지침이 추가로 내려왔다. 북쪽과 남쪽 외곽에는 소나무를 2그루씩, 서쪽 외곽에는 3그루를 심고, 외곽 모서리마다 은행나무를 추가로 심기로 하였다. 같은 방향의 나무 사이의 거리가 일정하기 위해 나무를 심어야 하는 간격과, 나무를 심는 데 드는 총액이 바르게 짝지어진 것은?(단, 북쪽 외곽의 길이는 45m, 서쪽 외곽의 길이는 40m이며, 소나무는 그루당 500,000원, 은행나무는 그루당 300,000원이다)

	북·남쪽 나무 간 거리(m)	서쪽 나무 간 거리(m)	총액(원)
①	9	8	3,700,000
②	11.25	10	4,700,000
③	11.25	8	3,700,000
④	15	10	4,700,000
⑤	15	10	5,700,000

11 H회사에서 근무하는 김사원은 수출계약 건으로 한국에 방문하는 바이어를 맞이하기 위해 인천공항에 가야한다. 미국 뉴욕에서 오는 바이어는 현지시각으로 21일 오전 8시 30분에 한국행 비행기에 탑승할 예정이며, 비행시간은 17시간이다. H회사에서 인천공항까지는 1시간 30분이 걸리고, 바이어의 도착 예정시각보다는 30분 일찍 도착하여 대기하려고 할 때, 아무리 늦어도 김사원이 회사에서 출발해야 하는 시각은 언제인가? (단, 뉴욕은 한국보다 13시간 느리다)

① 21일 10시 30분
② 21일 12시 30분
③ 22일 12시
④ 22일 12시 30분
⑤ 22일 14시 30분

12 다음 자료를 근거로 판단할 때 연구모임 A~E 중 두 번째로 많은 지원금을 받는 모임은 어디인가?

〈지원계획〉

• 지원을 받기 위해서는 모임당 6명 이상 9명 미만으로 구성되어야 한다.
• 기본지원금은 모임당 1,500천 원을 기본으로 지원한다. 단, 상품개발을 위한 모임의 경우는 2,000천 원을 지원한다.
• 추가지원금

구분	상	중	하
추가지원금(천 원 / 명)	120	100	70

※ 추가지원금은 연구 계획 사전평가결과에 따라 달라짐
• 협업 장려를 위해 협업이 인정되는 모임에는 위의 두 지원금을 합한 금액의 30%를 별도로 지원한다.

〈연구모임 현황 및 평가결과〉

구분	상품개발 여부	구성원 수	연구 계획 사전평가결과	협업 인정 여부
A모임	○	5	상	○
B모임	×	6	중	×
C모임	×	8	상	○
D모임	○	7	중	×
E모임	×	9	하	×

① A모임
② B모임
③ C모임
④ D모임
⑤ E모임

※ 다음은 H사의 직원 A ~ G가 서로 주고받은 이메일 교신 건수와 교신 용량에 대한 자료이다. 이어지는 질문에 답하시오. [13~14]

〈이메일 교신 건수〉

(단위 : 건)

발신자＼수신자	A	B	C	D	E	F	G	합계
A	–	15	0	7	0	9	4	35
B	8	–	4	8	0	2	0	22
C	0	2	–	2	8	0	1	13
D	4	3	2	–	0	3	2	14
E	10	7	0	3	–	12	4	36
F	4	6	18	22	9	–	2	61
G	2	12	8	4	3	9	–	38
합계	28	45	32	46	20	35	13	219

※ 한 달 동안 A가 B에게 보낸 이메일은 15건이며, A가 B로부터 받은 이메일은 8건임
※ 자신에게 보내는 이메일은 없다고 가정함

〈이메일 교신 용량〉

(단위 : MB)

발신자＼수신자	A	B	C	D	E	F	G	합계
A	–	35	0	13	0	27	12	87
B	11	–	6	26	0	5	0	48
C	0	9	–	2	30	0	3	44
D	15	6	6	–	0	14	1	42
E	24	15	0	11	–	32	17	99
F	7	22	36	64	38	–	5	172
G	1	16	38	21	5	42	–	123
합계	58	103	86	137	73	120	38	615

※ 한 달 동안 A가 B에게 보낸 이메일의 총용량은 35MB이며, A가 B로부터 받은 이메일의 총용량은 11MB임

13 다음 중 자료를 판단한 내용으로 옳지 않은 것은?

① C와 D 사이의 이메일 교환 건수는 동일하다.
② 두 사람 간 이메일 교신 용량이 가장 많은 사람은 D와 F이다.
③ 수신 건수가 가장 많은 사람은 발신 건수가 가장 적은 사람이다.
④ F가 송수신한 용량은 전체 이메일 송수신 총량의 20% 이상이다.
⑤ 수신 용량이 가장 많은 사람과 발신 용량이 가장 적은 사람의 용량 차이는 95MB 이상이다.

14 F가 D에게 보낸 메일의 평균 용량과 E가 G에게 보낸 메일의 평균 용량의 차이는 얼마인가?(단, 평균은 소수점 셋째 자리에서 반올림한다)

① 0.84MB
② 1.34MB
③ 1.51MB
④ 1.70MB
⑤ 2.00MB

15 다음은 국가별 지적재산권 출원 건수 및 비중에 대한 자료이다. 이에 대한 설명으로 옳지 않은 것은?

〈국가별 지적재산권(PCT) 출원 건수 및 비중〉

(단위 : 건, %)

구분		2018년	2019년	2020년	2021년	2022년	2023년	2024년
한국	건수	4,686	5,945	7,064	7,899	8,035	9,669	9,292
	비중	3.43	3.97	4.42	4.84	5.17	5.88	5.75
일본	건수	24,870	27,025	27,743	28,760	29,802	32,150	35,331
	비중	18.19	18.06	17.35	17.62	19.18	19.57	21.85
중국	건수	2,503	3,942	5,455	6,120	7,900	12,296	14,318
	비중	1.83	2.63	3.41	3.75	5.08	7.48	8.86
독일	건수	15,991	16,736	17,821	18,855	16,797	17,568	16,675
	비중	11.69	11.18	11.14	11.55	10.81	10.69	10.31
프랑스	건수	5,742	6,256	6,560	7,072	7,237	7,245	6,474
	비중	4.20	4.18	4.10	4.33	4.66	4.41	4.00
미국	건수	26,882	51,280	54,042	51,642	45,625	45,000	43,076
	비중	34.28	34.27	33.79	31.64	29.36	27.39	26.64

① 한국의 지적재산권 출원 비중은 2024년을 제외하고는 매년 모두 증가하고 있는 추세이다.
② 2018년 대비 2024년 지적재산권 출원 비중이 가장 크게 증가한 국가는 중국이다.
③ 2018년 대비 2024년 지적재산권 출원 비중이 낮아진 국가는 모두 세 국가이다.
④ 매년 가장 큰 지적재산권 출원 비중을 차지하고 있는 국가는 미국이다.
⑤ 프랑스의 출원 건수는 한국의 출원 건수보다 매년 조금씩 많다.

16 한국산업인력공단 총무인사과에 근무하는 H사원은 사내의 복지 증진과 관련하여 임직원을 대상으로 휴게실 확충에 대한 의견을 수렴하였다. 의견 수렴 결과가 다음과 같을 때, 이에 대한 반응으로 옳지 않은 것은?

〈휴게실 확충에 대한 본부별·성별 찬반 의견〉

(단위 : 명)

구분	A본부		B본부	
	여직원	남직원	여직원	남직원
찬성	180	156	120	96
반대	20	44	80	104
합계	200	200	200	200

① 두 본부의 남직원 중 60% 이상이 휴게실 확충에 찬성하고 있다.

② 각 본부의 여직원 중 A본부 여직원의 찬성 비율이 B본부 여직원의 찬성 비율보다 1.5배 높았다.

③ B본부 전 직원 중 여직원의 찬성 비율이 남직원의 찬성 비율보다 1.2배 이상 높다.

④ 두 본부 전 직원 중에서 성별 찬성 인원의 차이가 본부별 찬성 인원의 차이보다 크다.

⑤ A본부에 휴게실이 확충될지 B본부에 휴게실이 확충될지 아직은 모른다.

17 이번 학기에 4개의 강좌 A~D가 새로 개설되는데, 강사 갑~무 중 4명이 한 강좌씩 맡으려 한다. 배정 결과를 궁금해 하는 5명은 다음 〈조건〉과 같이 예측했다. 배정 결과를 보니 갑~무의 진술 중 1명의 진술만이 거짓이고 나머지는 참이었다. 바르게 추론한 내용은 무엇인가?

조건

갑 : 을이 A강좌를 담당하고 병은 강좌를 담당하지 않을 것이다.

을 : 병이 B강좌를 담당할 것이다.

병 : 정은 D강좌가 아닌 다른 강좌를 담당할 것이다.

정 : 무가 D강좌를 담당할 것이다.

무 : 을의 말은 거짓일 것이다.

① 갑은 A강좌를 담당한다. ② 을은 C강좌를 담당한다.

③ 병은 강좌를 담당하지 않는다. ④ 정은 D강좌를 담당한다.

⑤ 무는 B강좌를 담당한다.

18 다음 글을 읽고 이해한 내용으로 적절하지 않은 것은?

이누이트(에스키모)하면 연상되는 것 중의 하나가 이글루이다. 그들의 주거 시설에는 빙설을 이용한 집 외에도 목재나 가죽으로 만든 천막 등이 있다. 이글루라는 말은 이러한 주거시설의 총칭이었으나, 눈으로 만든 집이 외지인의 시선을 끌어 그것만 일컫는 말이 되었다. 이글루는 눈을 벽돌 모양으로 잘라서 반구 모양으로 쌓은 것이다. 눈 벽돌로 만든 집이 어떻게 얼음이 될까? 이글루에서는 어떻게 난방을 할까?

일단 눈 벽돌로 이글루를 만든 후에 이글루 안에서 불을 피워 온도를 높인다. 온도가 올라가면 눈이 녹으면서 벽의 빈틈을 메워 준다. 어느 정도 눈이 녹으면 출입구를 열어 물이 얼도록 한다. 이 과정을 반복하면서 눈 벽돌집을 얼음집으로 변하게 한다. 눈 사이에 들어 있던 공기는 빠져나가지 못하고 얼음 속에 갇히게 된다. 이글루가 뿌옇게 보이는 것도 미처 빠져나가지 못한 기체에 부딪힌 빛의 산란 때문이다.

이글루 안은 밖보다 온도가 높다. 그 이유 중 하나는 이글루가 단위 면적당 태양 에너지를 지면보다 많이 받기 때문이다. 이것은 적도 지방이 극지방보다 태양 빛을 더 많이 받는 것과 같은 이치이다. 다른 이유로 일부 과학자들은 온실 효과를 든다. 지구에 들어오는 태양 복사 에너지의 대부분은 자외선, 가시광선 영역의 단파이지만, 지구가 열을 외부로 방출하는 복사 에너지는 적외선 영역의 장파이다. 단파는 지구의 대기를 통과하지만, 복사파인 장파는 지구의 대기에 의해 흡수된다. 이 때문에 지구의 온도가 일정하게 유지된다. 이를 온실 효과라고 하는데, 온실 유리가 복사파를 차단하는 것과 같다는 데서 유래되었다. 이글루도 내부에서 외부로 나가는 장파인 복사파가 얼음에 의해 차단되어 이글루 안이 따뜻한 것이다.

이글루 안이 추울 때 이누이트는 바닥에 물을 뿌린다. 마당에 물을 뿌리면 시원해지는 것을 경험한 사람은 이에 대해 의문을 품을 것이다. 여름철 마당에 뿌린 물은 증발되면서 열을 흡수하기 때문에 시원해지는 것이지만, 이글루 바닥에 뿌린 물은 곧 얼면서 열을 방출하기 때문에 실내 온도가 올라가는 것이다. 물의 물리적 변화 과정에서는 열의 흡수와 방출이 일어나기 때문이다. 이때 찬물보다 뜨거운 물을 뿌리는 것이 더 효과적이다. 바닥에 뿌려진 뜨거운 물은 온도가 높고 표면적이 넓어져서 증발이 빨리 일어나고 증발로 물의 양이 줄어들어 같은 양의 찬물보다 어는 온도까지 빨리 도달하기 때문이다.

① 이글루 안에서 바닥에 물을 뿌리면 열을 방출하며 온도가 올라간다.
② 태양열의 복사파는 이글루를 빠져나가지 못하고 실내 온도를 높인다.
③ 원래 이글루는 얼음 이외의 재료로 지은 건축물까지 모두 포함하는 말이었다.
④ 이글루 안에서는 뜨거운 물을 뿌리는 것이 찬물을 뿌리는 것보다 온도 상승에 효과적이다.
⑤ 이글루가 뿌옇게 보이는 것은 얼음이 되는 과정에서 눈 입자 사이의 틈이 커지면서 공기가 침투하기 때문이다.

19 甲, 乙, 丙, 丁이 공을 막대기로 쳐서 구멍에 넣는 경기를 하였다. 규칙에 근거하여 판단할 때, 다음 〈보기〉에서 옳은 것을 모두 고르면?

〈규칙〉

- 경기 참가자는 시작점에 있는 공을 막대기로 쳐서 구멍 안에 넣어야 한다. 참가자에게는 최대 3번의 기회가 주어지며, 공을 넣거나 3번의 기회를 다 사용하면 한 라운드가 종료된다.
- 첫 번째 시도에서 공을 넣으면 5점, 두 번째 시도에서 공을 넣으면 2점, 세 번째 시도에서 공을 넣으면 0점을 받게 되며, 세 번째 시도에서도 공을 넣지 못하면 −3점을 받게 된다.
- 총 2라운드를 진행하여 각 라운드에서 획득한 점수를 합산하여 높은 점수를 획득한 참가자 순으로 우승, 준우승, 3등, 4등을 결정한다.
- 만일 경기 결과 동점이 나올 경우, 1라운드 고득점 순서대로 동점자의 순위를 결정한다.

〈경기 결과〉

구분	1라운드	2라운드
甲	3회	3회
乙	2회	3회
丙	2회	2회
丁	1회	3회

※ 각 횟수는 공을 넣기 위해 시도한 횟수임

보기

ㄱ. 甲은 다른 선수의 경기 결과에 따라 3등을 할 수 있다.
ㄴ. 乙은 다른 선수의 경기 결과에 따라 준우승을 할 수 있다.
ㄷ. 丙이 우승했다면 1라운드와 2라운드 합쳐서 4명이 구멍 안에 넣은 공은 최소 5개 이상이다.
ㄹ. 丁이 우승했다면 획득한 점수는 5점이다.

① ㄱ, ㄴ 　　　　　② ㄱ, ㄷ
③ ㄱ, ㄹ 　　　　　④ ㄱ, ㄴ, ㄹ
⑤ ㄴ, ㄷ, ㄹ

20 다음 〈보기〉에서 조직변화의 과정을 순서대로 바르게 나열한 것은?

> **보기**
>
> ㄱ. 환경변화 인지   ㄴ. 변화결과 평가
> ㄷ. 조직변화 방향 수립   ㄹ. 조직변화 실행

① ㄱ - ㄷ - ㄹ - ㄴ   ② ㄱ - ㄹ - ㄷ - ㄴ
③ ㄴ - ㄷ - ㄹ - ㄱ   ④ ㄹ - ㄱ - ㄷ - ㄴ
⑤ ㄹ - ㄷ - ㄱ - ㄴ

21 다음은 소나무재선충병 발생지역에 대한 자료이다. 고사한 소나무 수가 가장 많은 발생지역은 어디인가?

〈소나무재선충병 발생지역별 소나무 수〉

(단위 : 천 그루)

구분	소나무 수
거제	1,590
경주	2,981
제주	1,201
청도	279
포항	2,312

〈소나무재선충병 발생지역별 감염률 및 고사율〉

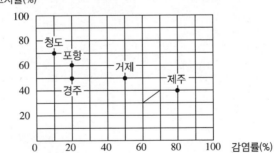

$$\text{[감염률(\%)]} = \frac{\text{(발생지역의 감염된 소나무 수)}}{\text{(발생지역의 소나무 수)}} \times 100$$

$$\text{[고사율(\%)]} = \frac{\text{(발생지역의 고사한 소나무 수)}}{\text{(발생지역의 감염된 소나무 수)}} \times 100$$

① 거제   ② 경주
③ 제주   ④ 청도
⑤ 포항

※ H극장의 직원은 A ~ F 6명으로, 매일 오전과 오후 2회로 나누어 각 근무 시간에 2명의 직원이 근무하고 있다. 직원은 1주에 4회 이상 근무해야 하며, 7회 이상은 근무할 수 없고, 인사담당자는 근무 계획을 작성할 때 다음 〈조건〉을 충족시켜야 한다. 이어지는 질문에 답하시오. [22~23]

조건

• A는 오전에 근무하지 않는다.
• B는 수요일에 근무한다.
• C은 수요일을 제외하고는 매일 1회 근무한다.
• D는 토요일과 일요일을 제외한 날의 오전에만 근무할 수 있다.
• E은 월요일부터 금요일까지는 근무하지 않는다.
• F는 C와 함께 근무해야 한다.

22 다음 중 F가 근무할 수 있는 요일을 모두 고르면?

① 월요일, 화요일, 수요일, 목요일
② 월요일, 화요일, 목요일, 금요일
③ 목요일, 금요일, 토요일, 일요일
④ 화요일, 목요일, 금요일, 일요일
⑤ 월요일, 목요일, 금요일, 토요일

23 다음 〈조건〉에 근거하여 판단할 때, 옳지 않은 것은?

① C와 F는 평일 중 하루는 오전에 함께 근무한다.
② D는 수요일 오전에 근무한다.
③ E는 주말 오전에는 C와, 오후에는 A와 근무한다.
④ B는 평일에 매일 1번씩만 근무한다.
⑤ D는 항상 B와 근무한다.

24 다음 글의 ㉠~㉤ 중 글의 흐름과 맞지 않는 곳을 찾아 수정하려고 할 때, 가장 적절한 것은?

소아시아 지역에 위치한 비잔틴 제국의 수도 콘스탄티노플이 이슬람교를 신봉하는 오스만인들에 의해 함락되었다는 소식이 인접해 있는 유럽 지역에까지 전해졌다. 그 지역 교회의 한 수도원 서기는 이에 대해 "㉠ 지금까지 이보다 더 끔찍했던 사건은 없었으며, 앞으로도 결코 없을 것이다."라고 기록했다.

1453년 5월 29일 화요일, 해가 뜨자마자 오스만 제국의 군대는 난공불락으로 유명한 케르코포르타 성벽의 작은 문을 뚫고 진군하기 시작했다. 해가 질 무렵, 약탈당한 도시에 남아 있는 모든 것은 그들의 차지가 되었다. 비잔틴 제국의 86번째 황제였던 콘스탄티누스 11세는 서쪽 성벽 아래에 있는 좁은 골목에서 전사하였다. 이것으로 ㉡ 1,100년 이상 존재했던 소아시아 지역의 기독교도 황제가 사라졌다. 잿빛 말을 타고 화요일 오후 늦게 콘스탄티노플에 입성한 술탄 메흐메드 2세는 우선 성소피아 대성당으로 갔다. 그는 이 성당을 파괴하는 대신 이슬람 사원으로 개조하라는 명령을 내렸고, 우선 그 성당을 철저하게 자신의 보호하에 두었다. 또한 학식이 풍부한 그리스 정교회 수사에게 격식을 갖추어 공석 중인 총대주교직을 수여하고자 했다. 그는 이슬람 세계를 위해 ㉢ 기독교의 제단뿐만 아니라 그 이상의 것들도 활용했다. 역대 비잔틴 황제들이 제정한 법을 그가 주도하고 있던 법제화의 모델로 이용하였던 것이다. 이러한 행위들은 ㉣ 단절을 추구하는 정복왕 메흐메드 2세의 의도에서 비롯된 것이라고 할 수 있다.

그는 자신이야말로 지중해를 '우리의 바다'라고 불렀던 로마 제국의 진정한 계승자임을 선언하고 싶었던 것이다. 일례로 그는 한때 유럽과 아시아를 포함한 지중해 전역을 지배했던 제국의 정통 상속자임을 선언하면서, 의미심장하게도 자신의 직함에 '룸 카이세리', 즉 로마의 황제라는 칭호를 추가했다. 또한, 그는 패권 국가였던 로마의 옛 명성을 다시 찾기 위한 노력의 일환으로 로마 사람의 땅이라는 뜻을 지닌 루멜리아에 새로 수도를 정했다. 이렇게 함으로써 그는 ㉤ 오스만 제국이 유럽으로 확대될 것이라는 자신의 확신을 보여주었다.

---

① ㉠을 '지금까지 이보다 더 영광스러운 사건은 없었으며'로 고친다.
② ㉡을 '1,100년 이상 존재했던 소아시아 지역의 이슬람 황제가 사라졌다.'로 고친다.
③ ㉢을 '기독교의 제단뿐만 아니라 그 이상의 것들도 파괴했다.'로 고친다.
④ ㉣의 '연속성을 추구하는 정복왕 메흐메드 2세의 의도에서 비롯된 것'으로 고친다.
⑤ ㉤을 '오스만 제국이 아시아로 확대될 것이라는 자신의 확신을 보여주었다.'로 고친다.

25 다음 〈보기〉를 바탕으로 5명의 팀원에 대해 평가할 때, 가장 낮은 평가를 받을 사람은 누구인가?

> **보기**
> • A는 일의 효율성을 위해 비슷한 업무끼리 함께 묶어서 처리한다.
> • B는 오늘 해야 할 업무는 미루지 않고 반드시 기한 내에 처리한다.
> • C는 팀의 지침을 따르기보다 자신의 판단대로 업무를 처리한다.
> • D는 롤 모델을 정해 최대한 비슷하게 업무를 처리한다.
> • E는 동료와 같은 업무를 맡았을 때 다른 방식으로 업무를 처리하려고 한다.

① A   ② B
③ C   ④ D
⑤ E

26 서로 다른 직업을 가진 남성 2명과 여성 2명이 다음 〈조건〉에 맞추어 원탁에 앉았을때, 이에 대한 설명으로 옳은 것은?(단, 남성용 옷을 여성이 입거나 여성용 옷을 남성이 입을 수는 없다)

> **조건**
> • 4명의 직업은 각각 교사, 변호사, 자영업자, 의사이다.
> • 4명은 각각 검은색 원피스, 파란색 재킷, 흰색 니트, 밤색 티셔츠를 입고 있으며, 이 중 검은색 원피스는 여성용, 파란색 재킷은 남성용이다.
> • 남성은 남성끼리, 여성은 여성끼리 인접해서 앉아 있다.
> • 변호사는 흰색 니트를 입고 있다.
> • 자영업자는 남성이다.
> • 의사의 왼쪽 자리에 앉은 사람은 검은색 원피스를 입었다.
> • 교사는 밤색 티셔츠를 입은 사람과 원탁을 사이에 두고 마주보고 있다.

① 교사와 의사는 원탁을 사이에 두고 마주보고 있다.
② 변호사는 남성이다.
③ 밤색 티셔츠를 입은 사람은 여성이다.
④ 의사는 파란색 재킷을 입고 있다.
⑤ 검은색 원피스를 입은 여성은 자영업자의 옆에 앉아 있다.

27 상품 A와 상품 B의 재고는 각각 60개이다. 상품 A의 정상가는 2개에 35,000원, 상품 B의 정상가는 3개에 55,000원이다. 그러나 상품이 잘 팔리지 않아 A와 B 모두 5개에 80,000원으로 할인하여 판매하고자 한다. 상품 A, B를 정상가격에 판매하였을 때와 할인가격에 판매하였을 때의 차이는 얼마인가?

① 18만 원   ② 23만 원
③ 29만 원   ④ 32만 원
⑤ 38만 원

※ 다음은 경쟁관계에 있는 A기업과 B기업이 각각의 제품을 광고할 때의 수익구조에 대한 자료이다. 이어지는 질문에 답하시오. [28~29]

〈제품별 수익구조〉

(단위 : 억 원)

구분		B기업	
		제품 M	제품 H
A기업	제품 M	(6, 1)	(−2, 8)
	제품 H	(−2, 6)	(6, 4)

〈분기별 매출 증감률〉

구분	제품 M	제품 H
1분기	0%	50%
2분기	−50%	0%
3분기	0%	−50%
4분기	50%	0%

※ 수익구조에서 괄호 안의 숫자는 각 기업의 홍보로 인한 월 수익을 의미함
※ 분기별 매출액 50% 증가 시 : 월 수익 50% 증가, 월 손해 50% 감소
※ 분기별 매출액 50% 감소 시 : 월 수익 50% 감소, 월 손해 50% 증가

28 A기업과 B기업이 3분기에는 서로 수익이 최소가 되는 제품의 광고를 피하기로 하였다. 다음 중 각 기업이 선택하지 말아야 하는 제품이 바르게 짝지어진 것은?

	A기업	B기업			A기업	B기업
①	제품 H	제품 H		②	제품 H	제품 M
③	제품 M	제품 H		④	제품 M	제품 M
⑤		상관없음				

29 1분기에 광고를 하는 경우, 다음 중 A기업과 B기업의 수익의 합이 가장 클 때와 작을 때의 합은 얼마인가?

① 18억 원   ② 20억 원

③ 24억 원   ④ 28억 원

⑤ 30억 원

※ 다음은 H공단 합동포럼에서의 좌석배치에 대한 설명이다. 이어지는 질문에 답하시오. **[30~31]**

<상황>

H공단은 합동포럼을 개최할 예정이며, P대리는 합동포럼 참석자들의 좌석배치를 담당하게 되었다. 참석자 8명이 원형 테이블에 동일한 간격으로 놓인 의자 8개에 각각 앉는다고 한다. 다음 좌석배치 규칙에 따라 참석자의 좌석을 배치한다.

<합동포럼 참석자 현황>

구분	직급	소속	부서	합동연수 참여여부
A	이사	본사	–	×
B	본부장	수도권사업본부	–	O
C	본부장	경기남부본부	–	×
D	부장	수도권사업본부	인사부	×
E	부장	경남사업본부	사업기획부	×
F	부장	경기북부본부	설비지원부	O
G	과장	대전본부	환경조사부	×
H	과장	경기남부본부	사업기획부	×

<좌석배치 규칙>

• 이사 양 옆에는 본부장들이 앉는다.
• 동일한 부서의 참석자끼리 이웃하여 앉지 않는다.
• 동일한 소속의 참석자끼리 마주 보고 앉는다.
• 과장들끼리는 서로 이웃하여 앉는다.
• 합동연수에 참여하였던 참석자끼리는 이웃하여 앉는다.

30 P대리가 좌석배치 규칙에 따라 참석자들의 좌석을 배치할 때, 다음 〈보기〉의 설명 중 옳은 것을 모두 고르면?

보기

ㄱ. B본부장의 오른쪽에는 F부장이 앉는다.
ㄴ. G과장은 D부장과 이웃하여 앉는다.
ㄷ. F부장과 D부장은 마주 보고 앉는다.
ㄹ. C본부장은 D부장과 마주 보고 앉는다.

① ㄱ
② ㄴ
③ ㄱ, ㄷ
④ ㄴ, ㄹ
⑤ ㄴ, ㄷ, ㄹ

31 부서 사정으로 인해 다음과 같이 참석자가 변경되었다. 이에 대한 설명으로 반드시 옳은 것은?

<표>

〈참석자 변경 사항〉

불참자	직급	소속	부서	합동연수 참여 여부
F	부장	경기북부본부	설비지원부	○
H	과장	경기남부본부	사업기획부	×
신규 참석자	직급	소속	부서	합동연수 참여 여부
I	과장	강원본부	자원관리부	○
J	과장	충남본부	설비지원부	○

① J과장은 부장과 이웃하여 앉는다.
② C본부장은 I부장과 이웃하여 앉는다.
③ G과장은 E부장과 이웃하여 앉는다.
④ E부장은 J과장과 마주 보고 앉는다.
⑤ G과장은 반드시 1명의 부장과 이웃하여 앉는다.

32 회사 직원 중 1,000명에게 사내 복지제도에 대한 설문조사를 하였다. 조사 결과 30%는 만족, 30%는 보통, 40%는 불만족을 선택했고, 불만족을 선택한 인원의 70%가 여직원이었다. 불만족을 선택한 여직원의 수는 회사 전체 여직원 수의 20%이고, 불만족을 선택한 남직원의 수는 회사 전체 남직원의 10%라고 할 때, 회사 전체 직원 수는 총 몇 명인가?

① 2,440명   ② 2,480명
③ 2,530명   ④ 2,570명
⑤ 2,600명

33 다음 자료를 근거로 판단할 때 옳은 것은?(단, 오늘은 2025년 3월 10일이다)

제○○조

① 지방자치단체는 공직자윤리위원회(이하 '위원회'라 한다)를 두어야 한다.

② 위원회는 위원장과 부위원장 각 1명을 포함한 9명의 위원으로 구성하되, 위원은 다음 각 호에 따라 위촉한다.

    1. 5명의 위원은 법관, 교육자, 시민단체에서 추천한 자로 한다. 이 경우 제2호의 요건에 해당하는 자는 제외된다.

    2. 4명의 위원은 해당 지방의회 의원 2명, 해당 지방자치단체 소속 행정국장, 기획관리실장(이하 '소속 공무원'이라 한다)으로 한다.

③ 위원회의 위원장과 부위원장은 위원회에서 다음 각 호에 따라 선임한다.

    1. 위원장은 제2항 제1호의 5명 중에서 선임한다.

    2. 부위원장은 제2항 제2호의 4명 중에서 선임한다.

제○○조

① 위원의 임기는 2년으로 하되, 한 차례만 연임할 수 있다.

② 지방자치단체의회 의원 및 소속 공무원 중에서 위촉된 위원의 임기는 제1항에도 불구하고 지방의회 의원인 경우에는 그 임기 내로 하고, 소속 공무원인 경우에는 그 직위에 재직 중인 기간으로 한다.

③ 전조 제2항 제1호에 따른 위원 중 결원이 생겼을 경우 그 자리에 새로 위촉된 위원의 임기는 전임자의 남은 기간으로 한다.

〈H지방자치단체 공직자윤리위원회 위원 현황〉

구분	직위	최초 위촉일자
A	H지방의회 의원	2023. 9. 1.
B	시민연대 회원	2023. 9. 1.
C	H지방자치단체 소속 기획관리실장	2023. 9. 1.
D	지방법원 판사	2024. 3. 1.
E	대학교 교수	2023. 9. 1.
F	고등학교 교사	2021. 9. 1.
G	중학교 교사	2023. 9. 1.
H	H지방의회 의원	2023. 9. 1.
I	H지방자치단체 소속 행정국장	2023. 9. 1.

※ 모든 위원은 최초 위촉 이후 계속 위원으로 활동하고 있음

① B가 사망하여 새로운 위원을 위촉하는 경우 H지방의회 의원을 위촉할 수 있다.

② C가 오늘자로 명예퇴직하더라도 위원직을 유지할 수 있다.

③ E가 오늘자로 사임한 경우 당일 그 자리에 위촉된 위원의 임기는 위촉된 날로부터 2년이다.

④ F는 임기가 만료되면 연임할 수 있다.

⑤ I는 부위원장으로 선임될 수 있다.

※ H공사 인사담당자 김대리는 신입사원을 선발하고 부서별로 배치하려고 하는데, 각 팀이 원하는 역량을 가진 신입사원을 1명 이상 배치하려고 한다. 이어지는 질문에 답하시오. [34~35]

〈신입사원 정보〉

구분	전공	직무능력평가	자격증	면접	비고
A	경제학과	수리능력, 자원관리능력 우수	–	꾸준히 운동, 체력관리 우수	–
B	무역학과	수리능력, 문제해결능력, 자원관리능력 우수	무역영어 1급	–	총무업무 경력 보유
C	심리학과	의사소통능력, 조직이해능력 우수	–	의사소통능력 최상	–
D	경영학과	의사소통능력, 문제해결능력 우수	유통관리사 자격증	창의력 우수	–
E	의류학과	의사소통능력, 문제해결능력, 조직이해능력 우수	–	창의적인 문제해결능력	신용업무 경력 보유

〈팀별 선호사항〉

• 신용팀 : 관련업무 경력자 선호, 고객과 원활한 소통능력 중시
• 경제팀 : 경제학과 출신 선호, 체력 중시
• 유통팀 : 유통관리사 자격증 소지자 선호, 창의력 중시
• 상담팀 : 조직이해능력 우수자 선호, 의사소통능력 우수자 선호
• 총무팀 : 특별한 선호 없음

34 다음 중 각 팀과 배치될 신입사원을 순서대로 바르게 나열한 것은?

① 유통팀 – B
② 경제팀 – D
③ 신용팀 – E
④ 총무팀 – C
⑤ 상담팀 – A

35 추가 합격한 신입사원의 정보가 다음과 같을 때, 어느 부서로 배치하는 것이 가장 적절한가?

〈신입사원 정보〉

구분	전공	직무능력평가	자격증	면접	비고
F	법학과	자원관리능력 우수	사무자동화산업기사 자격증	문제해결능력 우수	고객 상담 업무 경력

① 신용팀
② 경제팀
③ 유통팀
④ 상담팀
⑤ 총무팀

36 H공사는 구내식당 기자재의 납품업체를 선정하고자 한다. 각 입찰업체에 대한 정보가 다음과 같을 때, 선정될 업체로 옳은 것은?

〈선정조건〉

• 선정방식
  선정점수가 가장 높은 업체를 선정한다. 선정점수는 납품품질 점수, 가격경쟁력 점수, 직원규모 점수에 가중치를 반영해 합산한 값을 의미한다. 선정점수가 가장 높은 업체가 2개 이상일 경우, 가격경쟁력 점수가 더 높은 업체를 선정한다.

• 납품품질 점수
  업체별 납품품질 등급에 따라 다음 표와 같이 점수를 부여한다.

구분	최상	상	중	하	최하
점수	100점	90점	80점	70점	60점

• 가격경쟁력
  업체별 납품가격 총액 수준에 따라 다음 표와 같이 점수를 부여한다.

구분	2억 원 미만	2억 원 이상 2억 5천만 원 미만	2억 5천만 원 이상 3억 원 미만	3억 원 이상
점수	100점	90점	80점	70점

• 직원규모 점수
  업체별 직원규모에 따라 다음 표와 같이 점수를 부여한다.

구분	50명 미만	50명 이상 100명 미만	100명 이상 200명 미만	200명 이상
점수	70점	80점	90점	100점

• 가중치
  납품품질 점수, 가격경쟁력 점수, 직원규모 점수는 다음 표에 따라 각각 가중치를 부여한다.

구분	납품품질 점수	가격경쟁력 점수	직원규모 점수	합계
가중치	40	30	30	100

〈입찰업체 정보〉

구분	납품품질	납품가격 총액(원)	직원규모(명)
A업체	상	2억	125
B업체	중	1억 7,000만	141
C업체	하	1억 9,500만	91
D업체	최상	3억 2,000만	98
E업체	상	2억 6천만	210

① A업체
② B업체
③ C업체
④ D업체
⑤ E업체

37 다음 글의 전개 방법으로 가장 적절한 것은?

> '안전운전 교육센터'는 7가지 코스로 구성된다. 먼저 기초 훈련 코스에서는 자동차 특성의 이해를 통해 안전 운전의 기본 능력을 향상시킨다. 자유 훈련 코스는 운전자의 운전 자세 및 공간 지각 능력에 따른 안전 위험 요소를 교육한다. 위험 회피 코스에서는 돌발 상황 발생 시 위험 회피 능력을 향상시키며, 직선 제동 코스에서는 다양한 도로 환경에 적응하여 긴급 상황 시 효과적으로 제동할 수 있도록 교육한다. 빗길 제동 코스에서는 빗길 주행 시 위험 요인을 체득하여 안전운전 능력을 향상시키고, 곡선 주행 코스에서는 미끄러운 곡선 주행에서 안전운전을 할 수 있도록 가르친다. 마지막으로 일반·고속 주행 코스에서는 속도에 따라 발생할 수 있는 다양한 위험 요인의 대처 능력을 향상시켜 방어 운전 요령을 습득하도록 돕는다. 이외에도 친환경 운전 방법 '에코 드라이브'에 대해 교육하는 에코 드라이빙존, 안전한 교차로 통행 방법을 가르치는 딜레마존이 있다. 안전운전의 기본은 사업용 운전자의 올바른 습관이다. 교통안전 체험교육센터에서 교육만 받더라도 교통사고 발생 확률이 크게 낮아진다.

① 각 구조에 따른 특성을 대조하고 있다.
② 상반된 결과를 통해 결론을 도출하고 있다.
③ 여러 가지를 비교하면서 그 우월성을 논하고 있다.
④ 각 구성에 따른 특징과 그에 따른 기대 효과를 설명하고 있다.
⑤ 의견의 타당성을 검증하기 위해 수치를 제시하고 있다.

38 다음 중 소개의 순서로 옳지 않은 것은?

① 나이 어린 사람을 연장자에게 먼저 소개한다.
② 내가 속해 있는 회사의 관계자를 타 회사의 관계자에게 먼저 소개한다.
③ 동료 임원을 고객에게 먼저 소개한다.
④ 신참자를 고참자에게 먼저 소개한다.
⑤ 직위가 높은 사람을 직위가 낮은 사람에게 먼저 소개한다.

39 다음은 윤리적 규범에 대한 설명이다. 빈칸 ㉠∼㉢에 들어갈 말을 순서대로 바르게 나열한 것은?

윤리적 규범이란 _____㉠_____과 _____㉡_____를 기반으로 _____㉢_____을 반복하여 형성되는 것이다.

	㉠	㉡	㉢
①	개인생활	이익의 필요	도덕적 가치신념
②	개인생활	협력의 필요	공동 협력의 룰
③	공동생활	이익의 필요	도덕적 가치신념
④	공동생활	협력의 필요	공동 협력의 룰
⑤	공동생활	이익의 필요	공동의 가치신념

40 다음 문단을 읽고 이어질 문단을 논리적 순서대로 바르게 나열한 것은?

오늘날과 달리 과거에는 마을에서 일어난 일들을 '원님'이 조사하고 그에 따라서 자의적으로 판단하여 형벌을 내렸다. 현대에서 법에 의하지 않고 재판행위자의 입장에서 이루어진다고 생각되는 재판을 '원님재판'이라고 비판하는 것의 원류이다.

(가) 죄형법정주의는 앞서 말한 '원님재판'을 법적으로 일컫는 죄형전단주의와 대립되는데, 범죄와 형벌을 미리 규정하여야 한다는 것으로, 서구에서 권력자의 가혹하고 자의적인 법 해석에 따른 반발로 등장한 것이다.

(나) 앞서 살펴본 죄형법정주의가 정립되면서 파생원칙 또한 등장하였는데, 관습형법금지의 원칙, 명확성의 원칙, 유추해석금지의 원칙, 소급효금지의 원칙, 적정성의 원칙 등이 있다. 이러한 파생원칙들은 모두 죄와 형벌은 미리 설정된 법에 근거하여 정확하게 내려져야 한다는 죄형법정주의의 원칙과 연관하여 쉽게 이해될 수 있다.

(다) 그러나 현대에서 '원님재판'은 이루어질 수 없다. 형사법의 영역에 논의를 한정하여 보자면, 형사법을 전반적으로 지배하고 있는 대원칙은 형법 제1조에 규정되어있는 소위 '죄형법정주의'이다.

(라) 그 반발은 프랑스 혁명의 결과물인 '인간 및 시민의 권리선언' 제8조에서 '누구든지 범죄 이전에 제정·공포되고 또한 적법하게 적용된 법률에 의하지 아니하고는 처벌되지 아니한다.'라고 하여 실질화되었다.

① (가) – (다) – (나) – (라)

② (가) – (다) – (라) – (나)

③ (다) – (가) – (나) – (라)

④ (다) – (가) – (라) – (나)

⑤ (다) – (라) – (가) – (나)

41 다음 〈보기〉의 제도를 시행된 순서대로 바르게 나열한 것은?

> 보기
>
> ㄱ. 관수관급제   ㄴ. 전시과
> ㄷ. 과전법   ㄹ. 직전법

① ㄱ - ㄴ - ㄷ - ㄹ   ② ㄱ - ㄷ - ㄴ - ㄹ
③ ㄴ - ㄱ - ㄷ - ㄹ   ④ ㄴ - ㄷ - ㄹ - ㄱ
⑤ ㄷ - ㄱ - ㄴ - ㄹ

42 다음 성명을 발표한 정부의 통일 정책으로 옳은 것은?

> 쌍방은 다음과 같은 조국 통일 원칙들에 합의를 보았다.
> 첫째, 통일은 외세에 의존하거나 외세의 간섭을 받음이 없이 자주적으로 해결하여야 한다.
> 둘째, 통일은 서로 상대방을 반대하는 무력행사에 의거하지 않고 평화적 방법으로 실현하여야 한다.
> 셋째, 사상과 이념·제도의 차이를 초월하여 우선 우리는 하나의 민족으로서 민족적 대단결을 도모하여야
> 한다.

① 남북 조절 위원회를 구성하였다.
② 금강산 관광 사업을 실시하였다.
③ 개성 공단의 설치에 합의하였다.
④ 최초로 남북 정상 회담을 개최하였다.
⑤ 한반도 비핵화 공동 선언을 채택하였다.

43 다음 글과 관련된 설명으로 옳지 않은 것은?

> 진평왕 30년, 왕은 ⑤ 고구려가 빈번하게 강역을 침범하는 것을 근심하다가 수나라에 병사를 청하여 고구려를 정벌하고자 하였다. 이에 ⑥ 원광에게 군사를 청하는 글을 짓도록 명하니, 원광이 "자기가 살려고 남을 죽이도록 하는 것은 승려로서 할 일이 아니나, 제가 대왕의 토지에서 살고 대왕의 물과 풀을 먹으면서 어찌 감히 명령을 좇지 않겠습니까?"라고 하며, 곧 글을 지어 바쳤다. … (중략) … 33년에 왕이 수나라에 사신을 보내어 표문을 바치고 출병을 청하니, ⓒ 수나라 양제가 이를 받아들이고 군사를 일으켰다.
>
> – 『삼국사기』 신라본기

① 호국을 강조하는 신라 불교의 특색이 반영되어 있다.
② 당시 신라는 백제와 동맹을 맺어 고구려의 남진에 대항하고 있었다.
③ ⑤ – 고구려는 한강 유역을 되찾기 위해 신라를 자주 공격하였다.
④ ⑥ – 원광은 세속오계를 지어 화랑도의 행동 규범을 제시하였다.
⑤ ⓒ – 고구려는 살수에서 대승을 거두고, 수나라의 침략을 격퇴하였다.

44 신라 진흥왕이 남한강 유역을 정복하고 세웠으며 다음과 같은 내용이 있는 비석은?

> 영토를 확장하는 데 공을 세운 야이차에게 상을 내리고, 신라에 충성하는 자에게 똑같이 상을 내리겠다.

① 마운령비   ② 황초령비
③ 북한산비   ④ 단양적성비
⑤ 창녕순수비

45 다음 밑줄 친 '이 시기'에 일어난 일로 옳지 않은 것은?

> 이 시기 고려의 왕들은 모두 원나라의 책봉을 받아야 했으며, 원나라의 공주와 혼인해야 했다. 따라서 고려는 원나라의 부마국이 되었으며, 고려 영토 안에 원의 지방관청이 설치됨에 따라 영토의 일부를 상실했다. 또한, 원나라에 필요한 군대와 물자, 공녀 등을 원에 보내야 하는 등 수탈이 이루어졌다.

① 묘청은 도읍을 서경으로 옮겨야 한다고 주장하였다.
② 국사(國師) 일연이 삼국유사를 편찬하였다.
③ 공민왕은 쌍성총관부를 공격하여 원을 몰아내었다.
④ 문익점이 목화씨를 들여와 재배에 성공하였다.
⑤ 안향에 의해 성리학이 소개되었다.

46 다음 활동을 전개한 단체로 옳은 것은?

> 평양 대성학교와 정주 오산학교를 설립하였고 민족 자본을 일으키기 위해 평양에 자기회사를 세웠다. 또한, 민중 계몽을 위해 태극서관을 운영하여 출판물을 간행하였다. 그리고 장기적인 독립운동의 기반을 마련하여 독립전쟁을 수행할 목적으로 국외에 독립운동기지 건설을 추진하였다.

① 보안회   ② 신민회
③ 대한자강회   ④ 대한광복회
⑤ 대한협회

47 다음 설명에 관련된 사건과 유사한 활동으로 옳은 것은?

> 지금이야말로 우리들이 정신을 새로이 하고 충의를 떨칠 때가 아니겠는가. 국채 1,300만 원은 바로 우리나라의 존망과 관계된 것이다. 이것을 갚으면 나라가 존재하고, 갚지 못하면 나라가 망할 것은 필연적인 사실이다. 그런데 지금 국고의 상태로는 갚기 어려우니, 장차 삼천 리 강토는 내 나라, 내 민족의 소유가 되지 못할 것이다.

① 여름철 전력 대란에 대비한 에어컨 온도 26도로 설정하기
② IMF 극복을 위한 금 모으기
③ 세월호 희생자를 추모하기 위한 노란 리본 달기
④ 신효순·심미선 학생을 추모하기 위한 촛불집회
⑤ 저소득층 가정의 자녀(초·중·고등학생)에 대한 무상급식

48 다음 빈칸에 들어갈 국가에 대한 설명으로 옳지 않은 것은?

> 부여씨가 망하고 고씨가 망하자 김씨가 그 남쪽을 영유하였고, 대씨가 그 북쪽을 영유하여 _____(이)라 하였다. 이것이 남북국이라 부르는 것으로 마땅히 남북국사가 있어야 했음에도 고려가 이를 편찬하지 않은 것은 잘못된 일이다. 무릇 대씨가 누구인가? 바로 고구려 사람이다. 그가 소유한 땅은 누구의 땅인가? 바로 고구려 땅이다.
>
> — 『발해고』

① 당의 3성 6부를 모방하였으나 명칭과 운영은 독자성이 있다.
② 돌궐·일본과 연결하여 당·신라를 견제하였다.
③ 문왕 때 최고 교육 기관으로 국학을 설치하였다.
④ 중국으로부터 해동성국이라 불렸다.
⑤ 지방을 5경 15부 62주로 정비하였다.

49 다음 빈칸에 공통으로 들어갈 고려시대의 정치기구로 옳은 것은?

> 중서문하성은 고려시대 최고 중앙정치기구로 상하 이중으로 조직되어 있다. 상층 조직인 재부와 간쟁과 봉박을 맡은 하층 조직인 _____(으)로 분립되어 있었고, 재부는 중서문하성의 장관인 문하시중을 중심으로 구성되었다. _____에는 서경의 권한이 있었으며, 어사대와 함께 대간(臺諫)을 구성하였다.

① 낭사   ② 상서성
③ 중추원   ④ 삼사
⑤ 식목도감

50 다음에서 설명하는 사건들의 공통점으로 옳은 것은?

> • 명종 3년(1173)에 동북면 병마사 김보당이 문신들과 결탁하여 의종 복위 운동을 꾀하다가 무신 이의민에게 진압되었다.
> • 서경유수 조위총이 명종 4년(1174)에 난을 일으켰으나 결국 실패하였다.
> • 명종 4년(1174) 개경에 있는 귀법사, 증광사, 흥화사 등의 승려들이 중앙정권에 반기를 들고 난을 일으켰으나 실패하였다.

① 신분제 폐지를 요구하는 민란
② 무신의 정권 침탈에 대한 반발
③ 삼정의 문란에 대한 농민의 반발
④ 호포제 실시에 대한 양반의 반발
⑤ 경복궁 중건에 동원된 천민의 반란

51 다음 상황을 바탕으로 할 때, 일제가 우리나라에 취한 정책으로 옳은 것을 〈보기〉에서 모두 고르면?

> 1929년 뉴욕의 증권 시장에서는 주가가 갑자기 폭락하여 경제 공황이 일어났다. 이 공황은 급속도로 세계 각국에 파급되어 경제 파탄이 초래되었다. 경제 기반이 약했던 일본도 큰 타격을 받아 도시 실업자가 증가하고 농촌 경제가 붕괴되어 파업과 소작 쟁의가 빈번히 일어나 사회 불안이 증대되었고, 정부에 대한 불신은 나날이 높아 갔다.

보기
> ㄱ. 공업 원료 증산 정책으로 남면북양 정책을 강요하였다.
> ㄴ. 농업 위주의 정책에서 농공 병진 정책으로 전환하였다.
> ㄷ. 토지 조사 사업을 전개하여 식량 증산의 토대를 마련하려고 하였다.
> ㄹ. 우리 농민들의 반발을 방지하기 위하여 농촌 진흥 운동을 전개하였다.

① ㄱ, ㄴ   ② ㄱ, ㄷ
③ ㄱ, ㄴ, ㄷ   ④ ㄱ, ㄴ, ㄹ
⑤ ㄴ, ㄷ, ㄹ

52 다음 글에서 설명하는 왕이 실시한 정책으로 옳은 것은?

> 충숙왕의 둘째 아들로 원나라 노국대장공주를 아내로 맞이하고 원에서 살다가 원의 후원으로 왕위에 올랐으나, 고려인의 정체성을 결코 잊지 않았다.

① 정동행성의 이문소를 폐지하였다.
② 수도를 한양으로 옮겼다.
③ 삼군도총제부를 설치하였다.
④ 연구기관인 만권당을 설립하였다.
⑤ 과전법을 공포하였다.

53 다음 글의 밑줄 친 기구와 가장 유사한 역할을 담당하는 현대 사회의 부서는 무엇인가?

> 육조(六曹)의 하나이다. 고려 시대 호부가 판도사로 격하되었다가 공양왕 1년 개칭된 것이 그대로 조선 시대로 계승됐다. 호구(戶口)·공부(貢賦) 및 식량과 기타 재화에 관한 정무(政務)를 맡아보던 중앙관청이다.

① 행정안전부   ② 국방부
③ 기획재정부   ④ 국토교통부
⑤ 문화체육관광부

54 다음 내용의 근거가 되는 역사적 사실로 옳은 것을 〈보기〉에서 모두 고르면?

> 조선 왕조는 정치적으로 왕권 중심으로 권력 구조를 바꾸면서 중앙집권적 행정 제도로 개편하여 관료 체제의 기틀을 마련하였다. 그리고 정비된 중앙집권체제를 원만히 운영하기 위하여 왕권과 신권을 조화시키면서 모범적인 유교 정치를 추구하였다. 그러나 이러한 중앙집권적 행정 제도는 쉽게 이루어진 것은 아니었다. 이전 왕조까지도 중앙집권적 행정 조직이 이루어지지 않아서 속현 등이 존재하였다. 따라서 조선 왕조를 이전의 왕조들과 비교하면, 가장 큰 차이는 중앙집권적 행정 조직의 완비라고 할 수 있을 것이다.

보기
ㄱ. 호패법과 오가작통법를 실시하였다.
ㄴ. 향도를 개편하여 향약으로 대치하였다.
ㄷ. 향리의 지위와 권한을 점차 강화하였다.
ㄹ. 상수리 제도와 기인 제도를 실시하였다.
ㅁ. 향·소·부곡을 군·현으로 승격시켰다.

① ㄱ, ㄴ   ② ㄱ, ㄷ
③ ㄱ, ㅁ   ④ ㄴ, ㄷ
⑤ ㄷ, ㄹ

55 다음 사건과 유사한 형태로 옳은 것은?

> 현종 때 인조의 계비인 자의대비 조씨의 복상 문제를 둘러싸고 서인과 남인 간에 두 차례 예송논쟁이 일어난다. 첫 번째는 기해예송으로 효종 사후 자의대비 조씨의 복상 기간을 1년으로 할 것인지 3년으로 할 것인지에 대한 논쟁이었으며, 두 번째는 갑인예송으로 효종비 사후 자의대비 조씨의 복상 기간을 9개월로 할 것인지 1년으로 할 것인지에 대한 논쟁이었다.

① 고려대학교와 연세대학교의 연합 체육대회
② 한국과 일본의 축구 경기대회
③ 며느리와 시어머니 간의 갈등
④ 정책 문제에 대한 여당과 야당 간의 대립
⑤ 국회의원 선거에서 후보자 간의 경쟁

56 다음 설명과 관련이 없는 것은?

> • 국회는 입법기관으로 국가에 필요한 법을 제정하는 곳이다.
> • 법을 통과시키기 위해서는 재적의원의 과반수 출석과 출석의원의 과반수 찬성을 얻어야 한다.
> • 국회에는 여러 정당이 존재하는데 서로의 이념과 이익 등에 따라 대립하거나 협조하기도 한다.
> • 국회는 대법관, 헌법재판관 등의 임명 동의권을 지닌다.
> • 국회는 대통령을 비롯하여 고위직 공직자가 저지른 부정행위 중 법에 근거한 사항에 대해 소추절차에 따라 추궁할 수 있다.

① 고구려의 제가회의   ② 조선의 사간원
③ 고려의 식목도감   ④ 조선의 붕당정치
⑤ 조선의 예문관

57 다음 글의 밑줄 친 '이것'에 해당하는 역사서는?

> 원 간섭기 시절 우리의 유구한 역사를 강조하는 역사서들이 나왔다. 특히 이것은 고려 후기의 승려 일연이 편찬한 사서로 고조선의 단군을 서술하여 우리 역사를 중국 역사와 대등하게 파악하는 자주성을 나타냈다.

① 『고려사』   ② 『화랑세기』
③ 『삼국유사』   ④ 『조선왕조실록』
⑤ 『한국독립운동지혈사』

58 다음 글에서 설명하는 왕은 누구인가?

> 흥선대원군의 아들로 재위 기간 동안 운요호 사건, 임오군란, 갑신정변 등의 여러 사건이 발생하였으며, 일본을 비롯한 여러 열강들에 내정 간섭을 당했다. 이완용이 궁전의 나인을 통해 올린 식혜를 마신 후 복통을 호소하다가 급서한 것으로 전해지며, 이를 두고 일제에 의해 독살되었다는 설이 퍼지기도 하였다.

① 순조
② 헌종
③ 철종
④ 고종
⑤ 순종

59 다음 내용을 설명하는 제목으로 옳은 것은?

> • 납속책과 공명첩의 발급
> • 노비종모법(모계 신분 계승)
> • 공노비의 해방(순조, 1801년)
> • 유득공, 이덕무, 박제가를 규장각 검서관으로 등용

① 조선 초기 왕권 강화
② 고대 사회의 조세 변화
③ 신라 시대 골품제도의 강화
④ 성리학적 사회 질서의 강화
⑤ 조선 후기 신분사회 구조의 변동

60 다음 글에서 주장하는 내용으로 옳은 것은?

> 신하들은 마땅히 왕을 하늘처럼 섬겨야 하지만, 왕도 항상 백성을 위한 정치를 해야 하고 이를 위해서는 민심을 잘 아는 재상을 찾아 그에게 정치를 맡겨야 한다.
>
> ― 정도전, 『조선경국전』

① 경제 발전
② 문화 정치
③ 유교 보급
④ 국왕의 독재적 지배
⑤ 왕권과 신권의 조화

※ 다음 (A) ~ (C)에 들어갈 말로 가장 적절한 것을 고르시오. [61~62]

61

Studies have found three different types of kindness. First of all, there is natural kindness, based on our ability to identify with others and sense (A) what / which they are feeling. This kindness shows up at a very early age. A grade school child who says that a caged gorilla looks sad or who gets upset when another child is bullied (B) shows / showing this natural kindness. The second type of kindness is rule-guided. Rule-guided people have learned, "It's wrong to do that." For example, rule-guided children do not hit others because they have been taught hitting (C) wrong / is wrong. The last type of kindness is imitative. We imitate the behavior of people we admire. For instance, imitative children who admire their parents will avoid behavior of which their parents disapprove.

	(A)	(B)	(C)
①	what	shows	is wrong
②	what	showing	is wrong
③	which	shows	wrong
④	which	shows	is wrong
⑤	which	showing	wrong

62

The day of the whale is rapidly approaching its end. Some species of whales are already (A) infinite / extinct. Others are being reduced in number faster than they can reproduce. When whales are gone, the whole chain of life in the sea, as we know it, will be (B) upset / stable. And eventually this will have a direct effect on the life of man, too.

Although there are international agreements signed by some governments, people are killing whales without considering what future (C) conveniences / consequences this will have. Let's save whales, friends of the earth.

	(A)	(B)	(C)
①	infinite	stable	conveniences
②	infinite	stable	consequences
③	extinct	stable	conveniences
④	extinct	upset	consequences
⑤	extinct	upset	conveniences

63 다음 글의 빈칸에 들어갈 접속사로 가장 적절한 것은?

Modern technology has now rendered many learning disabilities virtually obsolete by providing learners with access to alternative ways of getting information and expressing themselves. Poor spellers have access to spell checkers and individuals with illegible handwriting can use a word processor to produce a neat typescript. People with dyscalculia* benefit from having a pocket calculator handy when a math problem comes up. _____, learners with poor memories can tape lectures, discussions, and other verbal exchanges. Individuals with faulty visualization skills can use computer-aided design(CAD) software programs that allow them to manipulate three-dimensional objects on screen.

* dyscalculia : 정신의학 용어로 계산 불능 증상을 가리킴, 'acalculia'라고도 함

① In short

② Likewise

③ As a result

④ Accordingly

⑤ In contrast

64 다음 글의 밑줄 친 부분 중 문맥상 낱말의 쓰임이 적절하지 않은 것은?

It is said that although people laugh in the same way, they don't necessarily laugh at the same things. If this is true of a single community, it is even more true of people who live in different societies, because the topics that people find amusing, and the occasions that are regarded as ① appropriate for joking, can vary enormously from one society to the next. Some styles of humor with silly actions are guaranteed to raise a laugh everywhere. But because of their reliance on shared assumptions, most jokes travel very ② well. This is particularly ③ noticeable in the case of jokes that involve a play on words. They are difficult, and in some cases virtually ④ impossible to translate into other languages. Therefore, this is why people's attempts to tell jokes to ⑤ foreigners are so often met with blank stares.

65 다음 글의 빈칸에 들어갈 말로 가장 적절한 것은?

Hollywood produces many different kinds of films, including mysteries, comedies, musicals, love stories, and horror films. Though these films may be different, they generally have one thing in common : _____. The main character wants something very badly and will do anything to get it. The opponent tries to stop the main character from achieving his or her goal. This creates a serious disagreement, which is the heart of drama and what makes the story interesting. In most movies, this serious disagreement is settled at the end of the movies, and the people usually feel catharsis.

① moral   ② conflict
③ patriotism   ④ stereosound
⑤ specialeffects

66 다음 글의 밑줄 친 부분 중 어법상 옳지 않은 것은?

'In fourteen hundred and ninety—two, Columbus ① sailed the ocean blue.' Every American schoolkid knows this rhyme, and American history books refer to Christopher Columbus more than any other historical ② figure. In them, he is portrayed as the original great American hero. He is even one of only two people the United States honors ③ him by name with a national holiday. Even though every history textbook includes his name and every schoolchild remembers the year 1492, these textbooks leave out ④ virtually all the unfavorable facts that are important to know about Columbus and the European exploration of the Americas. Meanwhile, they make up all kinds of favorable details to create a better story and ⑤ humanize Columbus so that readers will identify with him.

67 다음 글의 글쓴이가 부모로부터 배운 것이 아닌 것은 무엇인가?

> My parents had a great influence on me. My mother taught me to work hard. She tried to teach me that happiness comes from doing my best. From my father, I learned to look on the bright side of things. He also taught me that I should be honest.

① 정직하게 살아라.
② 열심히 일하라.
③ 소질을 계발하라.
④ 최선을 다하면 행복이 온다.
⑤ 어떤 것의 좋은 점을 보아라.

68 다음 글의 중심 내용으로 가장 적절한 것은?

> One of the most important aspects of human communication is that past experiences will affect your behavior. Even when you start to discuss some event with your friends, you may soon discover there are differences in your perceptions. What you think boring your friends may find exciting; what you consider pointless they may find meaningful. The messages you receive may be the same for each of you. Yet, each person experiences a variety of feelings and sensations, because each has a unique personality and background. Each of you brings different backgrounds to the event and, as a result, each attributes different meanings to the shared experience.

① 진정한 의사소통은 솔직한 표현을 통해 이루어진다.
② 친구 간의 견해 차이는 대화를 통해 해결할 수 있다.
③ 상호 개성 존중을 통해 원활한 의사소통이 이루어진다.
④ 과거의 경험에 따라 동일한 상황을 다르게 인식한다.
⑤ 경험을 공유하는 것은 친구가 되는 좋은 방법이다.

※ 다음 글을 읽고 이어지는 질문에 답하시오. [69~70]

When I first began teaching, I was invited to a workshop for new professors. Like most people who teach at universities, I had spent a long time learning what to teach, but none learning how to teach it. Somehow, my university seemed to hope, a weekend spent with experienced professors would make up for that. My colleagues presented well-crafted lectures about the tools they used in the classroom. I enjoyed their presentations, but do not remember a thing they said.

When we were called to the next talk, he put down his cup and I noticed there was not a trace of coffee in it. I thought that was rather odd, and said so. "My doctor told me to stop drinking coffee," he explained. "So I have always used an empty cup. Doesn't make any difference." I decided to try his idea in my class, but not with an empty cup.

I took a cup of coffee with me to my next class Monday morning. It helped. My pauses, as I drank the coffee, not only gave my students time to think about what I had said, but gave me time to think about what I was going to say next. I began to use my pauses to look around the room to see how my students were reacting to what I had just said. When I saw their attention wander, I tried to bring them back. When I saw them puzzled over some concept that I thought I had explained, I gave another example. My lectures became less organized and less brilliant, but my students seemed to understand me better.

One thing that I do remember happened at a coffee break. Finding myself alone, I turned to a mathematics professor standing nearby. I asked him what his favorite teaching tool was. "A cup of coffee," he said. I asked him how he used it. "Well," he said, "I talk too much and too fast in the classroom. Students sometimes have trouble following me. So every once in a while, when I've said something I want my students to think about, I stop and take a sip of coffee. It lets what I've just said sink in."

69 다음 중 윗글에서 밑줄 친 'A cup of coffee'의 역할로 가장 적절한 것은?

① 강의 및 학습을 돕는 도구
② 수업 중 졸음을 방지하는 수단
③ 학생들 간의 친목을 도모하는 수단
④ 학습 과제를 제시하는 수단
⑤ 관찰력을 향상시키는 도구

70 다음 중 윗글의 내용으로 적절하지 않은 것은?

① 글쓴이는 신임 교수를 위한 워크숍에 참석했다.
② 수학 교수는 의사의 권유에 따라 커피를 마시지 않았다.
③ 글쓴이는 월요일 아침 수업 시간에 커피를 마셨다.
④ 글쓴이는 휴식 시간에 수학 교수와 이야기하였다.
⑤ 수학 교수는 수업 시간에 자신의 말이 너무 느리다고 생각한다.

71

Many people take numerous photos while traveling or on vacation or during significant life celebrations to ① preserve the experience for the future. But the role of photographer may actually detract from their ② delight in the present moment. I know a father who devoted himself earnestly to photographing the birth of his first and only child. The photos were beautiful but, he ③ lamented afterward he felt that he had missed out on the most important first moment of his son's life. Looking through the camera lens made him ④ detached from the scene. He was just an observer, not an experiencer. Teach yourself to use your camera in a way that ⑤ neglects your ongoing experiences, by truly looking at things and noticing what is beautiful and meaningful.

72

We tend to think of the skin as a separate organ–just a ① wrapping of our more delicate inner parts. But the skin is connected to every system in the body–from your circular and digestive systems to your immune and nervous systems. All must work ② interactively for total body health. Both heart and skin, for example, rely on veins. This helps explain why, when you get angry, your heart beats faster and your face ③ reddens. This interconnectedness between the skin and the internal body is largely forgotten by people who see skin as a ④ connected entity. It's a two–way street. When we damage the skin, we damage our insides. Similarly, what we experience inside our bodies could have ⑤ indications on the outside.

73 다음 글의 주제로 가장 적절한 것은?

In America, it is important for boys and girls to be independent. Parents tell their children to try to do things without other people's help. In Korea, people are good at working together with others, and parents tell their children to do their best in a group or a family.

① The different views of teaching children

② Doing one's best for one's parents

③ How to be good parents

④ The parents of yesterday and today

⑤ How to talk with children

74 다음 글의 빈칸에 들어갈 단어로 가장 적절한 것은?

In the past, animal source proteins were considered superior because they were the highest in protein. Today many experts believe they actually have too much protein for good health, because it is stored in the body as toxins or fat. Animal source protein was thought to be complete protein, supplying necessary amino acids. Now we know it also includes unhealthy inorganic acids. Animal protein was seen to supply more iron and zinc, but is now seen as also supplying cholesterol, fat and calories. An important study by Baylor College of Medicine in Houston showed men on diets high in soy protein experienced a drop in cholesterol, compared to men on diets high in animal protein. The study concluded that men should _____ up to 50% of their meat protein intake with vegetable protein.

① replace   ② multiply

③ surpass   ④ improve

⑤ simplify

75 다음 글의 내용을 한 문장으로 요약하고자 할 때, 〈보기〉의 빈칸 (A), (B)에 들어갈 말을 순서대로 바르게 나열한 것은?

> Death is a difficult thing for everyone to cope with. It's normal for the young to feel angry about death because they don't fully understand or accept it. As they get older, however, this anger will change to frustration, then a more general kind of sadness. And finally it will change to a more reflective, peaceful type of sadness that is not necessarily unpleasant. It doesn't mean that the emotion ever goes away. It just changes. It's hard to say the meaning of death in a word, but people definitely learn over time.

보기

The meaning of _____(A)_____ changes as one gets _____(B)_____.

	(A)	(B)		(A)	(B)
①	death	older	②	anger	older
③	peace	wiser	④	death	wiser
⑤	anger	weaker			

76 다음 글의 밑줄 친 부분 중 문맥상 단어의 쓰임이 적절하지 않은 것은?

> The superstitions of baseball players are legendary, as much a part of their peculiar subculture as rosin bags and chewing tobacco. They fear the jinx, wear lucky socks, and place faith in the power of "rally caps." But superstitions are not ① <u>unique</u> to athletes. Many people—most of us, in fact—hold beliefs that are irrational. For example, it is ② <u>rarely</u> thought that the position of the stars at the time and place of one's birth helps determine one's health, physical characteristics, personality, and future destiny. Although evidence does not support the ③ <u>validity</u> of astrology, millions of people throughout the world believe in it. Furthermore, many people carry good-luck charms or engage in simple acts, such as knocking on wood or crossing fingers, that they hope will prevent bad fortune and bring on good. In our scientifically advanced society, this behavior seems ④ <u>paradoxical</u>. Our understanding of the natural world tells us that these signs and gestures cannot possibly affect the events at which they are directed, ⑤ <u>yet</u> superstition is extremely common, if not universal.

77 다음 글의 내용상 흐름이 어색한 것은?

① The development of the personal computer has made life easier for authors, journalists, and writers. ② Computer technology now allows writers to edit their work without retyping the original draft. ③ Computer word–processing programs can perform routine chores such as finding mistakes in spelling, and sometimes in punctuation and grammar. ④ Modern computers have only limited word–processing functions. ⑤ Moreover, manuscripts can be saved in files in the computer's memory. Writer must be careful, though, because computer files can be erased according with the touch of a button.

78 다음 글의 빈칸 (A), (B)에 들어갈 말을 순서대로 바르게 나열한 것은?

Not surprisingly, workers are more productive and effective _____(A)_____ they receive guidance and support based on accurate appraisal of their performance. In an ideal world, appraisal of workers' performances would be based solely on how well they do their jobs. _____(B)_____, subjective biases often affect workers' evaluations. For example, supervisors tend to focus on the worker rather than on the worker's performance. Supervisors may form general impressions of liking or disliking workers and base their evaluations on these impressions rather than on the work performed. The tendency to rate workers according to general impressions can be reduced by instructing raters to focus on how well the worker carries out specific tasks. Workers should be penalized for no such thing as "poor attitude."

	(A)	(B)
①	as	Therefore
②	when	However
③	where	Regardlessly
④	if	Accordingly
⑤	how	Furthermore

Does it matter if people are paying for image instead of substance? Many of the arguments against brands are similar to those long deployed against advertising; that they lure people into buying things they do not need or paying more for things than they are worth; that they lead to unhappiness among those who cannot afford them; and that they represent a triumph of consumerism over human values.

A particular concern is that brands are increasingly targeting younger people, who are more prone to the desires and insecurities that emotional branding seeks to exploit. Many parents today despair at their children, obsession with brands, a phenomenon unknown in their own younger days.

On the other hand, it can be argued that brands are just harmless fun. Consumers are not stupid; they know what they are doing when they pay extra for branded products, and happily do so for the cachet they bring. The pleasure of owning a Prada handbag would be greatly diminished if Tesco sold them for the price of a can of baked beans.

In a sense, the argument seems pointless since brands, like advertising, are an essential part of the consumer society. As long as competitive capitalism exists, brands are here to stay.

79 다음 중 윗글에 나타난 글쓴이의 심정은 무엇인가?

① Mildly triumphant

② Bitterly unhappy

③ Skeptical

④ Critical

⑤ Excitement

80 다음 중 상표와 광고의 공통점으로 가장 적절한 것은?

① Nothing.

② They drive consumption.

③ They force investors to buy more.

④ They make people get over their obsession.

⑤ All.

3일 차
기출응용 모의고사

〈문항 수 및 시험시간〉

평가영역	문항 수	시험시간	모바일 OMR 답안채점/성적분석 서비스
[NCS] 조직이해＋의사소통＋수리＋ 문제해결＋직업윤리＋자원관리 [한국사] 전 범위 [영어] 문법, 어휘, 독해, 비즈니스 영어 등	80문항	80분	

3일 차 기출응용 모의고사

문항 수 : 80문항
응시시간 : 80분

| 01 | 직업능력

01 다음 글의 주제로 가장 적절한 것은?

> 쇼펜하우어에 따르면 우리가 살고 있는 세계의 진정한 본질은 의지이며 그 속에 있는 모든 존재는 맹목적인 삶의 의지에 의해서 지배당하고 있다. 쇼펜하우어는 우리가 일상적으로 또는 학문적으로 접근하는 세계는 단지 표상의 세계일 뿐이라고 주장하는데, 인간의 이성은 단지 이러한 표상의 세계만을 파악할 수 있을 뿐이다. 그에 따르면 존재하는 세계의 모든 사물들은 우선적으로 표상으로 드러나게 된다. 시간과 공간 그리고 인과율에 의해서 파악되는 세계가 나의 표상인데, 이러한 표상의 세계는 오직 나에 의해서 즉, 인식하는 주관에 의해서만 파악되는 세계이다. 쇼펜하우어에 따르면 이러한 주관은 모든 현상의 세계, 표상의 세계에서 주인의 역할을 하는 '나'이다.
>
> 이러한 주관을 이성이라고 부를 수도 있는데, 이성은 표상의 세계를 이끌어 가는 주인공의 역할을 하는 것이다. 그러나 쇼펜하우어는 여기서 한 발 더 나아가 표상의 세계에서 주인의 역할을 하는 주관 또는 이성은 의지의 지배를 받는다고 주장한다. 쇼펜하우어는 이성에 의해서 파악되는 세계의 뒤편에 참된 본질적 세계인 의지의 세계가 있으므로 표상의 세계는 제한적이며, 표면적인 세계일 뿐 절대 이성에 의해서 또는 주관에 의해서 파악될 수 없다고 주장한다. 오히려 그는 그동안 인간이 진리를 파악하는 데 최고의 도구로 칭송받던 이성이나 주관을 의지에 끌려 다니는 피지배자일 뿐이라고 비판한다.

① 세계의 본질로서 의지의 세계
② 표상 세계의 극복과 그 해결 방안
③ 의지의 세계와 표상의 세계 간의 차이
④ 세계의 주인으로서 주관의 표상 능력
⑤ 표상 세계 안에서의 이성의 역할과 한계

02 다음 글에서 〈보기〉의 문장이 들어갈 위치로 가장 적절한 곳은?

루트비히 판 베토벤(Ludwig van Beethoven)의 「교향곡 9번 d 단조」 Op. 125는 그의 청력이 완전히 상실된 상태에서 작곡한 교향곡으로 유명하다. ___㉠___ 1824년에 완성된 이 작품은 4악장에 합창 및 독창이 포함된 것이 특징이다. 당시 시대적 배경을 볼 때, 이는 처음으로 성악을 기악곡에 도입한 획기적인 작품이었다. ___㉡___ 이 작품은 베토벤의 다른 작품들을 포함해 서양 음악 전체에서 가장 뛰어난 작품 가운데 하나로 손꼽히며, ___㉢___ 현재 유네스코의 세계기록유산으로 지정되어 있다. ___㉣___ 또한 4악장의 전주 부분은 유럽 연합의 공식 상징가로 사용되며, 자필 원본 악보는 2003년 런던 소더비 경매에서 210만 파운드에 낙찰되기도 했다. ___㉤___

> **보기**
>
> 이 작품에 '합창 교향곡'이라는 명칭이 붙은 것도 바로 4악장에 나오는 합창 때문이다.

① ㉠   ② ㉡

③ ㉢   ④ ㉣

⑤ ㉤

03 다음 사례에서 알 수 있는 효과적인 팀의 특징으로 옳은 것은?

A, B, C가 운영 중인 커피전문점은 현재 매출이 꾸준히 상승하고 있다. 매출 상승의 원인을 살펴보면 우선 A, B, C는 각자 해야할 일이 무엇인지 정확하게 알고 있다. A는 커피를 제조하고 있으며, B는 디저트를 담당하고 있다. 그리고 C는 계산 및 매장관리를 전반적으로 맡고 있다. A는 고객들이 다시 생각나게 할 수 있는 독창적인 커피 맛을 위해 커피 블렌딩을 연구하고 있고, B는 커피와 적합하며 고객들의 연령에 맞는 다양한 디저트를 개발 중이다. C는 A와 B가 자신의 업무에 집중할 수 있도록 적극적으로 지원하고 있다. 이처럼 A, B, C는 서로의 업무를 이해하면서 즐겁게 일하고 있다. 이것이 매출 상승의 원인으로 작용하고 있는 것이다.

① 개인의 강점을 활용한다.

② 창조적으로 운영된다.

③ 결과에 초점을 맞춘다.

④ 역할을 명확하게 규정한다.

⑤ 의견의 불일치를 건설적으로 해결한다.

04 다음은 H행사기획업체의 행사안전 점검표이다. 점검표의 점검내용을 확인한 후 다음과 같이 확인란에 체크 표시를 하였을 때, 이에 대한 설명으로 옳지 않은 것은?

〈행사안전 점검표〉

구분	점검내용	확인	비고
1	바닥이 미끄러운 곳은 없는가?	✔	미끄럼방지 패드 구매 필요
2	위험한 장소에 보호망이 있는가?		–
3	모든 시설, 설비는 잘 고정되어 흔들리지 않는가?	✔	–
4	문이 부드럽게 열리고 닫히며 손 끼임 방지장치가 있는가?	✔	–
5	실외 놀이기구는 바닥에 안전하게 고정되어 있는가?	✔	–
6	비상시 연락할 수 있는 휴대전화가 있는가?	✔	–
7	유아들의 안전을 관리할 성인이 항상 있는가?		–
8	비가 올 때 천장이나 벽에서 누수되는 곳은 없는가?	✔	–
9	깨진 유리창이 없고 창틀에 파손된 부분은 없는가?		–
10	창문에 안전장치와 방충망이 되어 있는가?	✔	–
11	놀이기구에 유해색소가 칠해져 있거나 칠이 벗겨져 있는 부분은 없는가?	✔	친환경 페인트 구매 필요
12	약품이나 교사용 물품 등 위험한 물건이 영유아의 손이 닿지 않는 곳에 보관되어 있는가?		–
13	앰프설비는 영유아가 열지 못하도록 잠금장치가 되어 있는가?	✔	더 안전한 잠금장치 구매 필요

① 보호망과 창틀에 대한 확인이 필요한 상황이다.
② 유아들의 안전 관리를 위한 성인의 존재와 휴대전화 여부의 확인이 필요하다.
③ 미끄럼방지 패드와 친환경 페인트에 대한 구매가 요구된다.
④ 문에 손 끼임 방지장치 설치 여부와 앰프설비의 잠금 여부는 확인되었다.
⑤ 실외 놀이기구가 바닥에 안전하게 고정되어 있음은 확인되었다.

※ 다음은 에너지원별 발전설비와 발전량에 대한 자료이다. 이어지는 질문에 답하시오. [5~6]

〈에너지원별 발전설비 추이〉

설비별＼연도	2015년	2016년	2017년	2018년	2019년	2020년	2021년	2022년	2023년	2024년
원자력	13,716	15,716	15,716	16,716	17,716	17,716	17,716	17,716	17,716	17,716
수력	3,876	3,876	3,877	3,883	3,883	5,485	5,492	5,505	5,515	5,525
석탄	15,531	15,931	15,931	17,465	17,965	18,465	20,465	23,705	24,205	24,205
유류	4,868	4,660	6,011	4,666	4,710	4,790	5,404	5,407	5,438	4,831
가스	12,868	13,618	14,518	15,746	16,447	17,436	17,948	17,969	17,850	19,417
집단	–	–	–	1,382	1,382	1,382	893	1,460	1,610	2,617
대체	–	–	–	104	156	240	351	728	1,036	1,768
합계	50,859	53,801	56,053	59,962	62,259	65,514	68,269	72,490	73,370	76,079

〈에너지원별 발전량 추이〉

설비별＼연도	2015년	2016년	2017년	2018년	2019년	2020년	2021년	2022년	2023년	2024년
원자력	112,133	119,103	129,672	130,715	146,779	148,749	142,937	150,958	147,771	147,474
수력	4,151	5,311	6,887	5,861	5,189	5,189	5,042	5,561	5,641	6,567
석탄	110,333	118,022	120,276	127,158	133,658	139,205	154,674	173,508	193,216	197,917
유류	28,156	25,095	26,526	18,512	17,732	16,598	18,131	10,094	14,083	22,351
가스	30,451	38,943	39,090	55,999	58,118	68,302	78,427	75,809	65,274	90,846
집단	–	–	–	3,553	2,759	2,597	3,084	5,336	5,827	5,897
대체	–	–	–	350	404	511	829	1,090	1,791	3,159
합계	285,224	306,474	322,451	342,148	364,639	381,151	403,124	422,356	433,603	474,211

05 2024년 원자력 발전설비 점유율은 2023년에 비해 약 몇 %p 감소했는가?(단, 원자력 발전설비 점유율은 소수점 둘째 자리에서 반올림한다)

① 0.4%p
② 0.8%p
③ 1.2%p
④ 1.4%p
⑤ 1.6%p

06 2024년 석탄은 전체 에너지원 발전량의 약 몇 %를 차지했는가?(단, 소수점 첫째 자리에서 반올림한다)

① 30%
② 34%
③ 38%
④ 42%
⑤ 50%

※ 다음 글을 읽고 이어지는 질문에 답하시오. [7~8]

인지부조화는 한 개인이 가지는 둘 이상의 사고, 태도, 신념, 의견 등이 서로 일치하지 않거나 상반될 때 생겨나는 심리적인 긴장상태를 의미한다. 인지부조화는 불편함을 유발하기 때문에 사람들은 이것을 감소시키려고 한다. 인지부조화를 감소시키는 방법은 서로 모순관계에 있어서 양립할 수 없는 인지들 가운데 하나 이상의 인지가 갖는 내용을 바꾸어 양립할 수 있게 만들거나 서로 모순되는 인지들 간의 차이를 좁힐 수 있는 새로운 인지를 추가하여 부조화된 인지상태를 조화된 상태로 전환하는 것이다.

그런데 실제로 부조화를 감소시키는 행동은 비합리적인 면이 있다. 그 이유는 그러한 행동들이 사람들로 하여금 중요한 사실을 배우지 못하게 하고 자신들의 문제에 대해 실제적인 해결책을 찾지 못하도록 할 수 있기 때문이다. 부조화를 감소시키려는 행동은 자기방어적인 행동이고, 부조화를 감소시킴으로써 우리는 자신의 긍정적인 이미지 즉, 자신이 선하고 현명하며 상당히 가치 있는 인물이라는 긍정적인 측면의 이미지를 유지하게 된다. 자기방어적인 행동이 유용한 것으로 생각될 수 있지만, 이러한 행동은 부정적인 결과를 초래할 수 있다.

한 실험에서 연구자는 인종차별 문제에 대해서 확고한 입장을 보이는 사람들을 선정하였다. 일부는 차별에 찬성하였고, 다른 일부는 차별에 반대하였다. 선정된 사람들에게 인종차별에 대한 찬성과 반대 의견이 실린 글을 모두 읽게 하였는데, 어떤 글은 지극히 논리적이고 그럴듯하였고, 다른 글은 터무니없고 억지스러운 것이었다. 실험에서는 참여자들이 과연 어느 글을 기억할 것인지에 관심이 있었다. 인지부조화 이론에 따르면 사람들은 현명한 사람을 자기 편, 우매한 사람을 다른 편이라고 생각할 때 마음이 편안해질 것이다. 그렇다면 이 실험에서 인지부조화 이론은 다음과 같은 결과를 예측할 것이다.

07 다음 중 윗글의 내용으로 가장 적절한 것은?

① 사람들은 인지부조화가 일어날 경우 이것을 무시하고 방치하려는 경향이 있다.

② 부조화를 감소시키는 행동은 합리적인 면과 비합리적인 면이 함께 나타난다.

③ 부조화를 감소시키는 행동의 비합리적인 면 때문에 문제에 대한 본질적인 해결책을 찾지 못할 수 있다.

④ 부조화를 감소시키는 자기방어적인 행동은 사람들에게 긍정적인 결과를 가져온다.

⑤ 부조화의 감소는 사람들로 하여금 자신의 긍정적인 이미지를 유지할 수 있게 하고, 부정적인 이미지를 감소시킨다.

08 다음 중 밑줄 친 '결과'에 해당하는 내용으로 가장 적절한 것은?

① 참여자들은 자신의 의견과 동일한 주장을 하는 모든 글과 자신의 의견과 반대되는 주장을 하는 모든 글을 기억한다.

② 참여자들은 자신의 의견과 동일한 주장을 하는 모든 글과 자신의 의견과 반대되는 주장을 하는 모든 글을 기억하지 못한다.

③ 참여자들은 자신의 의견과 동일한 주장을 하는 형편없는 글과 자신의 의견과 반대되는 주장을 하는 형편없는 글을 기억한다.

④ 참여자들은 자신의 의견과 동일한 주장을 하는 논리적인 글과 자신의 의견과 반대되는 주장을 하는 형편없는 글을 기억한다.

⑤ 참여자들은 자신의 의견과 동일한 주장을 하는 형편없는 글과 자신의 의견과 반대되는 주장을 하는 논리적인 글을 기억한다.

09 다음 중 밑줄 친 ㉠ ~ ㉤의 맞춤법 수정 방안으로 적절하지 않은 것은?

> 되새김 동물인 무스(Moose)의 경우, 위에서 음식물이 잘 소화되게 하려면 움직여서는 ㉠안된다. 무스의 위는 네 개의 방으로 ㉡나누어져 있는데, 위에서 나뭇잎, 풀줄기, 잡초 같은 섬유질이 많은 먹이를 소화하려면 꼼짝 않고 ㉢한 곳에 가만히 있어야 하는 것이다. 한편, 미국 남서부의 사막 지대에 사는 갈퀴발도마뱀은 모래 위로 눈만 빼꼼 내놓고 몇 ㉣시간동안이나 움직이지 않는다. 그렇게 있으면 따뜻한 모래가 도마뱀의 기운을 ㉤복돋아 준다. 곤충이 지나가면 도마뱀이 모래에서 나가 잡아먹을 수 있도록 에너지를 충전해 주는 것이다.

① ㉠의 '되다'의 부정 표현이므로 '안 된다'로 수정해야 한다.

② ㉡은 잘못된 표기이므로 '나뉘어져'로 수정해야 한다.

③ ㉢은 '일정한 곳'을 의미하는 한 단어이므로 '한곳'으로 붙여 써야 한다.

④ ㉣의 '동안'은 시간의 길이를 의미하는 명사이므로 '시간 동안이나'로 띄어 써야 한다.

⑤ ㉤은 잘못된 표기이므로 '북돋아'로 수정해야 한다.

10 H공사에서 근무하는 A대리는 국내 자율주행자동차 산업에 대한 SWOT 분석결과에 따라 국내 자율주행자동차 산업 발전을 위한 방안을 모색하고 있다. 다음 〈보기〉에서 SWOT 분석에 의한 경영전략에 맞춘 판단으로 옳지 않은 것을 모두 고르면?

〈국내 자율주행자동차 산업에 대한 SWOT 분석결과〉

구분	분석결과
강점(Strength)	• 민간 자율주행기술 R&D지원을 위한 대규모 예산 확보 • 국내외에서 우수한 평가를 받는 국내 자동차기업 존재
약점(Weakness)	• 국내 민간기업의 자율주행기술 투자 미비 • 기술적 안전성 확보 미비
기회(Opportunity)	• 국가의 지속적 자율주행자동차 R&D 지원법안 본회의 통과 • 완성도 있는 자율주행기술을 갖춘 외국 기업들의 등장
위협(Threat)	• 자율주행차에 대한 국민들의 심리적 거부감 • 자율주행차에 대한 국가의 과도한 규제

〈SWOT 분석에 의한 경영전략〉

• SO전략 : 기회를 이용해 강점을 활용하는 전략
• ST전략 : 강점을 활용하여 위협을 최소화하거나 극복하는 전략
• WO전략 : 기회를 활용하여 약점을 보완하는 전략
• WT전략 : 약점을 최소화하고 위협을 회피하는 전략

보기

ㄱ. 자율주행기술 수준이 우수한 외국 기업과의 기술이전협약을 통해 국내 우수 자동차기업들의 자율주행기술 연구 및 상용화 수준을 향상시키려는 전략은 SO전략에 해당한다.
ㄴ. 민간의 자율주행기술 R&D를 적극 지원하여 자율주행기술의 안전성을 높이려는 전략은 ST전략에 해당한다.
ㄷ. 자율주행자동차 R&D를 지원하는 법률을 토대로 국내 기업의 기술개발을 적극 지원하여 안전성을 확보하려는 전략은 WO전략에 해당한다.
ㄹ. 자율주행기술개발에 대한 국내기업의 투자가 부족하므로 국가기관이 주도하여 기술개발을 추진하는 전략은 WT전략에 해당한다.

① ㄱ, ㄴ
② ㄱ, ㄷ
③ ㄴ, ㄷ
④ ㄴ, ㄹ
⑤ ㄱ, ㄴ, ㄷ

11 다음 자료와 〈조건〉을 바탕으로 철수, 영희, 민수, 철호가 상품을 구입한 쇼핑몰을 바르게 짝지은 것은?

〈이용약관의 주요내용〉

구분	주문 취소	환불	배송비	포인트 적립
A쇼핑몰	주문 후 7일 이내 취소 가능	10% 환불수수료, 송금수수료 차감	무료	구입 금액의 3%
B쇼핑몰	주문 후 10일 이내 취소 가능	환불수수료, 송금수수료 차감	20만 원 이상 무료	구입 금액의 5%
C쇼핑몰	주문 후 7일 이내 취소 가능	환불수수료, 송금수수료 차감	1회 이용 시 1만 원	없음
D쇼핑몰	주문 후 당일에만 취소 가능	환불수수료, 송금수수료 차감	5만 원 이상 무료	없음
E쇼핑몰	취소 불가능	고객 귀책 사유에 의한 환불 시에만 10% 환불수수료	1만 원 이상 무료	구입 금액의 10%
F쇼핑몰	취소 불가능	원칙적으로 환불 불가능 (사업자 귀책 사유일 때만 환불 가능)	100g당 2,500원	없음

조건

- 철수는 부모님의 선물로 등산 용품을 구입하였는데, 판매자의 업무 착오로 배송이 지연되어 판매자에게 전화로 환불을 요구하였다. 판매자는 판매금액 그대로를 통장에 입금해 주었고 구입 시 발생한 포인트도 유지하여 주었다.
- 영희는 옷을 구매할 때 배송료를 고려하여 한 가지씩 여러 번에 나누어 구매하기보다는 가능한 한 한꺼번에 주문하곤 하였다.
- 인터넷 사이트에서 영화티켓을 20,000원에 구매한 민수는 다음날 같은 티켓을 18,000원에 파는 다른 사이트를 발견하고 전날 구매한 티켓을 취소하려 했지만 취소가 되지 않아 곤란을 겪은 적이 있다.
- 가방을 10만 원에 구매한 철호는 도착한 물건의 디자인이 마음에 들지 않아 환불 및 송금수수료와 배송비를 감수하는 손해를 보면서도 환불할 수밖에 없었다.

	철수	영희	민수	철호
①	E쇼핑몰	B쇼핑몰	C쇼핑몰	D쇼핑몰
②	E쇼핑몰	C쇼핑몰	B쇼핑몰	D쇼핑몰
③	E쇼핑몰	D쇼핑몰	F쇼핑몰	C쇼핑몰
④	F쇼핑몰	C쇼핑몰	E쇼핑몰	B쇼핑몰
⑤	F쇼핑몰	E쇼핑몰	D쇼핑몰	B쇼핑몰

12 다음은 한국산업인력공단의 '정보화사업관리규칙'의 내용 중 일부이다. 이에 대한 설명으로 옳지 않은 것은?

정보화추진위원회 설치(제4조)
① 공단의 정보화 추진에 관한 중요한 사항을 심의 및 의결하기 위하여 정보화추진위원회(이하 '위원회'라한다)를 둔다.
② 위원회는 심의 및 의결에 필요한 경우 내·외부 전문가 또는 관계직원을 참여시켜 의견을 청취할 수 있다.

위원회 구성(제5조)
① 위원회는 위원장을 포함하여 10인 내외의 위원으로 구성한다.
② 위원장은 주관부서장으로 하며 위원장이 부득이한 사유로 그 직무를 수행할 수 없는 경우에는 위원장이 지명하는 위원이 그 직무를 대행한다.
③ 위원은 소관이사 및 국제인력본부 주무팀장, 예산팀장, 감사팀장 및 주관부서 소속 팀장으로 한다.
④ 간사는 위원장이 지명하는 주관부서의 직원으로 한다.
⑤ 위원회에 참석한 외부 전문가에게는 예산의 범위에서 수당과 여비를 지급할 수 있다.

위원회 기능(제6조)
위원회는 다음 각 호의 사항을 심의 및 의결한다.
1. 정보화전략계획 수립·변경에 관한 사항
2. 정보화사업 연간계획 수립·변경에 관한 사항
3. 정보화사업 추진 및 조정에 관한 사항
4. 정보처리 표준화 및 정보자원 공동 활용에 관한 사항
5. 정보시스템의 운영 효율화에 관한 사항
6. 그 밖의 위원장이 필요하다고 인정하는 사항

위원회 소집(제7조)
① 위원장은 위원회를 소집하며 그 의장이 된다.
② 위원회는 제6조 각 호의 심의사항이 있을 경우에 소집한다. 다만, 위원회의 심의사항 중 사업예산이 2억원 미만인 사업 또는 위원장이 경미하거나 긴급하다고 인정하는 사항에 대하여는 서면으로 심의할 수 있다.
③ 위원장은 심의안건, 회의일시 및 장소를 위원들에게 통보하여야 한다. 다만, 긴급을 요하거나 부득이한사유가 있는 경우에는 그러하지 아니하다.

위원회 운영(제8조)
① 회의는 재적위원 과반수의 출석으로 개회하고 출석위원 과반수의 찬성으로 의결하며 가부동수일 경우에는 위원장이 결정한다.
② 간사는 회무를 처리하며 심의의견 및 심의결과를 기록한 별지 제1호 서식에 의한 위원회 결의서를 작성·보관하여야 한다.
③ 위원장은 위원회의 운영을 위하여 필요하다고 인정하는 경우에는 소관부서에 자료 제출을 요구할 수 있다.
④ 소관부서장은 위원회의 요청이 있을 경우 위원회에 출석하여 사업내용을 설명하여야 한다.
⑤ 주관부서장은 위원회의 연간 운영실적을 정보화사업 담당 이사에게 보고하여야 한다.

① 주관부서장이 부득이한 사유로 위원장의 직무를 수행할 수 없을 경우 그 직무를 대행할 위원을 직접 지명할 수 있다.

② 위원회의 간사는 정보화사업 추진에 관한 심의의견 및 심의결과를 기록한 위원회 결의서를 보관해야 한다.

③ 사업예산이 2억 원 미만인 정보화사업의 경우에는 주관부서장이 위원회를 소집하지 않고 서면으로 심의할 수 있다.

④ 전문가가 아니더라도 정보화 추진에 관련된 공단의 직원이라면 정보화추진위원회에 참여하여 본인의 의견을 개진할 수 있다.

⑤ 주관부서장은 위원회의 요청이 있을 경우 위원회에 출석하여 해당 사업내용을 설명해야 한다.

13 다음 중 직장인의 SNS 예절로 옳지 않은 것은?

① 업무 시간 이외에는 최대한 SNS를 통한 연락을 자제하는 것이 좋다.

② 회사 내에서 지나친 SNS의 사용은 업무에 지장을 주므로 휴식 시간을 이용한다.

③ 직장 동료와 SNS 친구를 맺지 않는 것도 사생활 보호를 위한 하나의 방법이다.

④ 퇴근 후에도 직장 동료의 SNS에 지속적인 '좋아요'와 댓글을 통해 관심을 표현한다.

⑤ 개인적인 SNS라도 직장 상사나 회사에 관한 비방은 올리지 않는다.

※ 다음은 방사선 및 RI(방사성동위원소)에 대한 자료이다. 이어지는 질문에 답하시오. [14~15]

〈분야별 방사선 및 RI 이용신고·허가기관 수〉

(단위 : 개소)

구분	2022년		2023년		2024년	
	신고기관	허가기관	신고기관	허가기관	신고기관	허가기관
산업체	4,474	( )	4,840	965	5,232	976
의료	17	195	12	187	13	184
연구	247	58	262	61	266	63
교육	115	172	127	C	D	E
공공	653	51	696	54	747	55
군사	A	30	B	32	70	32
합계	5,568	1,458	6,002	1,471	6,456	1,481

〈방사선 및 RI 이용기관 현황〉

(단위 : 개소)

구분	2022년	2023년	2024년
산업체	F	5,805	6,208
공공	704	750	802
의료	212	199	197
교육	287	G	H
연구	305	323	329
군사	92	( )	102
합계	7,026	7,473	7,937

※ (이용기관)=(신고기관)+(허가기관)

14 다음 〈조건〉을 참고할 때 B+D+G의 값은 얼마인가?

조건

• B는 A보다 3만큼 크다.
• C와 E의 차이는 1이다.
• G와 H의 수는 같다.
• D는 B의 2배보다 2만큼 작다.

① 385
② 396
③ 428
④ 467
⑤ 492

15 다음 〈보기〉에서 자료에 대한 설명으로 옳은 것을 모두 고르면?

> **보기**
>
> ㄱ. 2023년 군사의 이용기관은 94개소이다.
> ㄴ. 연도별 이용기관 수가 가장 많은 업체 순서는 매년 동일하다.
> ㄷ. 2023 ~ 2024년 전년 대비 허가기관 수가 증가한 업종은 신고기관 수도 증가했다.
> ㄹ. 2023년과 2024년에 허가기관 수 차이가 1인 업종은 3개이다.
> ㅁ. 2022 ~ 20224까지 전체 신고기관 수 대비 전체 허가기관 수 비율은 30% 미만이다.

① ㄱ, ㄷ
② ㄴ, ㄷ
③ ㄱ, ㄴ, ㄷ
④ ㄴ, ㄷ, ㅁ
⑤ ㄷ, ㄹ, ㅁ

16 다음 중 경영전략 추진과정을 순서대로 바르게 나열한 것은?

① 경영전략 도출 → 환경분석 → 전략목표 설정 → 경영전략 실행 → 평가 및 피드백
② 경영전략 도출 → 경영전략 실행 → 전략목표 설정 → 환경분석 → 평가 및 피드백
③ 전략목표 설정 → 환경분석 → 경영전략 도출 → 경영전략 실행 → 평가 및 피드백
④ 전략목표 설정 → 경영전략 도출 → 경영전략 실행 → 환경분석 → 평가 및 피드백
⑤ 환경분석 → 전략목표 설정 → 경영전략 도출 → 경영전략 실행 → 평가 및 피드백

17 다음은 국가별 지식재산권 사용료 현황에 대한 자료이다. 이에 대한 내용으로 옳지 않은 것은?(단, 증가율과 감소율은 절댓값으로 비교하고, 소수점 둘째 자리에서 반올림한다)

〈국가별 지식재산권 사용료 수입〉

(단위 : 백만 달러)

구분	2022년	2023년	2024년
버뮤다	0	0	2
캐나다	4,105	4,208	4,458
멕시코	7	7	6
미국	124,442	124,454	127,935
칠레	42	43	52
콜롬비아	52	46	63
파라과이	33	33	36
페루	7	9	26
우루과이	38	33	35

〈국가별 지식재산권 사용료 지급〉

(단위 : 백만 달러)

구분	2022년	2023년	2024년
버뮤다	9	8	10
캐나다	10,729	10,611	10,928
멕시코	260	277	292
미국	39,858	44,392	48,353
칠레	1,558	1,614	1,577
콜롬비아	471	439	457
파라과이	19	19	19
페루	302	324	306
우루과이	101	109	113

① 2022 ~ 2024년 동안 지적재산권 사용료 수입이 지급보다 많은 국가는 2곳이다.

② 미국의 지식재산권은 2023 ~ 2024년까지 지급은 수입의 30% 이상을 차지한다.

③ 2023 ~ 2024년 동안 전년 대비 지식재산권 수입과 지급이 증가한 나라는 1곳이다.

④ 2022년 캐나다 지식재산권 사용료 수입은 미국을 제외한 국가들의 총수입보다 20배 이상이다.

⑤ 2024년 전년 대비 멕시코 지식재산권 사용료 지급 증가율은 2023년 전년 대비 콜롬비아 사용료 수입 감소율보다 5.5%p 더 높다.

18 다음 사례에서 나타난 총무부의 실수로 옳은 것은?

> 총무부는 회사에 필요한 사무용품을 대량으로 주문하였다. 주문서는 메일로 보냈는데, 배송된 사무용품을 확인하던 중 책꽂이의 수량과 연필꽂이의 수량이 바뀌어서 배송된 것을 알았다. 주문서를 보고 주문한 수량을 한 번 더 확인한 후 바로 문구회사에 전화를 하니 상담원은 처음 발주한 수량대로 제대로 보냈다고 한다. 메일을 확인해 보니 수정 전의 파일이 발송되었다.

① 주문서의 파일명을 제대로 작성하지 않았다.
② 주문서는 메일로 보내면 안 된다.
③ 메일에 자료를 첨부할 때 꼼꼼히 확인하지 않았다.
④ 상담원에게 무리한 요구를 했다.
⑤ 연필꽂이의 수량이 책꽂이보다 많았다.

19 H씨의 업무시간은 09:00부터 18:00까지이다. 점심시간 1시간을 제외한 하루 일과 중 8분의 1은 주간업무계획을 수립하였고, 5분의 2는 프로젝트 회의를 진행하였다. 그리고 3분의 1은 거래처에 방문하였다. 이 모든 업무를 마무리하고 남은 시간 동안 시장조사를 하려고 한다. H씨가 시장조사를 하는 데 쓸 수 있는 시간은?

① 1시간   ② 1시간 8분
③ 1시간 15분   ④ 1시간 26분
⑤ 1시간 42분

20 다음 사례를 읽고 H씨의 행동을 미루어 볼 때, H씨에게 전달 할 피드백으로 가장 적절한 것은?

> H씨는 2년 차 직장인이다. 그러나 같은 날 입사했던 동료들과 비교하면 좋은 평가를 받지 못하고 있다. 요청받은 업무를 진행하는 데 있어 마감일을 늦추는 일이 허다하고, 주기적인 업무도 누락하는 경우가 많기 때문이다. 그 이유는 자신이 앞으로 해야 할 일에 대해서 계획을 수립하지 않고 즉흥적으로 처리하거나 주변에서 급하다고 요청이 오면 그제야 하기 때문이다. 그로 인해 본인의 업무뿐만 아니라 주변 사람들의 업무도 늦어지거나 과중되는 결과를 낳아 업무의 효율성이 떨어지게 되었다.

① 업무를 진행할 때 계획적으로 접근한다면 좋은 평가를 받을 수 있을 거야.
② 너무 편한 방향으로 업무를 처리하면 불필요한 낭비가 발생할 수 있어.
③ 시간도 중요한 자원 중의 하나라는 인식이 필요해.
④ 자원관리에 대한 노하우를 쌓는다면 충분히 극복할 수 있어.
⑤ 업무와 관련하여 다른 사람들과 원활한 소통을 한다면 낭비를 줄일 수 있어.

21 다음 중 조직문화가 갖는 특징으로 옳지 않은 것은?

① 구성 요소에는 리더십 스타일, 제도 및 절차, 구성원, 구조 등이 있다.
② 조직 구성원들에게 일체감과 정체성을 준다.
③ 조직의 안정성을 유지하는 데 기여한다.
④ 조직 몰입도를 향상시킨다.
⑤ 구성원들 개개인의 다양성을 강화해준다.

22 다음 글의 주된 전개 방식으로 가장 적절한 것은?

식물명에는 몇 가지 작명 원리가 있다. 가장 흔한 건 생김새를 보고 짓는 것이다. 그중 동물에 비유해서 지어진 이름이 많다. 강아지 꼬리를 닮은 풀이면 강아지풀, 호랑이 꼬리를 닮으면 범꼬리, 잎에 털이 부숭한 모양이 노루의 귀 같아서 노루귀, 열매가 매의 발톱처럼 뾰족해서 매발톱, 마디가 소의 무릎처럼 굵어져서 쇠무릎, 호랑이 눈을 닮은 버드나무라 해서 호랑버들이라고 부르는 것들이 그렇다.

물건에 비유해 붙이기도 한다. 혼례식 때 켜는 초롱을 닮았다 하여 초롱꽃, 조롱조롱 매달린 꽃이 은방울을 닮아서 은방울꽃, 꽃이 피기 전의 꽃봉오리가 붓 같아서 붓꽃, 꽃대가 한 줄기로 올라오는 모습이 홀아비처럼 외로워 보여서 홀아비꽃대로 불리는 것이 그렇다.

생김새나 쓰임새가 아닌 다른 특징에 의해 짓기도 한다. 애기똥풀이나 피나물은 잎을 자르면 나오는 액을 보고 지은 이름이다. 식물명에 '애기'가 들어가면 대개 기본종에 비해 작거나 앙증맞은 경우를 일컫는다. 애기나리, 애기중의무릇, 애기부들, 애기메꽃처럼 말이다. 그와 달리 애기똥풀의 '애기'는 진짜 애기를 가리킨다. 자르면 나오는 노란 액이 애기의 똥 같아서 붙여진 이름인 것이다. 피나물은 잎을 자르면 정말로 핏빛 액이 나온다.

향기가 이름이 된 경우도 있다. 오이풀을 비벼보면 싱그러운 오이 향이 손에 묻어난다. 생강나무에서는 알싸한 생강 향기가 난다. 분꽃나무의 꽃에서는 여자의 화장품처럼 분내가 풍겨온다. 누리장나무는 고기의 누린내가 나서 붙여진 이름이다.

소리 때문에 지어진 경우도 있다. 한지를 만드는 데 썼던 닥나무는 가지를 꺾으면 딱 하는 소리가 나서 딱나무로 불리다가 닥나무가 됐다. 꽝꽝나무는 불 속에 던져 넣으면 "꽝꽝" 하는 소리가 난다고 해서 붙여졌다. 나무에서 정말로 그런 소리가 나는지는 몰라도 잎을 태워보면 "빵" 하는 소리가 난다. 자작나무도 소리로 인해 붙여진 이름이다. 자작나무의 껍질에는 지방분이 많아 불을 붙이면 "자자자작" 하는 소리를 내면서 탄다. 기름이 귀했던 옛날에는 자작나무 기름으로 신방의 불을 밝혔다.

① 다양한 관점들을 제시한 뒤 예를 들어 설명하고 있다.
② 대상들을 분류한 뒤 예를 들어 설명하고 있다.
③ 여러 가지 대상들의 원리에 대해 설명하고 있다.
④ 현상에 대한 해결방안에 대해 제시하고 있다.
⑤ 대상에 대한 옳은 예와 옳지 않은 예를 제시하고 있다.

23 A, B, C가 동시에 회사에서 출발하여 식당까지 걸었다. C는 3km/h의 속력으로 걷고, A는 4km/h의 속력으로 걷는다. A가 C보다 식당에 10분 일찍 도착하였고, B도 C보다 5분 일찍 식당에 도착했다. 이때 B의 속력은 얼마인가?

① $\dfrac{10}{3}$ km/h

② $\dfrac{13}{4}$ km/h

③ $\dfrac{18}{5}$ km/h

④ $\dfrac{24}{7}$ km/h

⑤ $\dfrac{27}{7}$ km/h

24 다음은 H사 영업부에서 근무하는 K사원의 일일 업무일지이다. 업무일지의 내용 중 영업부의 주요 업무로 옳지 않은 것은 모두 몇 가지인가?

<K사원의 일일 업무일지>

부서명	영업부	작성일자	2025년 5월 20일
작성자		K사원	

금일 업무 내용	명일 업무 내용
• 시장 조사 계획 수립	• 신규 거래처 견적 작성 및 제출
• 시장 조사 진행(출장)	• 전사 소모품 관리
• 신규 거래처 개척	• 발주서 작성 및 발주
• 판매 방침 및 계획 회의	• 사원 급여 정산
• 전사 공채 진행	• 매입마감

① 2가지

② 3가지

③ 4가지

④ 5가지

⑤ 6가지

25 다음 〈조건〉에 따라 오피스텔 입주민들이 쓰레기를 배출한다고 할 때, 옳지 않은 것은?

> 조건
> • 5개 동 주민들은 모두 다른 날에 쓰레기를 버린다.
> • 쓰레기 배출은 격일로 이루어진다.
> • 5개 동 주민들은 A동, B동, C동, D동, E동 순서대로 쓰레기를 배출한다.
> • 규칙은 A동이 첫째 주 일요일에 쓰레기를 배출하는 것으로 시작한다.

① A와 E는 같은 주에 쓰레기를 배출할 수 있다.

② 10주 차 일요일에는 A동이 쓰레기를 배출한다.

③ A동은 모든 요일에 쓰레기를 배출한다.

④ 2주에 걸쳐 쓰레기를 2회 배출할 수 있는 동은 2개 동이다.

⑤ B동이 처음으로 수요일에 쓰레기를 버리는 주는 8주 차이다.

※ 다음은 H사 총무부에서 동절기 근무복 구매를 위해 정리한 업체별 평가점수이다. 이어지는 질문에 답하시오. **[26~27]**

〈동절기 근무복 업체별 평가점수〉

구분	가격	디자인	보온성	실용성	내구성
A업체	★★★★	★★★	★★★★	★★	★★★★
B업체	★★★★★	★	★★★	★★★★	★
C업체	★★★	★★	★★★	★★★	★★
D업체	★★	★★★★	★★★★★	★★	★
E업체	★★★	★	★★	★	★★

※ ★의 개수가 많을수록 높은 평가점수임

26 H사 임직원들은 근무복의 가격과 보온성을 선호한다. 임직원들의 선호를 고려할 때 근무복을 구매할 업체로 옳은 것은?(단, 가격과 보온성을 고려한 별 개수가 같을 경우 모든 부문의 별 개수 합계를 비교한다)

① A업체　　　　　　　　　　② B업체
③ C업체　　　　　　　　　　④ D업체
⑤ E업체

27 각 업체의 1벌당 구매가격이 다음과 같을 때, 예산 100만 원 내에서 근무복을 구매할 업체로 옳은 것은?(단, H사의 임직원은 총 15명이며, 가격과 보온성만 고려하여 구매한다)

〈업체별 근무복 가격〉

(단위 : 원)

A업체	B업체	C업체	D업체	E업체
63,000원	60,000원	75,000	80,000	70,000

※ 평가점수 총점이 같을 경우, 가격이 저렴한 업체를 선정함

① A업체　　　　　　　　　　② B업체
③ C업체　　　　　　　　　　④ D업체
⑤ E업체

28 다음 글의 밑줄 친 '마케팅 기법'에 대한 설명으로 옳은 것을 〈보기〉에서 모두 고르면?

기업들이 신제품을 출시하면서 한정된 수량만 제작 판매하는 한정판 제품을 잇따라 내놓고 있다. 이번 기회가 아니면 더 이상 구입할 수 없다는 메시지를 끊임없이 던지며 소비자의 호기심을 자극하는 <u>마케팅 기법</u>이다. H자동차 회사는 가죽 시트와 일부 외형이 기존 제품과 다른 모델을 8,000대 한정 판매하였는데 단기간에 매진을 기록하였다.

> **보기**
> ㄱ. 소비자의 충동 구매를 유발하기 쉽다.
> ㄴ. 이윤 증대를 위한 경영 혁신의 한 사례이다.
> ㄷ. 의도적으로 공급의 가격탄력성을 크게 하는 방법이다.
> ㄹ. 소장 가치가 높은 상품을 대상으로 하면 더 효과적이다.

① ㄱ, ㄴ
② ㄱ, ㄷ
③ ㄴ, ㄹ
④ ㄱ, ㄴ, ㄹ
⑤ ㄴ, ㄷ, ㄹ

29 다음 글에서 밑줄 친 ㉠ ~ ㉤의 수정 방안으로 적절하지 않은 것은?

피부의 각질을 제거하기 위한 세안제나 치약 속에 들어 있는 작고 꺼끌꺼끌한 알갱이의 정체를 아십니까? 바로 '마이크로비즈(Microbeads)'라고 불리는 미세 플라스틱입니다. 마이크로비즈의 작은 알갱이가 세정력을 높인다는 이유로 다양한 제품에서 이를 활용해 왔습니다. 그런데 이 미세 플라스틱이 해양 환경오염을 일으키고, 인간에게 악영향을 미친다는 점이 밝혀져 주목이 되고 있습니다.

길이나 지름이 5mm 이하인 플라스틱을 미세 플라스틱이라고 하는데, 이렇게 크기가 작기 때문에 미세 플라스틱은 정수 처리 과정에서 ㉠ <u>거르지</u> 않고 하수구를 통해 바다로 흘러 들어가게 됩니다. 이때 폐수나 오수에 섞이면서 미세 플라스틱이 독성 물질을 흡수하게 되는데, 문제는 이를 먹이로 오인한 많은 수의 ㉡ <u>바다새들</u>과 물고기들이 미세 플라스틱을 섭취하고 있다는 점입니다. 오염된 미세 플라스틱의 섭취로 인해 자칫 해양 생물들이 죽음에 이를 수도 있기 때문에 이는 심각한 문제가 됩니다. ㉢ <u>한편</u> 먹이사슬을 통해 누적된 미세 플라스틱은 해양 생물을 섭취하는 최상위 포식자인 인간에게도 피해를 줄 수 있기 때문에 더욱 심각한 상황을 초래할 수도 있습니다.

최근 국회에서도 미세 플라스틱의 심각성을 인식하여 미세 플라스틱이 포함된 제품의 제조와 수입을 금지하는 법안이 통과되었고, 내년부터는 미세 플라스틱이 포함된 제품의 판매가 금지됩니다. 앞으로 법적 규제가 이루어진다고 ㉣ <u>할지라도</u> 바로 지금부터 미세 플라스틱이 포함된 제품을 사용하지 ㉤ <u>않음으로서</u> 독약과도 같은 미세 플라스틱으로부터 해양 생태계를 보존하고 인류를 지키려는 노력을 기울여야 할 것입니다.

① ㉠ - 주어와 서술어의 호응 관계를 고려하여 '걸러지지'로 고친다.
② ㉡ - 맞춤법에 어긋나므로 '바닷새'로 수정한다.
③ ㉢ - 문장을 자연스럽게 연결하기 위해 '또한'으로 고친다.
④ ㉣ - 띄어쓰기가 올바르지 않으므로 '할 지라도'로 수정한다.
⑤ ㉤ - 격조사의 쓰임이 적절하지 않으므로 '않음으로써'로 수정한다.

30 H고등학교는 도서관에 컴퓨터를 설치하려고 한다. 컴퓨터의 구입 가격을 알아보니 1대당 100만 원이고 4대 이상 구매 시 3대까지는 1대당 100만 원, 4대 이상부터는 1대당 80만 원에 판매가 되고 있었다. 컴퓨터 구입에 배정된 예산이 2,750만 원일 때, 최대 몇 대의 컴퓨터를 구입할 수 있는가?

① 33대
② 34대
③ 35대
④ 36대
⑤ 37대

31 H사는 해외지사와 1시간 동안 화상 회의를 하기로 하였다. 모든 지사의 업무시간은 오전 9시부터 오후 6시까지이며, 점심시간은 낮 12시부터 오후 1시까지이다. 〈조건〉이 다음과 같을 때, 회의가 가능한 시간은 언제인가?(단, 회의가 가능한 시간은 서울 기준이다)

> **조건**
> • 헝가리는 서울보다 7시간 느리고, 현지시간으로 오전 10시부터 2시간 동안 외부출장이 있다.
> • 호주는 서울보다 1시간 빠르고, 현지시간으로 오후 2시부터 3시간 동안 회의가 있다.
> • 베이징은 서울보다 1시간 느리다.
> • 헝가리와 호주는 서머타임 +1시간을 적용한다.

① 오전 10시 ~ 11시
② 오전 11시 ~ 오후 12시
③ 오후 1시 ~ 2시
④ 오후 2시 ~ 3시
⑤ 오후 3시 ~ 4시

32 다음 문단에 이어질 내용을 논리적 순서대로 바르게 나열한 것은?

세상에서는 흔히 학문밖에 모르는 상아탑 속의 연구 생활을 현실을 도피한 짓이라고 비난하기 일쑤이지만, 상아탑의 덕택이 큰 것임을 알아야 한다. 모든 점에서 편리해진 생활을 향락하고 있는 현대인이 있기 전에 그런 것이 가능하기 위해서도 오히려 그런 향락과는 담을 쌓고 진리 탐구에 몰두한 학자들의 상아탑 속에서의 노고가 있었던 것이다. 그렇다고 남의 향락을 위하여 스스로 고난의 길을 일부러 걷는 것이 학자는 아니다.

(가) 상아탑이 나쁜 것이 아니라 진리를 탐구해야 할 상아탑이 구실을 옳게 다하지 못하는 것이 탈이다.

(나) 학자는 그저 진리를 탐구하기 위하여 학문을 하는 것뿐이다.

(다) 학문에 진리 탐구 이외의 다른 목적이 섣불리 앞장설 때, 그 학문은 자유를 잃고 왜곡될 염려조차 있다.

(라) 진리 이외의 것을 목적으로 할 때, 그 학문은 한때의 신기루와도 같아 우선은 찬연함을 자랑할 수 있을지 모르나, 과연 학문이라고 할 수 있을까부터가 문제다.

(마) 학문을 악용하기 때문에 오히려 좋지 못한 일을 하는 경우가 얼마나 많은가?

진리의 탐구가 학문의 유일한 목적일 때, 그리고 그 길로 매진할 때, 그 무엇에도 속박됨이 없는 숭고한 학적인 정신이 만난을 극복하는 기백을 길러 줄 것이요, 또 그것대로 우리의 인격 완성의 길로 통하게도 되는 것이다.

① (가) – (나) – (다) – (라) – (마)

② (가) – (다) – (나) – (마) – (라)

③ (나) – (가) – (다) – (마) – (라)

④ (나) – (마) – (가) – (다) – (라)

⑤ (나) – (마) – (다) – (가) – (라)

※ 다음은 한국산업인력공단의 입찰기준에 따라 별관 리모델링 입찰에 참여한 A ~ F업체를 분야별로 점수화한 자료와 업체별 입찰가격에 대한 자료이다. 이어지는 질문에 답하시오. [33~34]

〈업체별 입찰기준 점수〉

구분	경영점수(점)	안전점수(점)	디자인점수(점)	수상실적(회)
A업체	9	7	4	–
B업체	6	8	6	2
C업체	7	7	5	–
D업체	6	6	4	1
E업체	7	5	2	–
F업체	7	6	7	1

※ (입찰점수)=(경영점수)+(안전점수)+(디자인점수)+(수상실적 가점)
※ 수상실적 가점은 수상실적 1회당 2점의 가점을 부과함

〈업체별 입찰가격〉

구분	A업체	B업체	C업체	D업체	E업체	F업체
입찰가격	11억 원	10억 5천만 원	12억 1천만 원	9억 8천만 원	10억 1천만 원	8억 9천만 원

33 한국산업인력공단은 다음 〈조건〉에 근거하여 별관 리모델링 업체를 선정하고자 한다. 최종 선정될 업체로 옳은 것은?

조건
• 입찰가격이 12억 원 미만인 업체 중에서 선정한다.
• 입찰점수가 가장 높은 3개 업체를 중간 선정한다.
• 중간 선정된 업체들 중 안전점수와 디자인점수의 합이 가장 높은 곳을 최종 선정한다.

① A업체   ② B업체
③ D업체   ④ E업체
⑤ F업체

34 한국산업인력공단은 입찰가격도 구간별로 점수화하여 다시 업체를 선정하고자 한다. 다음과 같이 입찰가격에 따른 가격점수를 산정하고, 기존 입찰점수에 가격점수를 추가로 합산하여 최종 입찰점수를 계산하고자 할 때, 최종 입찰점수가 가장 높은 업체는 어디인가?

<표>

〈입찰가격에 따른 가격점수〉					
구분	9억 원 미만	9억 원 이상 10억 원 미만	10억 원 이상 11억 원 미만	11억 원 이상 12억 원 미만	12억 원 이상
가격점수	10점	8점	6점	4점	2점

① B업체   ② C업체

③ D업체   ④ E업체

⑤ F업체

35 H사원은 인사평가에서 A ~ D 4개 항목의 점수를 받았다. 이 점수를 각각 1 : 1 : 1 : 1의 비율로 평균을 구하면 82.5점이고, 2 : 3 : 2 : 3의 비율로 평균을 구하면 83점, 2 : 2 : 3 : 3의 비율로 평균을 구하면 83.5점이다. 각 항목의 만점은 100점이라고 할 때, H사원이 받을 수 있는 최고점과 최저점의 차는?

① 45점   ② 40점

③ 30점   ④ 25점

⑤ 20점

36 다음 〈보기〉에서 직업에 대한 설명으로 옳지 않은 것을 모두 고르면?

> **보기**
> ㄱ. 사람이 살기 위해서 필요한 것이다.
> ㄴ. 경제적 목적 달성을 위한 수단일 뿐이다.
> ㄷ. 자신을 규정하고 삶의 의미를 실현하는 것이다.
> ㄹ. 분업화된 사회에서 한 사람이 담당하는 체계화·전문화된 일의 영역이다.
> ㅁ. 사회봉사 활동도 직업에 포함된다.

① ㄱ, ㄴ   ② ㄴ, ㄷ

③ ㄴ, ㅁ   ④ ㄷ, ㄹ

⑤ ㄷ, ㅁ

※ 다음 자료를 보고 이어지는 질문에 답하시오. [37~38]

<향수 재료 납품 업체별 단(원)가표>

구분	시트러스 (100mL)	무수에탄올 (100mL)	스프레이베이스 (100mL)	공병(10병)	비고
A업체	1세트(각 100mL×10병) 6,500원				개별 구매 불가능
B업체	2,000원	1,000원	2,000원	500원	–
C업체	3,000원	1,000원	2,500원	600원	시트러스 구매량만큼 무수에탄올 무료 제공
D업체	2,700원	1,500원	2,000원	600원	10% 할인
E업체	3,000원	1,500원	2,000원	500원	시트러스 구매량만큼 스프레이베이스 50% 할인

※ A, B업체는 해외배송으로 최소 10일 최대 15일의 배송시간이 걸림
※ C, D업체는 최대 3일의 배송시간(주문 이후 물품 준비 시간 2일 필요)이 걸림

37 향수 재료의 수급 현황이 다음과 같을 때, 가장 저렴하게 재료를 구매할 수 있는 업체는 어느 곳인가?

<향수 재료 수급 현황>

구분	현재 보유한 양	제작에 필요한 양
시트러스	30L	50L
무수에탄올	25L	50L
스프레이베이스	27L	60L
공병	1,250병	1,500병

① A업체
② B업체
③ C업체
④ D업체
⑤ E업체

38 가장 저렴한 업체를 선정한 후 12월 1일에 새로운 향수를 출시하기 위해 11월 30일까지는 향수를 제조하여 납품하려고 한다. 늦어도 언제까지 재료를 주문해야 하는가?(단, 제조 및 숙성에 4일이, 완제품 배송에 2일이 소요되며, 평일과 주말 상관없이 모든 일정이 진행된다)

① 11월 9일
② 11월 12일
③ 11월 15일
④ 11월 24일
⑤ 11월 28일

39 다음 글을 읽고 필리핀 EPS 센터에 근무 중인 H대리가 취할 행동으로 옳지 않은 것은?

> 필리핀에서 한국인을 노린 범죄행위가 기승을 부리고 있다. 외교부 보고에 따르면 최근 5년간 해외에서 우리 국민을 대상으로 벌어진 살인 사건이 가장 많이 발생한 국가가 필리핀인 것으로 나타났다. 따라서 우리나라는 자국민 보호를 위해 한국인 대상 범죄 수사를 지원하는 필리핀 코리안 데스크에 직원을 추가 파견하기로 했다.

① 저녁에 이루어지는 필리핀 문화 교육 시간을 오전으로 당겨야겠군.
② 우리 국민이 늦은 시간에 혼자 다니지 않도록 해야겠어.
③ 주필리핀 한국대사관과 연결하여 자국민 보호 정책을 만들 수 있도록 요청해야겠어.
④ 경찰과 연합해서 우리 국민 보호에 더 신경을 써야겠네.
⑤ 우리나라에 취업하기 위해 들어오는 필리핀 사람들에 대한 규제를 강화해야겠어.

40 작곡가 A ~ D 4명은 각각 피아노, 바이올린, 트럼펫, 플루트를 연주한다. 또한 피아노를 연주하는 사람은 재즈를, 트럼펫과 바이올린을 연주하는 사람은 클래식을, 플루트를 연주하는 사람은 재즈와 클래식 모두를 공부한다. A ~ D 중 1명만 진실을 이야기 했을 때, 다음 〈보기〉에서 옳은 것을 모두 고르면?(단, 악기는 중복 없이 1명당 하나의 악기만 연주할 수 있고, 거짓은 모든 진술을 부정한다)

> A : 나는 피아노를 연주하지 않고, D는 트럼펫을 연주해.
> B : A는 플루트를 연주하지 않고, 나는 바이올린을 연주해.
> C : B는 피아노를 연주하고, D는 바이올린을 연주해.
> D : A는 플루트를 연주하고, C는 트럼펫을 연주하지 않아.

보기
> ㄱ. A는 재즈를, C는 클래식을 공부한다.
> ㄴ. B는 클래식을 공부한다.
> ㄷ. C는 재즈와 클래식을 모두 공부한다.

① ㄱ   ② ㄴ
③ ㄷ   ④ ㄱ, ㄴ
⑤ ㄴ, ㄷ

41 다음 중 무신 정권기 최우가 집권할 때 있었던 사실로 옳지 않은 것은?

① 봉사 10조 상소　　　　　　　　② 정방 설치
③ 서방 설치　　　　　　　　　　　④ 마별초 창설
⑤ 삼별초 창설

42 다음 자료에서 추론할 수 있는 당시의 사회상으로 옳지 않은 것은?

> (가) 이앙하는 노동은 직파하는 노동에 비하면 5분의 4가 적게 든다. 그러므로 일손이 많은 자는 한없이 경작할 수 있지만, 일손이 없는 자는 빌리기도 어렵다.
>
> — 『성호사설』
>
> (나) 서울 근교와 지방의 대도시 주변의 파 밭, 마늘 밭, 배추 밭, 오이 밭에서는 10무(畝)의 땅으로 수만 전(錢)의 수입을 올린다. … 논농사 최고의 수입과 비교하더라도 그 이익이 10배에 달한다.
>
> — 『여유당전서』

① 일부 농민은 경작지의 규모를 확대하였을 것이다.
② 농민층은 부농과 몰락 농민으로 분화되었을 것이다.
③ 노비를 활용한 대규모 농장 경영이 일반화되었을 것이다.
④ 경작지를 잃은 농민은 임노동자로 흡수되기도 하였을 것이다.
⑤ 상품 화폐경제의 발달에 따라 상업적 농업이 활기를 띠었을 것이다.

43 다음 자료에서 설명하는 왕의 재위 시기에 있었던 사실로 옳은 것은?

> • 동생 대문예를 보내 흑수 말갈 정벌을 추진하였다.
> • 장문휴를 보내 당의 등주를 공격하여 당군을 격파하였다.

① 한성을 공격하여 개로왕을 전사시켰다.
② 사비로 천도하고 국호를 남부여로 바꾸었다.
③ 상대등과 병부를 설치하고 관등을 정비하였다.
④ 인안(仁安)이라는 독자적인 연호를 사용하였다.
⑤ 고구려 유민을 이끌고 지린성 동모산에서 건국하였다.

44 다음은 개항 이후에 전개된 어떤 활동의 흐름에 대한 자료이다. (가) ~ (라)를 일어난 시기의 순서대로 바르게 나열한 것은?

(가) 오호라, 작년 10월에 저들이 한 행위는 만고에 일찍이 없던 일로써 억압으로 한 조각의 종이에 조인하여 오백 년 전해 오던 종묘사직이 드디어 하룻밤 사이에 망하였으니, 천지신명도 놀라고 조종(祖宗)의 영혼도 슬퍼하였다. … 우리 의병 군사의 올바름을 믿고, 적의 강대함을 두려워하지 말자. 이에 격문을 돌리니 도와 일어나라.

(나) 삼백 명을 인솔하고 선두에 서서 동대문 밖 삼십 리 되는 곳에 나아가 전군이 모이기를 기다려 일거에 서울을 공격하여 돌아오기로 계획하더니, 전군의 모이는 시기가 어긋나고 일본이 갑자기 진박하는지라. 여러 시간을 격렬히 사격하다가 후원군이 이르지 않으므로 할 수 없이 마침내 퇴각하였더라.

(다) 가평, 원주, 제천 등 여러 곳에서 의병이 봉기하였는데 이는 모두가 해산 병정이다. 서양식 총을 갖고 있고, 오래 제련을 받아 규율이 있어 일본군과 교전하면 살상을 많이 한다. 세력 또한 강대하여 그 수가 거의 사오천 명이나 된다고 한다.

(라) 국모의 원통함을 생각하면 이가 갈리는데 참혹한 일은 더욱 심해져서 군부(君父)가 머리를 깎아야 하는 지경에 이르렀으니, 의관을 찢기고도 또 이런 망극한 흉화를 당하매 천지가 뒤집히고 우리의 이성을 보존할 길이 없구나. 우리 부모에게서 물려받은 몸을 금수로 만들다니, 이 무슨 변괴인가.

① (가) – (나) – (다) – (라)　　　　② (나) – (가) – (라) – (다)
③ (다) – (가) – (라) – (나)　　　　④ (라) – (가) – (다) – (나)
⑤ (라) – (나) – (다) – (가)

45 다음 주장을 한 학자에 대한 설명으로 옳은 것은?

하늘에서 본다면 어찌 안과 밖의 구별이 있겠는가? 그러므로 각각 자기 나라 사람을 친밀하게 여기고 자기 임금을 높이며 자기 나라를 지키고 자기 풍속을 좋게 여기는 것은 중국이나 오랑캐나 한 가지이다. 대저 천지가 바뀜에 따라 인물이 많아지고, 인물이 많아짐에 따라 물(物)과 아(我)가 나타나고, 물아가 나타남에 따라 안과 밖이 구분된다.

① 천주교 서적을 읽고 신앙생활을 하였다.
② 우리 풍토에 맞는 약재와 치료 방법을 정리하였다.
③ 서울을 기준으로 천체 운동을 정확하게 계산하였다.
④ 청에 왕래하면서 얻은 경험을 토대로 부국강병을 추구하였다.
⑤ 외국 자료를 참고한 역사서를 집필해 민족사 인식의 폭을 넓혔다.

46 다음 교서를 발표한 국왕의 정책으로 옳은 것을 〈보기〉에서 모두 고르면?

> 붕당의 폐단이 요즘보다 심한 적이 없었다. 처음에는 사문(유교)에 소란을 일으키더니 지금은 반대편 사람을 모조리 역적으로 몰고 있다. … 근래에 들어 사람을 임용할 때 모두 같은 붕당의 사람들만 등용하고자 한다. … 이제 귀양 간 사람들은 의금부로 하여금 그 가볍고 무거움을 참작하여 잘잘못을 다시 살피도록 하고, 관리의 임용을 담당하는 관리는 탕평의 정신을 잘 받들어 직무를 수행하도록 하라.

보기

ㄱ. 장용영 설치	ㄴ. 규장각 육성
ㄷ. 균역법 실시	ㄹ.『속대전』편찬

① ㄱ, ㄴ ② ㄱ, ㄷ
③ ㄴ, ㄷ ④ ㄴ, ㄹ
⑤ ㄷ, ㄹ

47 다음 내용을 배경으로 일본이 일으켰던 사건은 무엇인가?

> 일본의 요동반도 진출이 러시아를 비롯한 삼국 간섭으로 실패하고 일본 세력이 위축되었다. 이에 명성황후가 러시아와 연결하여 일본을 견제하려 하였다.

① 갑신정변 ② 아관파천
③ 임오군란 ④ 을미사변
⑤ 을사늑약

48 다음 중 청동기 시대의 농경문화와 관련 있는 것은?

① 빗살무늬 토기 ② 주먹도끼
③ 뗀석기 ④ 반달 돌칼
⑤ 화살촉

49 다음 글의 밑줄 친 '국민대표회의'를 전후하여 발생한 사실로 옳지 않은 것은?

> 대한민국 임시정부는 1920년대 중엽을 고비로 그 활동에 어려움을 겪게 되었다. 1923년에는 국내외의 독립 운동 상황을 점검하고 새로운 활로를 모색하기 위하여 상하이에서 <u>국민대표회의</u>가 열렸지만, 큰 효과는 없었다.

① 회의를 개최하자 창조파와 개조파로 양분되면서 대립이 격화되었다.
② 국내로부터의 지원이 늘어나면서 각 계파 간의 주도권 갈등이 심화되었다.
③ 이동녕과 김구 등의 노력으로 대한민국 임시정부의 조직이 유지·정비되었다.
④ 일제의 집요한 감시와 탄압으로 연통제와 교통국의 조직이 철저하게 파괴되었다.
⑤ 사회주의 사상의 유입으로 민족주의 계열과 사회주의 계열 간의 갈등이 증폭되었다.

50 다음 글의 밑줄 친 ㉠, ㉡에 대한 설명으로 옳은 것은?

> 조선 후기에 성리학이 현실 문제를 해결할 수 있는 기능을 상실하자, 이를 비판하면서 민생안정과 부국강병을 목표로 하여 비판적이고 실증적인 논리로 사회 개혁론을 제시하는 실학이 등장하게 되었다. 실학자들 가운데는 농업을 중시하고 ㉠ 토지 제도의 개혁을 통해 농민들의 생활을 안정시키는 것이 사회 발전의 기초가 된다고 주장하는 사람들과 ㉡ 상공업 활동을 활발히 하고 청의 선진 문물을 받아들여 기술을 개발함으로써 국가의 경제가 발전될 것이라고 생각하는 사람들이 있었다.

① ㉠은 농업의 상업적 경영과 기술 혁신을 통해 생산을 높이자고 주장하였다.
② ㉠은 토지 제도의 개혁을 중심으로 자영농 육성을 통한 개혁을 주장하였다.
③ ㉡은 양반 문벌 제도와 화폐 유통의 비생산성을 적극적으로 주장하였다.
④ ㉡은 급진적인 토지 제도 개혁보다는 점진적인 토지 소유의 평등을 주장하였다.
⑤ ㉠은 서인 중심이었으며, ㉡은 남인 중심으로 두 세력은 철저하게 대립하였다.

51 다음 〈보기〉에서 '여우'를 통해 비판하고 있는 역사적 사실을 모두 고르면?

지금 세상 사람들은 하느님의 위엄을 빌려야 할 터인데, 외국 세력에 의뢰하여 몸을 보전하고 벼슬을 얻으려 하며, 타국 사람에게 빌붙어 제 나라를 망하게 하고 제 동포를 압박하니, 그것이 우리 여우보다 나은 일이오? … 각국은 하느님의 위엄을 빌려서 도덕으로 평화를 유지해야 할 터인데, 오로지 병장기의 위엄으로 평화를 보전하려 하니, 우리 여우가 호랑이의 위엄을 빌려서 제 몸 죽을 것을 피한 것과 비교할 때, 어떤 것이 옳은 일이오?

– 『금수회의록』

보기

ㄱ. 일본은 동양 평화를 명분으로 내세워 러·일 전쟁을 일으켰다.
ㄴ. 이용구는 동학 조직을 흡수하여 친일 세력을 확대하려 하였다.
ㄷ. 일부 지식인은 국권 회복을 위하여 교육과 산업 진흥에 노력하였다.
ㄹ. 서양 선교사는 『성경』, 『천로역정』과 같은 크리스트교 계통의 책을 번역·소개하였다.

① ㄱ, ㄴ ② ㄴ, ㄷ
③ ㄷ, ㄹ ④ ㄱ, ㄴ, ㄷ
⑤ ㄴ, ㄷ, ㄹ

52 다음과 같은 내용의 헌법이 시행될 시기의 상황으로 옳은 것을 〈보기〉에서 모두 고르면?

• 대통령은 천재, 지변 또는 중대한 재정, 경제상의 위기에 처하거나 국가의 안전 보장 또는 공공의 안녕 질서가 중대한 위협을 받거나 받을 우려가 있어 신속한 조치를 할 필요가 있다고 판단할 때에는 내정, 외교, 국방, 경제, 재정, 사법 등 국정 전반에 걸쳐 필요한 긴급 조치를 할 수 있다.
• 대통령은 제1항의 경우에 필요하다고 인정할 때에는 이 헌법에 규정되어 있는 국민의 자유와 권리를 잠정적으로 정지하는 긴급 조치를 할 수 있고, 정부나 법원의 권한에 관하여 긴급 조치를 할 수 있다.
• 제1항과 제2항의 긴급 조치는 사법적 심사의 대상이 되지 아니한다.

보기

ㄱ. 고리에 우리나라 최초의 원자력 발전소가 건설되었다.
ㄴ. 케이블 텔레비전 방송이 송출되는 등 매스컴이 다양하게 발달하였다.
ㄷ. 수출 금액이 100억 달러를 돌파하여 본격적인 산업 사회로 진입하였다.
ㄹ. 청계천 평화 시장에서 전태일이 노동자의 권리를 외치며 분신을 하였다.

① ㄱ, ㄴ ② ㄱ, ㄷ
③ ㄱ, ㄷ, ㄹ ④ ㄴ, ㄷ, ㄹ
⑤ ㄱ, ㄴ, ㄷ, ㄹ

53 다음 〈보기〉에서 물산 장려 운동의 구체적 내용으로 옳은 것을 모두 고르면?

> **보기**
> ㄱ. 일본 상품 배격 및 국산품 애용 운동
> ㄴ. 근검저축, 생활 개선 등 소비 절약 운동
> ㄷ. 스스로 물건을 만들어 쓰는 자작회 운동
> ㄹ. 국채 보상 기금을 마련하기 위한 단연 운동

① ㄱ, ㄴ, ㄷ   ② ㄱ, ㄴ, ㄹ
③ ㄱ, ㄷ, ㄹ   ④ ㄴ, ㄷ, ㄹ
⑤ ㄱ, ㄴ, ㄷ, ㄹ

54 다음 글의 밑줄 친 '왕'의 업적으로 옳은 것은?

> 왕이 이르기를, "양평군 허준은 일찍이 의방(醫方)을 찬집(撰集)하라는 선황의 특명을 받아 몇 년 동안 자료를 수집하였고, 심지어 유배되어 옮겨 다니는 가운데서도 그 일을 쉬지 않고 하여 이제 비로소 책으로 엮어 올렸다. 이에 생각건대, 선왕 때 명하신 책이 과인이 계승한 뒤에 완성을 보게 되었으니, 내가 비감(悲感)한 마음을 금치 못하겠다. 허준에게 말 한 필을 직접 주어 그 공을 보답하고 속히 간행하도록 하라."라고 하였다.

① 명과 후금 사이에서 중립 외교를 펼쳤다.
② 탕평비를 세워 붕당 정치의 폐해를 경계하였다.
③ 초계문신제를 시행하여 문신들을 재교육하였다.
④ 6조 직계제를 처음 실시하여 왕권을 강화하였다.
⑤ 집현전을 설치하여 인재를 육성하고 편찬 사업을 추진하였다.

55 다음과 같은 내용이 발표된 배경으로 옳은 것은?

> 옛날에는 군대를 가지고 나라를 멸망시켰으나, 지금은 빚으로 나라를 멸망시킨다. 옛날에 나라를 멸망케 하면 그 명호를 지우고 그 종사와 정부를 폐지하고 나아가 그 인민으로 하여금 새로운 변화를 받아들여 복종케 할 따름이었다. 지금 나라를 멸망케 하면 그 종교를 없애고 그 종족을 끊어버린다. 옛날에 나라를 잃은 백성들은 나라가 없을 뿐이었으나, 지금 나라를 잃은 백성은 아울러 그 집안도 잃게 된다. … 국채는 나라를 멸망케 하는 원본이며, 그 결과 망국에 이르게 되어 모든 사람이 화를 입지 않을 수 없게 된다.

① 일제는 황무지 개간권을 요구하여 막대한 면적의 황무지를 차지하였다.
② 우리나라 최초의 은행인 조선은행이 설립되면서 자금 조달이 어려워졌다.
③ 외국 상인의 활동 범위가 넓어지면서 서울을 비롯한 전국의 상권을 차지하였다.
④ 정부의 상공업 진흥 정책으로 회사 설립이 늘어나면서 차관 도입이 확대되었다.
⑤ 일제는 화폐 정리와 시설 개선 등의 명목으로 거액의 차관을 대한제국에 제공하였다.

56 다음은 남·북이 합의한 문서의 내용 중 일부이다. (가) ~ (다)를 발표된 순서대로 바르게 나열한 것은?

> (가) 남과 북은 나라의 통일을 위한 남측의 연합 제안과 북측의 낮은 단계의 연방제안이 서로 공통성이 있다고 인정하고, 앞으로 이 방향에서 통일을 지향시켜 나가기로 하였다.
> 남과 북은 올해 8·15에 즈음하여 흩어진 가족·친척 방문단을 교환하며, 비전향 장기수 문제를 해결하는 등 인도적 문제를 조속히 풀어 나가기로 하였다.
> (나) 남과 북은 분단된 조국의 평화적 통일을 염원하는 온 겨레의 뜻에 따라, 7·4 남북 공동 성명에서 천명된 조국 통일 3대 원칙을 재확인하고, 정치·군사적 대결 상태를 해소하여 민족적 화해를 이룩하고, 무력에 의한 침략과 충돌을 막고 긴장 완화와 평화를 보장하며 …
> (다) 통일은 외세에 의존하거나 외세의 간섭을 받지 않고 자주적으로 해결해야 한다.
> 통일은 서로 상대방을 반대하는 무력행사에 의거하지 않고 평화적 방법으로 실현해야 한다.
> 사상과 이념, 제도의 차이를 초월하여 우선 하나의 민족으로서 민족적 대단결을 도모하여야 한다.

① (가) – (나) – (다)   ② (가) – (다) – (나)
③ (나) – (가) – (다)   ④ (나) – (다) – (가)
⑤ (다) – (나) – (가)

57 다음 중 1919년에 수립된 대한민국 임시정부에 대한 설명으로 옳지 않은 것은?

① 삼권 분립에 기초한 민주공화정체였다.

② 초대 대통령은 이승만, 국무총리는 김구였다.

③ 본국과의 연락을 위해 연통제를 실시했다.

④ 사료편찬부에서 박은식의 『한국독립운동지혈사』를 간행하였다.

⑤ 기관지로 『독립신문』을 발행하였다.

58 다음 글의 밑줄 친 정책 시행의 결과로 옳은 것은?

> 지금 서울 시내의 민폐를 말하자면 시전의 금난전 행위가 으뜸이다. 우리나라의 금난전권은 국역을 지는 육의전으로 하여금 이익을 온전케 하기 위해 실시한 것이다. 그러나 근래에는 무뢰배들이 삼삼오오로 시전을 만들어 일상 생활품을 독점하지 않는 것이 없다. …… 30년 이전에 조직된 작은 규모의 시전들을 해체하고, 육의전 이외의 시전에는 금난전권을 인정하지 않으며, 그것을 어기는 상인은 법으로 다스려야 할 것이다.
> – 『정조실록』

① 공인의 상업 활동이 억제되었다.

② 특권 상인에게 중과세가 부과되었다.

③ 몰락 농민의 도시 이주가 줄어들었다.

④ 사상(私商)의 활동 범위가 확대되었다.

⑤ 시전 상인의 독점적 특권이 강화되었다.

59 다음 사례를 통해 당시의 과거 제도에 대해 학생들이 토론하였다. 발표한 내용으로 적절하지 않은 것은?

> • 훈구 대신 이극돈의 한 아들은 역과에 합격하였다.
> • 세진은 역과에 합격한 뒤 다시 문과에 합격하여 벼슬이 동지중추부사에까지 올랐다.
> • 고성 사람 안중손은 노비 둘을 데리고 농사를 지으면서 공부하여 문과에 합격한 뒤에 현령이 되었다.
> • 윤처관의 아들 윤효손은 아버지가 서리로 고생하는 것을 보고 분발하여 문과에 합격한 뒤 재상이 되었다.

① 갑 : 잡과에 합격하고 다시 문과에 응시할 수 있었어.

② 을 : 몇몇 특정한 가문에서 과거 합격을 독차지했어.

③ 병 : 고관이 되기 위해서는 문과에 합격하는 것이 유리했어.

④ 정 : 양인이 문과에 합격하면 양반이 될 기회가 보장되었어.

⑤ 무 : 과거에 응시할 수 있는 자격은 천인을 제외하고 특별한 제한이 없었어.

60 다음 고려 시대의 사료와 가장 관련 있는 사서는?

신(臣) 부식(富軾)은 아뢰옵니다. 고대 여러 나라들도 역시 각각 사관(史官)을 두어 일을 기록하였습니다. 그러므로 맹자는 말하기를 "진(晉)의 승(乘)과 초(楚)의 도올(檮杌)과 노(魯)의 춘추(春秋)는 모두 한가지다." 라고 하였습니다. 생각건대 우리 해동(海東) 삼국도 역사가 길고 오래되어 마땅히 그 사실이 책으로 기록되어야 하므로 폐하께서 이 늙은 신하에게 명하시어 편집하도록 하신 것인데, 스스로 돌아보건대 부족함이 많아 어찌 할 바를 모르겠습니다.

… 중략 …

"… 삼국에 관한 옛 기록은 문체가 거칠고 졸렬하며 빠진 부분이 많으므로 군왕(君王)의 선악(善惡)과 신하들의 충성스러움과 간사함, 국가의 평안함과 위태로움, 백성의 다스려짐과 어지러움을 모두 밝혀서 후세에 권장하거나 경계할 바를 보이지 못하고 있다. 그러므로 마땅히 삼장(三長)을 갖춘 인재를 구하여 일관된 역사를 완성하고 만대에 물려주어 해와 별처럼 빛나도록 해야 하겠다."

① 『삼국유사』 ② 『고려사절요』
③ 『삼국사기』 ④ 『제왕운기』
⑤ 『고려사』

61 다음 글을 읽고 이해한 내용으로 적절하지 않은 것은?

A hospice is a special program for the terminally ill. It may be housed in medical centers, but it can also exist on its own. Hospice care neither hastens nor postpones death. Simply put, its goal is to improve the quality of life for those who are dying. A trained staff, supportive volunteers, pleasant surroundings, and a sense of community all help patients cope with anxiety about death. Relatives and friends, even pets, are all allowed to visit a hospice resident at any time. Patients at a hospice make their own decisions about medical treatment and the use of drugs. If they wish, they can reject both. But they can also receive drugs for pain control if they choose. Within the hospice setting, life goes on for the dying.

① A hospice is a special program for those who are dying of a terminal illness.

② Patients at a hospice should take medication as prescribed by their doctors.

③ Hospice care does not lengthen the life span of a terminally ill patient.

④ Hospice patients are allowed to take painkillers if they want.

⑤ The lives of people dying in a hospice last.

62 다음 글에 드러난 글쓴이의 심경으로 가장 적절한 것은?

There were some places of worship in the city, and the deep notes of their bells echoed over the town from morning until night. The sun was shining brightly and cheerily, and the air was warm. The streams were flowing with bubbling water, and the tender songs of birds came floating in from the fields beyond the city. The trees were already awake and embraced by the blue sky. Everything around the neighborhood, the trees, the sky, and the sun, looked so young and intimate that they were reluctant to break the spell which might last forever.

① sad and gloomy

② calm and peaceful

③ busy and comic

④ scary and frightening

⑤ weird and threatening

63

I was greeted immediately by a member of the White House's legislative staff and led into the Gold Room, ① where most of the incoming House and Senate members had already gathered. At sixteen hundred hours on the dot, President Bush ② announced and walked to the podium, looking vigorous and fit, with that jaunty, determined walk ③ that suggests he's on a schedule and wants to keep detours to a minimum. For ten or so minutes he spoke to the room, ④ making a few jokes, calling for the country to come together, before inviting us to ⑤ the other end of the White House for refreshments and a picture with him and the First Lady.

64

San Francisco Giants pitcher Ryan Vogelsong and his wife, Nicole, watched the Fourth of July fireworks from their apartment's rooftop deck, which ① offers breathtaking views of landmarks such as the Bay Bridge, Alcatraz Island and Coit Tower. It was also there ② where they toasted with champagne his selection to the National League's All-Star team, the improbable high point—at least so far—of an itinerant career. The San Francisco Chronicle recently named him ③ as a candidate for the Cy Young Award. It ④ has been that kind of fairy-tale season for Vogelsong, 34, who has an 8-1 record and a 2.23 ERA for the defending World Series champs. Though his accomplishments this year overshadow anything Vogelsong has done before in baseball, they would not ⑤ be possible without the toils of an odyssey that has included stops in 10 minor league cities, plus San Francisco, Pittsburgh, Japan and Venezuela.

65 다음 글의 내용을 한 문장으로 요약하고자 한다. 〈보기〉의 빈칸 (A), (B)에 들어갈 단어를 순서대로 바르게 나열한 것은?

When it comes to fully experiencing a work of art, language can be as much a boundary as a bridge. Art criticism, no matter how eloquent and sophisticated, attempts to use one language to describe another, very different language but with no dictionary to assist the translation. Painting, sculpture, drawing, and other visual media on the highest level represent the creation of a language that is not read or spoken. It is comprehended with the eyes, the mind, and what we might call the heart, our internal capacity to be deeply moved. This can render us speechless, when we find it difficult to put our responses into words. We can speak, hear, and read words, but we cannot see or feel art with words, only with our eyes and minds.

> **보기**
>
> Whereas our language cannot fully ___(A)___ the meanings of the art work, our non-verbal faculties can genuinely ___(B)___ the art work.

	(A)	(B)		(A)	(B)
①	convey	appreciate	②	prove	formulate
③	reconcile	decode	④	uncover	propose
⑤	express	demonstrate			

66 다음 글의 빈칸에 들어갈 말로 가장 적절한 것은?

When you write your university admission essay on your personal achievements, don't fall into the trap of _____ your experiences or the lessons you've learned. Instead, think critically about your topic even if it seems mundane to you, and try to understand and clearly express why that experience was valuable for you. Try to avoid too long-winded sentences that are not based on facts. The more you try to puff yourself up, the less honest you look in admission officers' eyes, Stick with 'factual writing', and you can create a more impressive, memorable essay without embellishing your experiences.

① exaggerating
② personalizing
③ reorganizing
④ underestimating
⑤ simplifying

67 다음 글의 내용을 한 문장으로 요약하고자 한다. 〈보기〉의 빈칸 (A), (B)에 들어갈 단어를 순서대로 바르게 나열한 것은?

A ridiculous yet enduring myth concerning leadership is that excellent leaders are simply born that way. Although most of us have heard this statement so many times that we tend to believe it to a certain degree, it is actually quite a laughable idea. The statement that leaders are naturally born to be leaders implies that the world is full of either leaders or nonleaders. In fact, however, each of us has a unique blend of emotional, intellectual, and behavioral talents and tendencies that place us somewhere on the continuum from poor to excellent leadership. And most importantly, one's location on the continuum is not static but fluid. Leadership is responsive to a range of factors, such as new learning, motivation, maturity, and experience, all of which are not hereditary or innate but acquired features.

> **보기**
>
> A leader is ___(A)___ in the sense that anyone can be an effective leader through ___(B)___ factors.

	(A)	(B)
①	born	hereditary
②	born	acquired
③	cultivated	innate
④	cultivated	hereditary
⑤	cultivated	acquired

68 다음 글의 밑줄 친 부분 중 문맥상 단어의 쓰임이 적절하지 않은 것은?

When there is a ① inconsistency between the verbal message and the nonverbal message, the latter typically weighs more in forming a judgement. For example, a friend might react to a plan for dinner with a comment like "that's good," but with little vocal enthusiasm and a muted facial expression. In spite of the ② verbal comment, the lack of expressive enthusiasm suggests that the plan isn't viewed very positively. In such a case, the purpose of the positive comment might be to avoid a disagreement and support the friend, but the lack of a positive expression unintentionally ③ leaks a more candid, negative reaction to the plan. Of course, the muted expressive display might also be strategic and ④ intentional. That is, the nonverbal message is calculated, but designed to let the partner know one's candid reaction ⑤ directly. It is then the partner's responsibility to interpret the nonverbal message and make some adjustments in the plan.

Once there was a young parrot on a mountain. He liked imitating the voices of animals very much. One day he imitated the voice of a lion. When some animals around him heard this, they were very surprised and ran away.

"Oh, that is good! I love surprising others!" thought the young parrot. His voices became bigger and bigger. So all the animals on the mountain ran away together ____@____ the voice. Just then the young parrot heard the voice of a lion. He thought a big lion was coming up ____ⓑ____ him.

"Oh! A lion is coming to catch me! Help! Help!"

But there were no friends to help him. He was alone. So the parrot flew away from the mountain. Later, the young parrot told an old parrot about the story. The old parrot smiled and said, "You only heard the echo of your own voice. Now listen, don't surprise others. If you don't stop doing such a thing, your friends will all go away."

69 다음 중 윗글의 빈칸 @에 들어갈 전치사로 가장 적절한 것은?

① with
② from
③ over
④ to
⑤ in

70 다음 중 윗글의 빈칸 ⓑ에 들어갈 전치사로 가장 적절한 것은?

① from
② with
③ for
④ into
⑤ to

71

His penchant for the finer things in life led to the demise of his family fortune.

① obsession   ② aptitude

③ reproach   ④ inclination

⑤ extravagance

72

Rawls's sternest critics often tried to cabin him as "relevant only for American or at most Anglo-American audiences."

① confine   ② rebuke

③ introduce   ④ safeguard

⑤ exemplify

※ 다음 밑줄 친 부분 중 어법상 옳지 않은 것을 고르시오. [73~74]

73

Smoking harms not only your health but the health of ① those around you. Environmental tobacco smoke, also called passive or secondhand smoke, ② includes exhaled smoke as well as smoke from burning cigarettes. Smoking by mothers is linked to a higher risk of their babies ③ developing asthma in childhood especially if the mothers smoke ④ while pregnant. Babies and children ⑤ are raised in a household where there is smoking have more ear infections, colds, bronchitis, and other respiratory problems than do children from nonsmoking families.

74

The absence of comparisons from the state of nature is crucial to Rousseau. By insisting that creatures who lived apart from sustained relationships could not yet ① have evolved the mind it takes to rank persons, Rousseau draws two great conclusions. First, natural inequalities–greater physical strength, better singing voice, or higher intelligence–come to matter only when a quality we happen to possess ② wins us respect, praise, worth, or value in the eyes of others. The second conclusion is ③ that natural man–and natural man alone–is honest. In society we are always concerned with ④ what others think of us; we are motivated to do what will win us honor and the respect of others. It gets to the point where my sense of myself is derived from the impressions other people ⑤ have me.

75 다음 글의 밑줄 친 부분 중 문맥상 단어의 쓰임이 적절하지 않은 것은?

> Now more women than ever before have the chance to reach their potential as athletes. The road for complete acceptance of women in the sports world, however, has been a ① hard one. Sports in America emerged in the 19th century as a strictly ② male domain. Women were discouraged from participating in anything more than recreational activities because of myths about women being the ③ weaker sex, unable physically and emotionally to handle the pressures and strains of competition. But beginning in the latter part of the 19th century, women began to ④ accept these myths, proving that they belonged in sports and that they could benefit from full participation. In June 2002, America celebrated the 30th anniversary of the passage of Title IX, legislation that ⑤ provided opportunities for thousands of young female athletes to reach their potential on sports fields around the country.

76 다음 (A) ~ (C)에 들어갈 말을 순서대로 바르게 나열한 것은?

> Although most people recognize it as a jewel, the diamond most directly affects our daily lives as a tool. Industrial diamonds are so important that a (A) shortage / strength would cause a breakdown in the metal-working industry and would destroy mass production. Industrial diamonds are crushed and powdered, and then used in many grinding and polishing operations. Their use (B) changes / ranges from the drill in a dentist's office to saws for cutting rocks, and to glass cutters. The great (C) hardness / hardship of a diamond makes it one of the most important industrial materials known.

	(A)	(B)	(C)
①	shortage	ranges	hardness
②	shortage	changes	hardship
③	strength	changes	hardness
④	strength	ranges	hardship
⑤	strength	ranges	hardness

77 다음 글의 빈칸에 들어갈 문장으로 가장 적절한 것은?

In an interesting study conducted in the 1970s, researchers placed electrodes on the faces of subjects. The researchers then arranged the subjects' faces into emotional expressions–smiles and frowns–without their realizing it, simply by asking them to contract various muscles. The subjects in the smile condition felt happier than the control group, while the subjects in the frown condition reported feeling angrier than the control group. When shown cartoons, the subjects in the smiling mode rated them as being funnier than cartoons they viewed when frowning. Even more interesting, the subjects in the "smile" condition were better at remembering happy events in their lives than sad events, while subjects in the "frown" condition were better able to conjure up sad experiences from their past. Facial expressions _____.

① even when they are involuntary, have a strong effect on our memory

② when they are voluntary, have a strong effect on our memory

③ whether voluntary or not, have nothing to do with our memory

④ even when they are involuntary, have a strong effect on our emotion

⑤ when they are voluntary, have a strong effect on our emotion

78 다음 글의 빈칸에 들어갈 단어로 가장 적절한 것은?

When parents talk with their daughters, they use more descriptive language and more details. Most parents would be surprised to learn this. So why do they do it? Interestingly, it begins when the children are newborn babies. It is a known fact that at birth, males are a little less developed than females are. They don't vocalize–make noise–as much as girls do, and they don't make as much eye contact. Female babies vocalize and look at their parents. The result? Parents respond by talking more to the baby girls. Apparently, then, _____ factors determine the amount of language that parents use.

① biological   ② cultural

③ economic   ④ religious

⑤ political

As we explore together the virtual world that floats on the edge of this material life, the many imaginative territories you inhabit bring back another reality. I catch images of my own childhood wanderings through Narnia, the land of hobbits*, and Mowgli's jungle. All these are deep pleasures which combine all my senses and momentarily transport me into another dimension of living.

If I were to bring it all together I would say that among all the misery, fear, injustice, and pain, I hope you will not forget moments when all this fades away into periods of innocent joy. It is when we bring all our powerful senses together, perhaps in a moment in the garden of earthly delights that we over _____ despair.

So the moment when you dance to Handel or when you sit in a pool of wild flowers, or gravely take part in your first tea ceremony, these are the moments you will treasure. They are, with similar moments with friends and loved ones, what makes being human bearable.

* hobbit Tolkien : 작품에 나오는 등장인물

79 다음 중 윗글의 빈칸에 들어갈 말로 가장 적절한 것은?

① deliberate   ② triumph

③ watch   ④ argue

⑤ grieve

80 다음 중 윗글의 제목으로 가장 적절한 것은?

① Negative Aspects of Innocent Joy

② Unpleasant Places Visited in Childhood

③ Gaining Strength from Pleasurable Memories

④ Overlooking Injustices in a Fantasy World

⑤ Playing Games in Virtual Reality

4일 차
기출응용 모의고사

〈문항 수 및 시험시간〉

평가영역	문항 수	시험시간	모바일 OMR 답안채점/성적분석 서비스
[NCS] 조직이해＋의사소통＋수리＋ 　　　문제해결＋직업윤리＋자원관리 [한국사] 전 범위 [영어] 문법, 어휘, 독해, 비즈니스 영어 등	80문항	80분	

4일 차 기출응용 모의고사

문항 수 : 80문항
응시시간 : 80분

| 01 | 직업능력

01 다음을 읽고 이해한 내용으로 적절하지 않은 것은?

> 언어는 생성, 변천, 소멸과 같은 과정을 거치면서 발전해 간다. 또한 각 언어는 서로 영향을 미치고 영향을 받으면서 변천한다. 그런데 어떤 언어는 오랜 역사 동안 잘 변동되지 않는가 하면 어떤 언어는 쉽게 변한다. 한 나라의 여러 지역 방언들도 이와 같은 차이가 일어날 수 있다. 즉, 어떤 지역의 방언은 빨리 변천하여 옛말을 찾아보기 어려운 반면, 어떤 지역의 방언은 그 변천의 속도가 느려서 아직도 옛말의 흔적이 많이 남아 있는 경우가 있다.
>
> 방언의 변천은 지리적·문화적·정치적인 면에서 원인을 찾을 수 있다. 지리적으로는 교통이 원활히 소통되는 곳이 그렇지 않은 곳보다 전파가 빨리 이루어진다. 문화적으로는 문화가 발달한 곳에서 발달하지 못한 곳으로 영향을 미치게 된다. 이는 대개의 표준말이 수도를 중심으로 결정되며 도시의 언어가 시골의 언어에 침투되기 쉽다는 말과 같다. 또한 정치적으로는 정치의 중심지가 되는 곳에서 지배를 받는 지역으로 전파된다.
>
> 여러 요인으로 인한 방언의 전파에도 불구하고 자기 방언의 특성을 지키려는 노력을 하게 되는데, 이것이 방언의 유지성이다. 각 지역의 방언은 그 유지성에도 불구하고 서로 영향을 끼쳐서 하나의 방언일지라도 사실은 여러 방언의 요소가 쓰이고 있다. 따라서 방언을 엄밀히 분리한다는 것은 어려운 일이다.
>
> 한편으로 방언은 통일되려는 성질도 가지고 있다. 즉, 국가, 민족, 문화가 동일한 지역 내에 살고 있는 주민들은 원활한 의사소통을 위하여 방언의 공통성을 추구하려는 노력을 하는 것이다. 그 대표적인 결과가 표준어의 제정이다.

① 방언의 변화 양상은 언어의 변화 양상과 유사하다.
② 방언에는 다른 지역 방언의 요소들이 포함되어 있다.
③ 방언의 통일성은 표준어 제정에 영향을 주었을 것이다.
④ 방언이 유지되려는 힘이 클수록 방언의 통일성은 강화될 것이다.
⑤ 정치적·문화적·지리적 조건은 방언의 유지성과 통합성에 영향을 끼친다.

02 다음 글을 읽은 독자의 반응으로 가장 적절한 것은?

국가 간 경제 거래 가운데 가장 기본적이고 중요한 거래는 국제무역이다. 각 나라의 정부는 무역 활동에 개입하지 않고 자유방임의 입장을 취할 수도 있고, 자국의 산업을 보호하고 육성하기 위하여 수입을 규제하거나 수출을 지원하는 등 무역에 개입할 수도 있다. 그렇다면 정부는 어떤 방법으로 수입을 규제할 수 있을까?

수입 규제 수단 가운데 대표적인 것은 관세와 수입 수량 할당이다. 관세란 수입 상품에 부과하는 세금을 말한다. 관세가 부과되면 해당 상품의 국내 가격이 상승하여 수요가 감소하게 되고, 그렇게 되면 수입량도 감소한다. 예를 들어 우리나라가 농산물을 관세 없이 자유롭게 수입하다가 정부에서 농산물에 관세를 부과하였다고 하자. 그러면 수입 농산물의 국내 가격은 관세를 더한 만큼 높아져 소비자들의 수요량은 감소한다.

수입 수량 할당은 일정 기간의 수입량을 일정 수준으로 제한하는 것이다. 자유무역에서는 국내 생산이 수요를 충족하지 못할 경우 부족한 만큼을 수입할 수 있다. 이때의 시장가격은 수요와 공급이 만나는 지점에서 형성되고 시장거래량은 수요량과 일치한다. 그런데 수입 수량을 제한할 경우에는 수입이 자유로운 경우보다 수입량이 감소하게 된다. 예를 들어 포도주의 국내 생산이 수요를 충족하지 못한다면 생산량을 늘리거나 초과수요만큼 수입을 해야 한다. 그런데 국내 생산량에 변함이 없고 수입도 일정량만 할 수 있다면 수요에 비해 공급이 부족한 상황이 된다. 그러면 국내에서의 포도주 가격이 상승하게 되고 이것은 수요량 감소로 이어지게 된다.

수입 수량 할당이 적용되거나 관세가 부과되면 수입 상품의 국내 가격이 상승하면서 수입 상품에 대한 소비를 억제하는 한편 해당 품목의 국내 생산을 촉진하는 효과가 있다. 이때 수입 상품의 가격 상승분은 관세를 부과하는 경우에는 정부의 수입이 되는 반면에 수입 수량을 할당하는 경우에는 수입업자의 이윤이 된다. 현실 경제에서는 관세를 인하하고 수입 수량 할당을 완화하는 경우가 많다. 가계나 기업의 경우는 소득이 지출보다 많은 것이 바람직하지만 국가 경제에서는 무역수지가 균형을 이루는 것이 바람직하기 때문이다. 물론 단기적으로 보면 국제 거래에서도 흑자가 바람직하다. 수출이 잘되어 생산이 늘면 고용이 증가하고 소득이 증대되는 효과가 있기 때문이다. 그러나 장기적인 흑자는 국내 경기를 과열시키고 물가를 상승시킬 우려가 있으며 거래 상대국과의 마찰을 초래할 수 있다. 따라서 한 국가의 물가 안정과 경제 성장을 위해서는 무역수지가 균형을 이루는 것이 바람직하다.

① 수출에 대해서는 자유방임의 입장을 취하는 나라가 더 많겠군.
② 무역 활동 가운데 정부가 수출을 지원할 수 있는 품목은 미리 정해져 있겠군.
③ 국제 거래에서 장기적인 흑자를 기록한다면 국내 상품의 수출이 활발해지면서 물가가 안정되겠군.
④ 정부가 수입을 규제하고 수출을 지원하는 정책을 늘린다면 국제 거래 상대국과의 마찰을 없앨 수 있겠군.
⑤ 정부가 수입을 규제하는 정책을 펼 경우에 수입 상품의 가격 상승은 국내 생산자와 소비자 모두에게 영향을 끼치겠군.

※ H사에서 특허 관련 업무를 담당하고 있는 A씨는 주요 약관을 요약하여 정리하고 고객 질문에 응대하는 일을 한다. 이어지는 질문에 답하시오. [3~4]

〈주요 약관〉

1. 특허 침해죄
   ① 특허권을 침해한 자는 7년 이하의 징역 또는 1억 원 이하의 벌금에 처한다.
   ② 제1항의 죄는 고소가 있어야 한다.
2. 위증죄
   이 법의 규정에 의하여 선서한 증인·감정인 또는 통역인이 특허심판원에 대하여 허위의 진술·감정 또는 통역을 했을 때는 5년 이하의 징역 또는 1천만 원 이하의 벌금에 처한다.
3. 사위행위의 죄
   사위(詐僞)* 기타 부정한 행위로써 특허청으로부터 특허의 등록이나 특허권의 존속기간 연장등록을 받은 자 또는 특허심판원의 심결을 받은 자는 3년 이하의 징역 또는 2천만 원 이하의 벌금에 처한다.
4. 양벌규정
   법인의 대표자나 법인 또는 개인의 대리인, 사용인, 그 밖의 종업원이 그 법인 또는 개인의 업무에 관하여 특허 침해죄, 사위행위의 죄의 어느 하나에 해당하는 위반행위를 하면 그 행위자를 벌하는 외에 그 법인에는 다음 각 호의 어느 하나에 해당하는 벌금형을, 그 개인에게는 해당 조문의 벌금형을 과(科)한다. 다만, 법인 또는 개인이 그 위반행위를 방지하기 위하여 해당 업무에 관하여 상당한 주의와 감독을 게을리하지 아니한 경우에는 그러하지 아니하다.
   ① 특허 침해죄의 경우 : 3억 원 이하의 벌금
   ② 사위행위의 죄의 경우 : 6천만 원 이하의 벌금
* 사위(詐僞) : 거짓을 꾸미어 속임

---

03 A씨는 주요 약관을 바탕으로 다음과 같이 작성된 질문에 응대했다. 답변 내용으로 옳지 않은 것은?

Q&A 게시판
Q. 특허권을 침해당한 것 같은데 어떻게 해야 처벌이 가능한가요?
A. ① 특허 침해죄로 처벌하기 위해서는 고소가 있어야 합니다.
Q. 사위행위로써 특허심판원의 심결을 받은 경우 처벌 규정이 어떻게 되나요?
A. ② 3년 이하의 징역 또는 2천만 원 이하의 벌금에 처해집니다.
Q. 제 발명품을 특허무효사유라고 선서한 감정인의 내용이 허위임이 밝혀졌습니다. 어떻게 처벌이 가능한가요?
A. ③ 감정인의 처벌을 위해서는 고소의 절차를 거쳐야 합니다.
Q. 법인의 대표자로서 특허 침해죄 행위로 고소를 당하고, 벌금까지 내야 한다고 하는데 벌금이 어느 정도인가요?
A. ④ 양벌규정에 의해 특허 침해죄의 경우 3억 원 이하의 벌금에 처해집니다.
Q. 특허권을 침해한 자에 대한 처벌 규정은 어떻게 되나요?
A. ⑤ 특허권을 침해한 자는 7년 이하의 징역 또는 1억 원 이하의 벌금에 처해집니다.

04 A씨는 다음과 같은 상황이 발생해 주요 약관을 찾아보려고 한다. 다음 상황에 적용되는 약관 조항은 무엇인가?

> 당해 심판에서 선서한 감정인 병은 갑의 발명품이 특허무효사유에 해당한다는 내용의 감정을 하였다. 그 후 당해 감정이 허위임이 밝혀지고 달리 특허무효사유가 없음을 이유로 특허심판원은 갑에 대한 특허권의 부여는 유효라고 심결하였다.

① 특허 침해죄
② 위증죄
③ 사위행위의 죄
④ 양벌규정
⑤ 특허무효심판

05 H씨가 취업스터디에서 기업 분석을 하다가 〈보기〉에서 제시하고 있는 기업의 경영 전략을 정리하였을 때, 다음 〈보기〉의 내용과 해당하는 경영 전략이 바르게 짝지어진 것은?

> • 차별화 전략 : 가격 이상의 가치로 브랜드 충성심을 이끌어 내는 전략
> • 원가우위 전략 : 업계에서 가장 낮은 원가로 우위를 확보하는 전략
> • 집중화 전략 : 특정 세분시장만 집중공략하는 전략

보기

ㄱ. I기업은 S/W에 집중하기 위해 H/W의 한글전용 PC분야를 한국계 기업과 전략적으로 제휴하고 회사를 설립해 조직체에 위양하였으며, 이후 고유분야였던 S/W에 자원을 집중하였다.
ㄴ. B마트는 재고 네트워크를 전산화해 원가를 절감하고 양질의 제품을 최저가격에 판매하고 있다.
ㄷ. A호텔은 5성급 호텔로 하루 숙박비용이 상당히 비싸지만, 환상적인 풍경과 더불어 친절한 서비스를 제공하고 객실 내 제품이 모두 최고급으로 비치되어 있어 이용객들에게 높은 만족도를 준다.

	차별화 전략	원가우위 전략	집중화 전략
①	ㄱ	ㄴ	ㄷ
②	ㄱ	ㄷ	ㄴ
③	ㄴ	ㄷ	ㄱ
④	ㄷ	ㄱ	ㄴ
⑤	ㄷ	ㄴ	ㄱ

06 H사 영업부에 근무하고 있는 K대리는 두 군데의 거래처에 급하게 납품해야 할 것이 있어 사무실을 나왔다. 가장 빠른 길로 간다고 할 때, 해당 차량과 연료비를 바르게 짝지은 것은?(단, 소수점 둘째 자리에서 반올림한다)

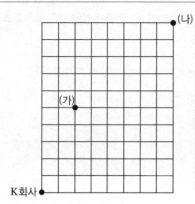

구분	리터당 가격
휘발유	1,563원
경유	1,403원
LPG	904원

구분	연료 종류	연비(km/L)
A차량	휘발유	15
B차량	경유	13
C차량	LPG	9

※ 한 칸의 거리는 2.5km임
※ (가) 거래처에 먼저 들르고, (나) 거래처에 들름

	차량	연료비
①	A차량	4,319원
②	A차량	4,683원
③	B차량	4,853.8원
④	C차량	4,207원
⑤	C차량	4,520원

07 H사 인사팀에 근무하는 K사원은 곧 있을 계약직 사원의 면접을 위해 계약직 사원 면접평가표를 제작 중이다. 같은 부서 B대리의 조언에 맞추어 아래와 같이 면접평가표를 작성하였을 때, B대리의 조언과 별개로 K사원이 추가한 질문사항의 개수는 총 몇 개인가?

> B대리 : K씨, 곧 있을 계약직 사원에 대한 면접평가표는 잘 작성하고 있나요? 면접평가표에 다음과 같은 사항을 추가해 주었으면 좋겠어요. 우선 직업이란 무엇이라고 생각하며, 향후 어떤 직업을 갖고 싶은지에 대한 질문을 넣어주세요. 아르바이트와 같은 사회 경험 유무와 자기 발전을 위해 현재 하고 있는 일도 면접관님들이 궁금하다고 하시니 추가해 주시고요. 그리고 아무래도 회사와 거주지가 가까웠으면 좋겠으니 이에 대한 질문도 넣어주세요. 참, 최근까지 했던 일과 본인의 장점, 10년 후 자신의 예상되는 모습도 질문에 추가해 주세요. 지급될 급여와 본인이 맡게 될 업무에 대해 어떻게 생각하는지도 질문하면 더 좋을 것 같네요. 지금까지 제가 말한 질문사항과 별개로 K씨가 더 추가해서 작성해주길 바랍니다. 완성되면 제가 검토해 볼게요.

〈계약직 사원 면접평가표〉

구분	질문사항	회답	평가 및 척도				
			1	2	3	4	5
기본사항	지금 주소에서 당사까지 얼마나 걸렸습니까?						
	최근에는 무슨 일을 하고 있었습니까?						
	당사에 대해 어떤 연구, 준비를 하셨습니까?						
	당신의 장점은 무엇입니까?						
	당사에 오셔서 느낀 점은 무엇입니까?						
	당신의 10년 후의 모습은 무엇입니까?						
직업에 대한 마음가짐	당신은 향후 어떤 직업을 갖고 싶습니까?						
	직업은 무엇이라고 생각합니까?						
	계약직 / 정규직의 차이는 무엇이라고 생각합니까?						
	본 업무를 하는 것이 당신에게는 어떤 도움이 됩니까?						
	계약기간 것이 무엇을 배워 나가고 싶습니까?						
	계약이 종료되면 향후 어떤 계획이 있습니까?						
	계약연장 및 정규직 전환을 회사에서 요구할 경우, 당신의 선택은 어떻습니까?						
기타사항	아르바이트 및 다른 직업과 같은 사회 경험이 있습니까?						
	계속되는 경기침체에 대해서는 어떻게 생각합니까?						
	전혀 경험이 없는 일을 맡았을 경우 어떻게 하겠습니까?						
	자기 발전을 위해 현재 무엇을 하고 있습니까?						
	근무시간 외 추가근무가 생긴다면 당신은 어떻게 하겠습니까?						
	계약기간 동안 지급될 급여가 적당하다고 생각합니까?						
	맡게 될 업무에 대해 어떻게 생각합니까?						

① 10개   ② 11개
③ 12개   ④ 13개
⑤ 14개

08 정부에서는 지나친 음주와 흡연으로 인한 사회문제의 발생을 막기 위해 술과 담배에 세금을 부과하려고 한다. 이때 부과할 수 있는 세금에는 종가세와 정액세가 있다. A씨의 소비량과 술, 담배 예상 세금 부과량이 다음과 같을 때, 조세 수입 극대화를 위해서 각각 어떤 세금을 부과해야 하며, 이때의 조세 수입은 얼마인가?

〈술, 담배 가격 및 A씨의 소비량〉

구분	가격	현재 소비량	세금 부과 후 예상 소비량
술	2,000원	50병	20병
담배	4,500원	100갑	100갑

〈술, 담배 예상 세금 부과량〉

구분	종가세 하의 예상 세율	정액세 하의 예상 개당 세액
술	20%	300원
담배		800원

※ 종가세 : 가격의 일정 비율을 세금으로 부과하는 제도
※ 정액세 : 가격과 상관없이 판매될 때마다 일정한 액수의 세금을 부과하는 제도

	술	담배	조세 총수입		술	담배	조세 총수입
①	정액세	종가세	99,000원	②	정액세	종가세	96,000원
③	정액세	정액세	86,000원	④	종가세	정액세	88,000원
⑤	종가세	종가세	98,000원				

09 다음 사례 중 비언어적 커뮤니케이션을 위한 행동으로 옳지 않은 것은?

① 스페인에서는 악수할 때 손을 강하게 잡을수록 반갑다는 의미를 가지고 있다. 따라서 스페인 사람과 첫 협상 시에는 강하게 악수하여 반가움을 표현하는 것이 적절하다.

② 이탈리아에서는 연회 시 소금이나 후추 등이 다른 사람 손에 거치면 좋지 않다는 풍습이 있다. 따라서 이탈리아에서 연회 참가 시 소금과 후추가 필요할 때는 웨이터를 부르도록 한다.

③ 일본에서 칼은 관계의 단절을 의미한다. 따라서 일본인에게 선물할 때 칼은 피하는 것이 좋다.

④ 중국에서는 상대방이 선물을 권할 때 선뜻 받기보다 세 번 정도 거절하는 것이 예의라고 생각한다. 따라서 중국인에게 선물할 때 세 번 거절하더라도 한 번 더 받기를 권하는 것이 좋다.

⑤ 키르키즈스탄에서는 왼손을 더러운 것으로 느끼는 풍습이 있다. 따라서 키르키즈스탄인에게 명함을 건넬 경우에는 반드시 오른손으로 주도록 한다.

10 다음 글을 읽고 이해한 내용으로 적절하지 않은 것은?

> 1930년대 대공황 상황에서 케인스는 당시 영국과 미국에 만연한 실업의 원인을 총수요의 부족이라고 보았다. 그는 총수요가 증가하면 기업의 생산과 고용이 촉진되고 가계의 소득이 늘어 경기를 부양할 수 있다고 주장했다. 따라서 정부의 재정정책을 통해 총수요를 증가시킬 필요성을 제기하였다.
>
> 케인스는 총수요를 늘리기 위해서 총수요 중 많은 부분을 차지하는 가계의 소비에 주목하였고, 소비는 소득과 밀접한 관련이 있다고 생각하였다. 케인스는 절대소득가설을 내세워 소비를 결정하는 요인들 중에서 가장 중요한 것은 현재의 소득이라고 하였다. 그리고 소득이 없더라도 생존을 위해 꼭 필요한 소비인 기초소비가 존재하며, 소득이 증가함에 따라 일정 비율로 소비도 증가한다고 주장하였다. 이러한 절대소득가설은 1950년대까지 대표적인 소비결정이론으로 사용되었다.
>
> 그러나 쿠즈네츠는 절대소득가설로는 설명하기 어려운 소비 행위가 이루어지고 있음에 주목하였다. 쿠즈네츠가 미국에서 장기간에 걸쳐 일어난 각 가계의 실제 소비 행위를 분석한 결과는 절대소득가설로는 명확히 설명하기 어려운 것이었다.
>
> 이러한 현상을 설명하기 위해 프리드먼은 장기적인 기대소득으로서의 항상소득에 의존한다는 항상소득가설을 내세웠다. 프리드먼은 실제로 측정되는 소득을 실제소득이라 하고, 실제소득은 항상소득과 임시소득으로 구성된다고 보았다. 항상소득이란 평생 동안 벌어들일 것으로 기대되는 소득의 매기 평균 또는 장기적 평균 소득이다. 임시소득은 장기적으로 예견되지 않은 일시적인 소득으로서 양(+)일 수도, 음(−)일 수도 있다. 프리드먼은 소비가 임시소득과는 아무런 상관관계가 없고 오직 항상소득에만 의존한다고 보았으며, 임시소득의 대부분은 저축된다고 설명했다. 사람들은 월급과 같이 자신이 평균적으로 벌어들이는 돈을 고려하여 소비를 하지, 예상치 못한 복권 당첨이나 주가 하락에 의한 손실을 고려하여 소비하지는 않는다는 것이다.
>
> 항상소득가설을 바탕으로 프리드먼은 쿠즈네츠가 발견한 현상을 단기적인 소득의 증가는 임시소득이 증가한 것에 해당하므로 소비가 늘어나지 않은 것이라고 설명하였다. 항상소득가설에 따른다면 소비를 늘리기 위해서는 단기적인 재정정책보다 장기적인 재정정책을 펴는 것이 바람직하다. 가령 정부가 일시적으로 세금을 줄여 가계의 소득을 증가시키고 그에 따른 소비 진작을 기대한다 해도 가계는 일시적인 소득의 증가를 항상소득의 증가로 받아들이지 않아 소비를 늘리지 않기 때문이다.

① 케인스는 소득이 없어도 기초소비가 발생한다고 보았다.
② 케인스는 대공황 상황에서 총수요를 늘릴 것을 제안했다.
③ 쿠즈네츠는 미국에서 실제로 일어난 소비 행위를 분석하였다.
④ 프리드먼은 쿠즈네츠의 연구 결과를 설명하는 가설을 내놓았다.
⑤ 케인스는 가계가 미래의 소득을 예측하여 소비를 결정한다고 주장했다.

11 어느 해 두바이에 있는 중요한 바이어가 본사에 들르기를 원한다고 전해왔다. 9월 중에 총 6일간 머무르며 생산현장을 먼저 방문한 후 본사에서 주요 계약사항에 대해 논의할 예정이다. 바이어의 일정에 차질이 생기지 않도록 스케줄을 조정할 때, 가장 적절한 일정은?(단, 휴무 및 점검, 보수 시에는 일정 수행이 어렵다)

<어느 해 9월의 달력>

일	월	화	수	목	금	토
				1	2	3
4	5	6	7	8	9	10
11	12	13	14	15 추석	16	17
18	19	20	21	22	23	24
25	26 창립기념일	27	28	29	30	

※ 휴무일 : 본사 – 일요일, 생산공장 – 토요일, 창립기념일, 추석
※ 9월 6일에서 12일까지 생산현장 시설 점검 및 보수가 예정되어 있음

① 9월 3 ~ 8일   ② 9월 12 ~ 17일
③ 9월 17 ~ 22일   ④ 9월 19 ~ 24일
⑤ 9월 22 ~ 27일

12 H사는 창립 10주년을 맞이하여 전 직원 단합대회를 준비하고 있다. 이를 위해 사장 B는 여행상품 중 1가지를 선정하려 하는데, 직원 투표 결과를 통해 결정하려고 한다. 직원 투표 결과와 여행상품별 1인당 경비가 다음과 같이 주어져 있으며, 추가로 행사를 위한 부서별 고려사항을 참고하여 선택할 때 〈보기〉에서 옳은 설명을 모두 고르면?

〈직원 투표 결과〉

구분		투표 결과					
여행상품	1인당 비용(원)	총무팀	영업팀	개발팀	홍보팀	공장1	공장2
A	500,000	2	1	2	0	15	6
B	750,000	1	2	1	1	20	5
C	600,000	3	1	0	1	10	4
D	1,000,000	3	4	2	1	30	10
E	850,000	1	2	0	2	5	5

〈여행상품별 혜택 정리〉

구분	날짜	장소	식사제공	차량지원	편의시설	체험시설
A	5/10 ~ 5/11	해변	○	○	×	×
B	5/10 ~ 5/11	해변	○	○	○	×
C	6/7 ~ 6/8	호수	○	○	○	×
D	6/15 ~ 6/17	도심	○	×	○	○
E	7/10 ~ 7/13	해변	○	○	○	×

〈부서별 고려사항〉

- 총무팀 : 행사 시 차량 지원 가능함
- 영업팀 : 6월 초순에 해외 바이어와 가격 협상 회의 일정 있음
- 공장1 : 3일 연속 공장 비가동시 품질 저하 예상됨
- 공장2 : 7월 중순 공장 이전 계획 있음

보기

ㄱ. 여행상품 비용은 총 1억 500만 원이 필요하다.
ㄴ. 투표 결과 가장 인기가 좋은 여행상품은 B이다.
ㄷ. 공장1의 A, B 투표 결과가 바뀐다면 여행상품 선택은 변경된다.

① ㄱ
② ㄱ, ㄴ
③ ㄱ, ㄷ
④ ㄴ, ㄷ
⑤ ㄱ, ㄴ, ㄷ

13 H사원은 총무팀에서 근무하고 있으며, 각 부서의 비품 조달을 담당하고 있다. E팀장은 H사원에게 4분기 비품 보급 계획을 수립하라는 지시를 하였고, H사원은 비품 수요조사 및 보급 계획을 세워 보고하였다. 보고서를 읽은 E팀장은 업무 지도 차원에서 지적을 하였는데, H사원이 받아들이기 힘든 내용이었다. 다음 중 E팀장이 지적한 내용으로 가장 적절한 것은?

① 각 부서에서 어떤 비품이 얼마만큼 필요한지를 정확하게 조사해야지.
② 부서에서 필요한 수량을 말했으면 그것보다는 조금 더 여유 있게 준비해야지.
③ 비품 목록에 없는 것을 요청했다면 비품 보급 계획에서 제외해야지.
④ 비품 구매비용이 예산을 초과하는지를 검토했어야지.
⑤ 정확한 비품 관리를 위해 비품관리대장을 꼼꼼히 작성했어야지.

14 H공단은 현재 신입사원을 채용하고 있다. 서류전형과 면접전형을 마치고 다음의 평가지표 결과를 얻었다. H공단 내 평가지표별 가중치를 이용하여 각 지원자의 최종 점수를 계산하고, 점수가 가장 높은 2명의 지원자를 채용하려고 한다. 이때 H공단이 채용할 2명의 지원자는 누구인가?

〈지원자별 평가지표 결과〉

(단위 : 점)

구분	면접 점수	영어 실력	팀내 친화력	직무 적합도	발전 가능성	비고
A지원자	3	3	5	4	4	군필자
B지원자	5	5	2	3	4	군필자
C지원자	5	3	3	3	5	-
D지원자	4	3	3	5	4	군필자
E지원자	4	4	2	5	5	군 면제자

※ 군필자에게는 5점의 가산점을 부여함

〈평가지표별 가중치〉

구분	면접 점수	영어 실력	팀내 친화력	직무 적합도	발전 가능성
가중치	3	3	5	4	5

※ 가중치는 해당 평가지표 결과 점수에 곱함

① A, D지원자
② B, C지원자
③ B, E지원자
④ C, D지원자
⑤ D, E지원자

※ 다음은 산업별 취업자 수에 대한 자료이다. 이어지는 질문에 답하시오. [15~16]

〈2016~2024년 산업별 취업자 수〉

(단위 : 천 명)

구분	농·임·어업		광공업		사회간접자본 및 기타·서비스업					총계
	합계	농·임업	합계	제조업	합계	건설업	도소매·음식·숙박업	전기·운수·통신·금융업	사업·개인·공공서비스 및 기타	
2016년	2,243	2,162	4,311	4,294	14,602	1,583	5,966	2,074	4,979	21,156
2017년	2,148	2,065	4,285	4,267	15,139	1,585	5,874	2,140	5,540	21,572
2018년	2,069	1,999	4,259	4,241	15,841	1,746	5,998	2,157	5,940	22,169
2019년	1,950	1,877	4,222	4,205	15,967	1,816	5,852	2,160	6,139	22,139
2020년	1,825	1,749	4,306	4,290	16,427	1,820	5,862	2,187	6,558	22,558
2021년	1,815	1,747	4,251	4,234	16,789	1,814	5,806	2,246	6,923	22,855
2022년	1,785	1,721	4,185	4,167	17,181	1,835	5,762	2,333	7,251	23,151
2023년	1,726	1,670	4,137	4,119	17,569	1,850	5,726	7,600	2,393	23,432
2024년	1,686	–	3,985	3,963	17,906	1,812	5,675	2,786	7,633	23,577

15 다음 중 자료에 대한 설명으로 옳지 않은 것은?

① 2016년 '도소매·음식·숙박업' 분야에 종사하는 사람의 수는 총취업자 수의 30% 미만이다.

② 2016~2024년 '농·임·어업' 분야의 취업자 수는 꾸준히 감소하고 있다.

③ 2016년 대비 2024년 취업자 수가 가장 많이 증가한 분야는 '사업·개인·공공서비스 및 기타'이다.

④ 2016년 대비 2023년 취업자 수의 증감률이 50% 이상인 분야는 2곳이다.

⑤ 2016~2024년 '건설업' 분야의 취업자 수는 꾸준히 증가하고 있다.

16 다음 〈보기〉에서 옳은 설명을 모두 고르면?

> 보기
>
> ㄱ. 2019년 '어업' 분야의 취업자 수는 73천 명이다.
> ㄴ. 2023년 취업자 수가 가장 많은 분야는 '전기·운수·통신·금융업'이다.
> ㄷ. 2024년 이후 '농·임업' 분야의 종사자는 계속 줄어들 것이지만, '어업' 분야 종사자는 현상을 유지하거나 늘어날 것으로 볼 수 있다.

① ㄱ　　　　　　　　　　　② ㄴ

③ ㄱ, ㄴ　　　　　　　　　④ ㄱ, ㄷ

⑤ ㄱ, ㄴ, ㄷ

17 A ~ C 3개의 상자에 금화 13개가 나뉘어 들어있는데 A상자에 가장 적게 있고, C상자에 가장 많이 있다. 각 상자에는 금화가 하나 이상 있으며, 개수는 서로 다르다는 사실을 알고 있는 갑, 을, 병이 다음과 같은 순서로 상자를 열어본 후 말했다. 이들의 말이 모두 진실일 때, B상자에 들어있는 금화의 개수는?

> - 갑이 A상자를 열어본 후 말했다. "B상자와 C상자에 금화가 각각 몇 개 있는지 알 수 없어."
> - 을은 갑의 말을 듣고 C상자를 열어본 후 말했다. "A상자와 B상자에 금화가 각각 몇 개 있는지 알 수 없어."
> - 병은 갑과 을의 말을 듣고 B상자를 열어본 후 말했다. "A상자와 C상자에 금화가 각각 몇 개 있는지 알 수 없어."

① 2개   ② 3개
③ 4개   ④ 5개
⑤ 6개

18 다음 글의 밑줄 친 법칙에 해당하는 사례로 옳은 것은?

> 돈이 되는 20%의 고객이나 상품만 있으면 80%의 수익이 보장된다는 파레토 법칙이 그동안 진리로 여겨졌다. 그런데 최근 롱테일(Long tail) 법칙이라는 새로운 개념이 자리를 잡고 있다. 이는 하위 80%가 상위 20%보다 더 많은 수익을 낸다는 법칙이다. 한마디로 '티끌 모아 태산'이 가능하다는 것이다.

① A은행은 VIP전용 창구를 확대하였다.
② B기업은 생산량을 늘려 단위당 생산비를 낮추었다.
③ C서점은 극소량만 팔리는 책이라도 진열한다.
④ D극장은 주말 요금을 평일 요금보다 20% 인상하였다.
⑤ E학원은 인기가 없는 과목은 더는 강의를 열지 않도록 했다.

19 다음 중 비즈니스 상황에서 바람직한 소개 예절로 옳은 것은?
① 명확하게 말하되 빠르게 소개한다.
② 별칭을 함께 사용하여 친분을 강조한다.
③ 각자의 관심사에 대하여 간단히 언급한다.
④ 정부 고관의 직급명은 퇴직한 경우에는 사용하지 않는다.
⑤ 연령이나 지위와 관계없이 자신과 가까운 사람을 먼저 소개한다.

20 다음 글의 (가) ~ (다)에 들어갈 문장을 〈보기〉에서 골라 순서대로 바르게 나열한 것은?

후각이 주는 인상은 시각이나 청각과는 전혀 다르게 말로 기술할 수도 없고 추상화할 수도 없다. 직감적인 공감 혹은 반감은 상당 부분 후각의 영역과 연관되어 있다. 예를 들어 후각은 동일한 지역에서 살아가는 두 인종들 사이의 관계에 종종 의미 있는 결과를 초래하는데, 지적인 사고나 의지로는 이를 통제할 수 없다.

20세기 초반까지도 단지 몸에서 냄새가 난다는 이유만으로 흑인들이 북미의 상류 사회로부터 거절당했던 사실은 그러한 사례 중 하나이다. 오늘날에 와서는 사회 발전을 위해 지식인과 노동자 사이의 인간적인 접촉이 필요하다는 주장이 자주 제기된다. 지식인들 또한 이 두 계층 간의 화해가 윤리적 차원에서 반드시 필요하다고 인정하지만, 이 화해는 후각이 주는 인상을 극복하지 못해서 결국 수포로 돌아가고 만다. 지식인들은 '노동의 신성한 땀' 냄새 때문에 노동자들과의 직접적 접촉을 견디지 못했다. _____(가)_____

일반적으로 문화가 발전하면서 시각이나 후각과 같은 우리의 감각은 근거리에 한정된다. 우리는 근시안이 될 뿐만 아니라 근감각(近感覺)이 된다. _____(나)_____ 특히 후각의 경우가 그러하다. 더 이상 우리는 원시 종족만큼 객관적으로 냄새를 인지할 수 없지만, 후각이 주는 인상들에 대해서는 주관적으로 더욱 강렬히 반응하게 된다. 특별히 예민한 코를 가진 사람은 바로 이 같은 강렬함 때문에 확실히 즐거움보다는 불쾌함을 훨씬 더 많이 체험한다.

감각이 주는 인상에 강렬하게 반응하게 되면서 현대인들이 서로 배척하여 결국 고립되는 현상은 다음과 같은 방식으로 설명될 수 있다. 우리는 어떤 냄새를 맡게 되면 그것이 주는 인상이나 그것을 발산하는 객체를 우리 안으로 깊숙이, 곧 우리의 중심으로 끌어들인다. _____(다)_____ 타인은 기체의 형식을 통해 가장 감각적이면서 내면적인 존재로 우리에게 들어온다. 그리고 후각이 주는 인상에 대한 예민함이 점차 증가함에 따라 이들 인상에 대한 선호의 차이가 생겨날 수밖에 없다.

보기

ㄱ. 누군가의 몸에서 나는 냄새를 맡는다는 것은 그를 가장 내밀하게 인지하는 것이다.
ㄴ. 사회문제는 윤리적인 문제일 뿐만 아니라 코의 문제, 후각의 문제이기도 한 것이다.
ㄷ. 그런데 감각기관을 통한 인지능력의 예민함은 저하되지만, 그것이 제공하는 쾌와 불쾌의 주관적인 느낌은 더 강해진다.

	(가)	(나)	(다)			(가)	(나)	(다)
①	ㄱ	ㄴ	ㄷ		②	ㄱ	ㄷ	ㄴ
③	ㄴ	ㄱ	ㄷ		④	ㄴ	ㄷ	ㄱ
⑤	ㄷ	ㄴ	ㄱ					

※ 지역개발팀 A팀장, B대리, C주임, D주임, E사원은 버스를 이용해 광주로 출장을 가게 되었다. 지역개발팀 직원들이 다음 〈조건〉에 따라 버스의 1열 가석부터 2열 라석까지 앉는다고 한다. 이어지는 질문에 답하시오. [21~22]

	가 석	나 석		다 석	라 석	
1열			통로		✕	앞 ↕ 뒤
2열	✕					
	좌 ↔ 우					

〈버스 좌석 구조〉

조건
- B대리는 1열 나 석에 앉는다.
- A팀장은 반드시 통로쪽 좌석에 앉는다.
- D주임은 라 석 중 한 곳에 앉는다.
- B대리는 C주임과 이웃하여(사이에 통로를 두지 않고 좌우 혹은 앞뒤 좌석) 앉아야 한다.
- E사원은 D주임보다 앞쪽에 앉아야 한다.
- ✕가 표시된 곳은 다른 손님이 예약한 자리이다.

21 다음 〈보기〉에서 반드시 참인 것을 모두 고르면?

보기
ㄱ. C주임은 1열 다 석에 앉을 수 있다.
ㄴ. C주임이 B대리 뒤에 앉는 경우 A팀장은 D주임과 이웃하여 앉을 수 없다.
ㄷ. E사원은 B대리와 이웃하여 앉을 수 있다.
ㄹ. E사원은 C주임보다 뒤에 앉지 않는다.

① ㄱ, ㄴ ② ㄱ, ㄷ
③ ㄴ, ㄷ ④ ㄴ, ㄹ
⑤ ㄷ, ㄹ

22 A팀장이 출장 전 다리를 다쳐 E사원이 A팀장을 돕기 위해 A팀장과 이웃하여 앉기로 하였다. 이를 고려할 때, 반드시 2열에 앉는 직원들을 바르게 나열한 것은?

① A팀장, C주임 ② A팀장, D주임
③ A팀장, E사원 ④ C주임, D주임
⑤ D주임, E사원

23 다음은 어느 해 H공사 인사팀의 하계휴가 스케줄이다. A사원은 휴가를 신청하기 위해 하계휴가 스케줄을 확인하였다. 인사팀 팀장인 P부장이 25 ~ 28일은 하계워크숍 기간이므로 휴가 신청이 불가능하며, 하루에 6명 이상은 사무실에 반드시 있어야 한다고 팀원들에게 공지했다. A사원이 휴가를 쓸 수 있는 기간으로 옳은 것은?

〈H공사 인사팀 하계휴가 스케줄〉

구분	8월 휴가																			
	3	4	5	6	7	10	11	12	13	14	17	18	19	20	21	24	25	26	27	28
	월	화	수	목	금	월	화	수	목	금	월	화	수	목	금	월	화	수	목	금
P부장																				
K차장								■	■											
J과장			■	■	■															
C대리					■															
A주임																■	■	■		
B주임											■	■	■	■	■					
A사원																				
B사원						■	■													

※ 색칠된 부분은 다른 팀원의 휴가기간임
※ A사원은 4일 이상 휴가를 사용해야 함(토, 일 제외)

① 8월 7 ~ 11일
② 8월 6 ~ 11일
③ 8월 11 ~ 14일
④ 8월 13 ~ 18일
⑤ 8월 19 ~ 24일

---

24 경쟁기업인 A사와 B사가 다음 〈조건〉을 만족할 때, 항상 참인 것은?

조건
- A사와 B사는 동일한 제품을 같은 가격에 판다.
- 어제는 A사와 B사의 판매수량 비가 4 : 3이었다.
- 오늘 A사는 가격을 유지하고, B사는 20%를 할인해서 팔았다.
- 오늘 A사는 어제와 같은 수량을 팔았고, B사는 어제보다 150개를 더 팔았다.
- 오늘 A사와 B사의 전체 판매액은 동일하다.

① A사는 어제, 오늘 제품을 2천 원에 팔았다.
② 오늘 A사는 어제 B사보다 제품 80개를 더 팔았다.
③ B사는 오늘 375개의 제품을 팔았다.
④ 오늘 A사와 B사의 판매수량 비는 동일하다.
⑤ 오늘 B사는 600원을 할인했다.

25 다음 글을 읽고 '라이헨바흐의 논증'을 비평한 내용으로 적절하지 않은 것은?

> 귀납은 현대 논리학에서 연역이 아닌 모든 추론, 즉 전제가 결론을 개연적으로 뒷받침하는 모든 추론을 가리킨다. 귀납은 기존의 정보나 관찰 증거 등을 근거로 새로운 사실을 추가하는 지식 확장적 특성을 지닌다. 이 특성으로 인해 귀납은 근대 과학 발전의 방법적 토대가 되었지만, 한편으로 귀납 자체의 논리적 한계를 지적하는 문제들에 부딪히기도 한다.
>
> 먼저 흄은 과거의 경험을 근거로 미래를 예측하는 귀납이 정당한 추론이 되려면 미래의 세계가 과거에 우리가 경험해 온 세계와 동일하다는 자연의 일양성(一樣性), 곧 한결같음이 가정되어야 한다고 보았다. 그런데 자연의 일양성은 선험적으로 알 수 있는 것이 아니라 경험에 기대어야 알 수 있는 것이다. 즉, "귀납이 정당한 추론이다."라는 주장은 "자연은 일양적이다."라는 다른 지식을 전제로 하는데, 그 지식은 다시 귀납에 의해 정당화되는 경험적 지식이므로 귀납의 정당화는 순환 논리에 빠져 버린다는 것이다. 이것이 귀납의 정당화 문제이다.
>
> 귀납의 정당화 문제로부터 과학의 방법인 귀납을 옹호하기 위해 라이헨바흐는 이 문제에 대해 현실적 구제책을 제시한다. 라이헨바흐는 자연이 일양적일 수도 있고 그렇지 않을 수도 있음을 전제한다. 먼저 자연이 일양적일 경우 그는 지금까지 우리의 경험에 따라 귀납이 점성술이나 예언 등의 다른 방법보다 성공적인 방법이라고 판단한다. 자연이 일양적이지 않다면 어떤 방법도 체계적으로 미래 예측에 계속해서 성공할 수 없다는 논리적 판단을 통해 귀납은 최소한 다른 방법보다 나쁘지 않은 추론이라고 확언한다. 결국 자연이 일양적인지 그렇지 않은지 알 수 없는 상황에서는 귀납을 사용하는 것이 옳은 선택이라는 라이헨바흐의 논증은 귀납의 정당화 문제를 현실적 차원에서 해소하려는 시도로 볼 수 있다.

① 귀납이 지닌 논리적 허점을 완전히 극복한 것은 아니라는 비판의 여지가 있다.
② 귀납을 과학의 방법으로 사용할 수 있음을 지지하려는 목적에서 시도하였다는 데 의미가 있다.
③ 귀납과 다른 방법을 비교하기 위해 경험적 판단과 논리적 판단을 모두 활용한 것이 특징이다.
④ 귀납과 견주어 미래 예측에 더 성공적인 방법이 없다는 판단을 근거로 귀납의 가치를 보여 주고 있다.
⑤ 귀납이 현실적으로 옳은 추론 방법임을 밝히기 위해 자연의 일양성이 선험적 지식임을 증명한 데 의의가 있다.

26 아버지와 어머니의 나이 차는 4세이고, 형과 동생의 나이 차는 2세이다. 또한 아버지와 어머니의 나이의 합은 형의 나이보다 6배 많다. 형과 동생의 나이의 합이 40세라면 아버지의 나이는 몇 세인가?(단, 아버지가 어머니보다 나이가 더 많다)

① 58세 ② 60세
③ 63세 ④ 65세
⑤ 67세

27 다음 중 성희롱 예방을 위한 상사의 태도로 옳지 않은 것은?

① 부하직원을 칭찬하거나 쓰다듬는 행위는 부하직원에 대한 애정으로 받아들일 수 있다.

② 중재, 경고, 징계 등의 조치 이후 가해자가 보복이나 앙갚음을 하지 않도록 주시한다.

③ 성희롱을 당하면서도 거부하지 못하는 피해자가 있다는 것을 알면 중지시켜야 한다.

④ 직급과 성별을 불문하고 상호 간 존칭을 사용하며, 서로 존중하는 문화를 만든다.

⑤ 자신이 관리하는 영역에서 성희롱이 일어나지 않도록 예방에 힘쓰며, 일단 성희롱이 발생하면 그 행동을 중지시켜야 한다.

28 M도시로 여행을 계획 중인 H씨는 공유자전거를 12일간 사용하려고 한다. 공유자전거 이용 계획과 이용권 종류별 요금이 다음과 같을 때, 가장 저렴하게 이용하는 방법은 무엇인가?

〈공유자전거 이용 계획〉

일	월	화	수	목	금	토
1 70분	2 50분	3 –	4 100분	5 30분	6 200분	7 300분
8 40분	9 –	10 20분	11 150분	12 10분	13 200분	14 100분

〈이용권 종류별 요금〉

구분	기본시간	기본요금	10분당 추가요금	비고
1일 이용권 A	1시간	1,000원	100원	–
1일 이용권 B	2시간	1,500원		–
1주 이용권	1주	3,000원		1일 2시간 초과사용 시 추가요금 부과
1달 이용권	1달	5,000원		1일 1시간 초과사용 시 추가요금 부과

① 3일, 9일을 제외하고, 매일 1일 이용권 A를 구매한다.

② 3일, 9일을 제외하고, 매일 1일 이용권 B를 구매한다.

③ 첫째 주는 1일 이용권 B를 구매하고, 둘째 주는 1주 이용권을 구매한다.

④ 1주 이용권을 1주마다 구매한다.

⑤ 1달 이용권을 구매한다.

29 다음은 한국산업인력공단의 성과급 지급 규정이다. 한국산업인력공단에 근무하는 H대리의 점수가 다음과 같을 때, H대리가 1년 동안 받을 수 있는 총성과급은 얼마인가?

〈성과급 지급 규정〉

성과급의 정의(제1조)
성과급이란 조직원의 사기진작과 합리적인 임금 체계 구축을 위해 평가된 결과에 따라 차등 지급되는 보수를 말한다.

지급대상(제2조)
① 성과연봉의 지급대상자는 성과평가 대상기간 중 1개월 이상의 기간 동안 한국산업인력공단에 직원으로 근무한 자로 한다.
② 제1항의 근무기간에 휴직기간, 징계기간, 지위해제기간, 결근기간은 포함하지 않는다.
③ 1개월 이상 한국산업인력공단 직원으로 근무하였음에도 성과평가 결과를 부여받지 못한 경우에는 최하등급 기준으로 성과연봉을 지급한다.

평가시기(제3조)
평가는 분기별로 1회씩 이루어진다.

평가기준(제4조)
평가항목과 가중치에 따라 다음과 같은 기준을 제시한다.

구분	전문성	유용성	수익성
가중치	0.3	0.2	0.5

점수별 등급(제5조)
성과평가 점수에 따른 평가등급을 다음과 같이 제시한다.

구분	9.0 이상	8.0 이상 9.0 미만	7.0 이상 8.0 미만	6.0 이상 7.0 미만	5.0 이상 6.0 미만
평가등급	S등급	A등급	B등급	C등급	D등급

지급기준(제6조)
평가등급에 따라 다음과 같이 지급한다.

구분	S등급	A등급	B등급	C등급	D등급
지급액	100만 원	80만 원	60만 원	40만 원	20만 원

<表>
구분	전문성	유용성	수익성
1분기	6	8	7
2분기	7	7	6
3분기	8	6	7
4분기	7	8	9

〈H대리의 평가점수〉

(단위 : 점)

구분	전문성	유용성	수익성
1분기	6	8	7
2분기	7	7	6
3분기	8	6	7
4분기	7	8	9

① 200만 원   ② 210만 원
③ 220만 원   ④ 230만 원
⑤ 240만 원

30 다음은 성별 국민연금 가입자 현황에 대한 자료이다. 이에 대한 설명으로 옳은 것은?

〈성별 국민연금 가입자 수〉

(단위 : 명)

구분	사업장 가입자	지역 가입자	임의 가입자	임의계속 가입자	합계
남성	8,059,994	3,861,478	50,353	166,499	12,138,324
여성	5,775,011	3,448,700	284,127	296,644	9,804,482
합계	13,835,005	7,310,178	334,480	463,143	21,942,806

① 남성 사업장 가입자 수는 남성 지역 가입자 수의 2배 미만이다.
② 여성 사업장 가입자 수는 나머지 여성 가입자 수를 모두 합친 것보다 적다.
③ 전체 지역 가입자 수는 전체 사업장 가입자 수의 50% 미만이다.
④ 전체 가입자 중 여성 가입자 수의 비율은 40% 이상이다.
⑤ 가입자 수가 많은 순서대로 나열하면 '사업장 가입자 – 지역 가입자 – 임의 가입자 – 임의계속 가입자' 순서이다.

※ H기업은 음악회 주최를 위해 초대가수를 섭외하려고 한다. 이어지는 질문에 답하시오. [31~32]

〈음악회 초대가수 후보〉

- 음악회 초대가수 후보 : A, B, C, D, E
- 음악회 예정일 : 9월 20일 ~ 9월 21일

구분	A	B	C	D	E
섭외가능 기간	9월 18일 ~ 20일	9월 19일 ~ 23일	9월 20일 ~ 22일	9월 21일 ~ 23일	9월 18일 ~ 21일
인지도	4	4	3	4	5
섭외비용	155만 원/일	140만 원/일	135만 원/일	140만 원/일	160만 원/일

조건1

- 일정 중 9월 20일이 취소될 가능성이 있어, 9월 21일에 가능한 가수로 섭외한다.
- 예산 300만 원 내에서 2팀을 초대하고, 인지도가 높은 가수부터 우선 섭외한다.
- 인지도가 같을 경우, 음악회 예정일에서 섭외가능 날짜가 많은 후보를 섭외한다.
- 초대가수는 이틀 중 하루에 2팀 모두 공연한다.

31 다음 중 〈조건1〉에 가장 부합한 섭외가수 후보로 옳은 것은?

① A, E ② B, D
③ B, E ④ C, E
⑤ D, E

32 조합장의 지시로 다음 〈조건2〉만 고려하여 섭외를 진행하기로 할 때, 섭외될 2팀으로 옳은 것은?

조건2

- 인지도는 4 이상이다.
- 9월 20일에 섭외가 가능하다.
- 섭외비용을 최소로 한다.

① A, B ② B, C
③ B, D ④ C, D
⑤ D, E

33 생산팀을 담당하는 A사원은 영업부장에게 '거래처로 다음 달까지 납품하기로 한 제품이 5배 더 늘었다.'라는 내용의 연락을 받았다. 이때 A사원의 행동으로 가장 적절한 것은?

① 영업부장에게 왜 납품량이 5배나 늘었냐며 화를 낸다.

② 거래처 담당자에게 납품량을 다시 확인한 후 생산라인에 통보한다.

③ 잘못 보낸 문자라 생각하고 아무런 조치를 취하지 않는다.

④ 생산해야 할 제품 수가 5배나 늘었다고 바로 생산라인에 통보한다.

⑤ 추가로 더 생산할 수 없다고 단호히 거절한다.

34 주머니에 1부터 5까지 적힌 크기와 모양이 같은 5개의 공이 들어 있다. 이 주머니에서 임의로 1개의 공을 꺼낼 때 홀수이면 1개의 주사위를 2번 던지고, 짝수이면 3번 던진다. 공을 하나 꺼낸 다음 주사위를 던져 나온 숫자의 합이 5일 확률은 $\dfrac{q}{p}$ 이다. 이때 $p+q$의 값은?(단, p와 q는 서로소인 자연수이다)

① 97   ② 98

③ 99   ④ 100

⑤ 101

※ H사는 전사 단합을 위해 체육대회를 개최하고자 한다. 계획된 종목은 짝피구, 줄다리기, 계주 달리기이다. 폐회식 일정에 있는 시상식 때 종목별 우승팀 중 짝피구 2명, 줄다리기 3명, 계주 달리기 1명이 대표로 단상에 올라가 수상 후 사장님과 함께 일렬로 서서 사진 촬영을 할 예정이다. 이어지는 질문에 답하시오. [35~36]

35 사진 촬영 시 사장님이 가운데 서는 경우의 수는?

① 120가지   ② 256가지

③ 320가지   ④ 480가지

⑤ 720가지

36 사진 촬영 시 사장님이 가운데 서고 줄다리기 대표들이 이웃하여 서는 경우의 수는?

① 72가지   ② 80가지

③ 100가지   ④ 120가지

⑤ 195가지

37 다음 글을 읽고 이해한 내용으로 적절하지 않은 것은?

초기의 독서는 소리 내어 읽는 음독 중심이었다. 고대 그리스인들은 쓰인 글이 완전해지려면 소리 내어 읽는 행위가 필요하다고 생각했다. 또한, 초기의 두루마리 책은 띄어쓰기나 문장부호 없이 이어 쓰는 연속 기법으로 표기되어 어쩔 수 없이 독자가 자기 목소리로 문자의 뜻을 더듬어가며 읽어봐야 글을 이해할 수 있었다. 흡사 종교의식을 치르듯 성서나 경전을 진지하게 암송하는 낭독이나, 필자 혹은 전문 낭독가가 낭독하는 것을 들음으로써 간접적으로 책을 읽는 낭독 – 듣기가 보편적이었다.

그러던 12세기 무렵 독서 역사에 큰 변화가 일어나는데, 그것은 유럽 수도원의 필경사들 사이에서 시작된 '소리를 내지 않고 읽는 묵독'의 발명이었다. 공동생활에서 소리를 최대한 낮춰 읽는 것이 불가피했던 것이다. 비슷한 시기에 두루마리 책을 완전히 대체하게 된 책자형 책은 주석을 참조하거나 앞부분을 다시 읽는 것을 가능하게 하여 묵독을 도왔다. 묵독이 시작되자 낱말의 간격이나 문장의 경계 등을 표시할 필요성이 생겨 띄어쓰기와 문장부호가 발달했다. 이와 함께 반체제, 에로티시즘, 신앙심 등 개인적 체험을 기록한 책도 점차 등장했다. 이러한 묵독은 꼼꼼히 읽는 분석적 읽기를 가능하게 했다.

음독과 묵독이 공존하던 18세기 중반에 새로운 독서 방식으로 다독이 등장했다. 금속활자와 인쇄술의 보급으로 책 생산이 이전의 3 ~ 4배로 증가하면서 다양한 장르의 책들이 출판되었다. 이전에 책을 접하지 못했던 여성들이 독자로 대거 유입되었고, 독서 조합과 대출 도서관 등 독서 기관이 급격히 증가했다. 이전 시대에는 제한된 목록의 고전을 여러 번 정독하는 집중형 독서가 주로 행해졌던 반면, 이제는 분산형 독서가 행해지게 되었다. 이것은 필자서인 고전의 권위에 대항하여 자신이 읽고 싶은 것을 골라 읽는 자유로운 선택적 읽기를 뜻한다. 이처럼 오늘날 행해지는 다양한 독서 방식들은 오랜 시간의 흐름 속에서 하나씩 등장했다. 그래서 거기에는 당대의 지식사를 이끌었던 흔적들이 남아 있다.

① 다양한 내용의 책을 읽는 데에는 분산형 독서가 효과적이다.
② 분산형 독서는 고전이 전에 가졌던 권위를 약화시켰다.
③ 18세기 중반 이전에는 여성 독자의 수가 제한적이었다.
④ 책의 형태가 변화하면 독서의 방식도 따라서 변화한다.
⑤ 책자형 책의 출현으로 인해 낭독의 확산이 가능해졌다.

38 다음 중 직업윤리의 5대 원칙에 해당하지 않는 것은?

① 객관성의 원칙

② 기업중심의 원칙

③ 전문성의 원칙

④ 정직과 신용의 원칙

⑤ 공정경쟁의 원칙

39 다음 글을 읽고 근로자가 선택한 행동으로 옳은 것을 〈보기〉에서 모두 고르면?

> 담합은 경제에 미치는 악영향도 크고 워낙 은밀하게 이뤄지는 탓에 경쟁 당국 입장에서는 적발하기 어렵다는 현실적인 문제가 있다. 독과점 사업자는 시장에서 어느 정도 드러나기 때문에 부당행위에 대한 감시·감독을 할 수 있지만, 담합은 그 속성상 증거가 없으면 존재 여부를 가늠하기 힘들기 때문이다.

보기

ㄱ. 신고를 통해 개인의 이익을 얻고 사회적으로 문제 해결을 한다.

ㄴ. 내부에서 먼저 합리적인 절차에 따라 문제 해결을 하고자 노력한다.

ㄷ. 근로자 개인이 받는 피해가 클지라도 기업 활동의 해악이 심각하면 이를 신고한다.

① ㄱ

② ㄴ

③ ㄱ, ㄷ

④ ㄴ, ㄷ

⑤ ㄱ, ㄴ, ㄷ

40 H공단에서 체육대회를 개최한다. 지사별로 출전 선수를 선발하는데, A ~ J 10명의 지사직원들은 각자 2종목씩 필수로 출전해야 한다. 계주에 반드시 출전해야 하는 사람을 모두 고르면?

〈지사별 참가 인원〉

(단위 : 명)

훌라후프	계주	줄넘기	줄다리기	2인 3각
1	4	5	8	2

〈직원별 참가 가능 종목〉

(단위 : 명)

구분	훌라후프	계주	줄넘기	줄다리기	2인 3각
A	×	×	○	○	○
B	×	○	○	○	×
C	○	○	○	×	×
D	○	×	×	○	×
E	×	○	×	○	×
F	×	×	○	○	×
G	×	×	×	○	○
H	○	○	○	○	×
I	×	○	○	○	×
J	×	○	○	×	×

① B, C, J
② B, G, I
③ C, E, J
④ D, E, H
⑤ E, I, J

41 다음 〈보기〉에서 실학사상이 나타난 배경으로 옳은 것을 모두 고르면?

> **보기**
> ㄱ. 서학 전래의 영향
> ㄴ. 조선 후기의 신분 변동
> ㄷ. 성리학의 사회적 기능 상실
> ㄹ. 지배 계층의 이익 대변

① ㄱ, ㄹ   ② ㄴ, ㄷ
③ ㄱ, ㄴ, ㄷ   ④ ㄴ, ㄷ, ㄹ
⑤ ㄱ, ㄴ, ㄷ, ㄹ

42 다음 자료에 나타난 두 운동의 공통점으로 옳은 것을 〈보기〉에서 모두 고르면?

> • 학생 여러분, 여러분의 고향에는 조선 문자도 모르고 숫자도 모르는 이가 얼마쯤 있는가. 그리고 여러분의 고향 사람들은 얼마나 비위생적, 비보건적 상태에 있는가. 여러분은 이 상황을 그대로 보려는가.
> • 지금 조선인에게 가장 필요하고 긴급한 것은 도덕이나 지식 보급밖에 없을 것이다. 전 인구의 2%만 문자를 이해하고, 아동 학령의 30%만 취학할 수밖에 없는 지금 상태에서 간단하고 쉬운 문자의 보급은 민족의 최대 긴급사라 할 수 있다.

> **보기**
> ㄱ. 학생들이 주도적으로 전개한 실력 양성 운동이다.
> ㄴ. 일제가 조선어학회 사건을 계기로 탄압하기 시작했다.
> ㄷ. 언론기관의 선전과 지원으로 확산되었다.
> ㄹ. '한민족 일천만이 한사람 일 원씩'의 구호를 내걸었다.

① ㄱ, ㄴ   ② ㄱ, ㄷ
③ ㄴ, ㄷ   ④ ㄴ, ㄹ
⑤ ㄷ, ㄹ

43 다음 글에 제시된 사건들의 공통점으로 옳은 것은?

> • 신종 원년(1198) 사노 만적 등 6인이 북산에서 나무하다가 공사 노비들을 불러 모의하였다. "국가에서 정중부의 반란, 김보당의 반란이 있는 이래로 고관이 천민과 노비에서 많이 나왔다. 장수와 재상이 어찌 씨가 따로 있으랴? 때가 오면 누구나 할 수 있다. 우리가 왜 근육과 뼈를 괴롭게 하며 채찍 밑에서 고통을 겪을 것인가?" 하니, 여러 노비가 모두 그렇게 여겼다.
> • 공주 명학소 사람 망이·망소이 등이 무리를 불러 모아 산행병마사라 일컫고 공주를 공격하여 무너뜨렸다. 정부는 지후 채원부와 낭장 박강수 등을 보내 달래었으나 적은 따르지 않았다.
>
> – 『고려사』

① 신분 해방 운동의 성격을 가지고 있었다.
② 문벌 귀족에 대한 지방 세력의 저항이었다.
③ 무신에 대한 문신들의 저항적 성격이 강하였다.
④ 가혹한 조세 수취에 대한 농민들의 저항이었다.
⑤ 사찰을 중심으로 한 사회 개혁적 성격을 가지고 있었다.

44 다음 글의 밑줄 친 '이곳'으로 옳은 위치는 어디인가?

> • 제너럴셔먼호 사건은 1866년 8월 미국 상선 제너럴셔먼호가 이곳에 이르러 통상을 요구하다 군민의 화공(火攻)으로 불타버린 일이다. 이를 계기로 미국은 1871년 조선을 침략한다.
> • 고려의 승려 묘청이 금나라 정벌과 이곳으로의 천도를 주장하며 1135년 일으킨 반란이다. 반란을 일으킨 지 1년 만에 김부식이 지휘하는 진압군의 공격을 받고 진압되었다.
> • 고구려의 장수왕은 남하 정책을 추진하면서 국내성에서 이곳으로 도읍을 옮겼다. 이에 백제와 신라는 나제 동맹을 체결했다.

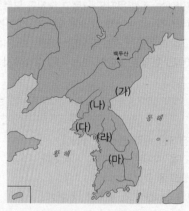

① (가)   ② (나)
③ (다)   ④ (라)
⑤ (마)

45 다음 자료의 밑줄 친 '왕'의 재위 기간에 있었던 일로 옳은 것을 〈보기〉에서 모두 고르면?

> 왕이 백관을 불러 금나라를 섬기는 문제에 대한 가부를 의논했는데 모두 섬길 수 없다고 하였다. 그런데 이자겸과 척준경 둘만이 말하기를 "금나라가 날로 강해질 뿐 아니라 우리 국경과 인접해 있어 섬기지 않을 수 없습니다. 또 작은 나라가 큰 나라를 섬기는 것은 옛날 제왕이 취한 도리이니 마땅히 사신을 먼저 보내 방문해야 합니다."라고 하니 그대로 따랐다.
>
> — 『고려사』

> **보기**
>
> ㄱ. 수도를 강화도로 옮겼다.
> ㄴ. 노비안검법을 시행하였다.
> ㄷ. 묘청이 서경 천도를 주장하였다.
> ㄹ. 김부식이 『삼국사기』를 편찬하였다.

① ㄱ, ㄴ   ② ㄱ, ㄷ
③ ㄴ, ㄷ   ④ ㄴ, ㄹ
⑤ ㄷ, ㄹ

46 다음 자료는 외세에 대한 대응으로 제기된 주장들이다. 밑줄 친 ㉠~㉤에 대한 설명으로 옳지 않은 것은?

> (가) 안으로는 관리들로 하여금 사학(邪學)의 무리를 잡아 베시고, 밖으로는 장병으로 하여금 ㉠ 바다를 건너오는 적을 전멸하게 하소서.
>
> — 이항로, 『화서집』

> (나) ㉡ 이 강화는 일본의 강요에 의해 이루어지는 것이므로 곧 닥쳐올 그들의 탐욕을 당해 낼 수 없을 것이다.
>
> — 최익현, 『면암집』

> (다) 미국은 우리가 본래 모르던 나라입니다. 잘 알지 못하는데 공연히 ㉢ 타인의 권유로 불러들였다가 그들이 재물을 요구하고 과도한 경우를 떠맡긴다면 장차 이에 어떻게 응할 것입니까?
>
> — 이만손, 『영남만인소』

> (라) 국모의 원수를 생각하며 이를 갈았는데, 참혹함이 더욱 심해져 ㉣ 임금께서 머리를 깎으시는 지경에 이르렀다. … 환난을 회피하기란 죽음보다 더 괴로우며 멸망을 앉아서 기다릴진대 ㉤ 싸우는 것만 같지 못하다.
>
> — 유인석, 『창의문』

① ㉠ – 프랑스를 가리킨다.
② ㉡ – 운요호 사건을 계기로 체결되었다.
③ ㉢ – 일본이 청을 견제하고자 권유하였다.
④ ㉣ – 을미개혁과 관련이 있다.
⑤ ㉤ – 유생들이 의병 활동을 주도하였다.

47 다음 중 고려 시대의 금속활자에 대한 설명으로 옳지 않은 것은?

① 금속활자는 한 번 만들면 여러 종류의 책을 쉽게 찍을 수 있었다.

② 고종 21년(1234)에 『상정고금예문』을 인쇄했다는 기록이 있다.

③ 프랑스에 있는 『직지심체요절』은 청주 용두사에서 간행했다.

④ 공양왕은 서적원을 설치하여 활자의 주조와 인쇄를 맡게 했다.

⑤ 『직지심체요절』은 구텐베르크의 금속활자보다 시기가 앞선다.

48 다음 사건과 관련된 일본의 정책은 무엇인가?

> 조선총독부는 일본식 성을 쓰지 않는 사람의 자녀는 학교에 들어가지 못하게 하고, 강제로 일을 시켰으며, 식량도 주지 않았다. 이에 많은 사람이 저항하였는데 정책을 어쩔 수 없이 따르면서도 이를 비꼬는 식으로 견(犬) 등을 사용하여 풍자하는 사람과 끝까지 거부하고 죽음으로 항거한 사람 등이 있었다.

① 신사참배

② 창씨개명

③ 병참기지화 정책

④ 한국어 교육 폐지

⑤ 한국사 교육 폐지

49 다음과 같은 내용의 조약이 맺어진 시기의 상황으로 옳은 것은?

> (가) 첫째, 일본은 필리핀에 대한 미국의 지배권을 확인한다.
> 　　둘째, 미국은 한국에 대한 일본의 지배권을 확인한다.
> 　　셋째, 극동 평화를 위해 미국·영국·일본 세 나라가 실질적으로 동맹 관계를 맺는다.
> (나) 제3조, 일본은 한국에 있어서 정치, 군사 및 경제적으로 탁월한 이익을 가지므로 영국은 일본이 그 이익을 옹호·증진시키기 위하여 정당하게 필요하다고 인정하는 지도, 감리 및 보호의 조치를 한국에 있어서 취할 권리를 승인한다. 단, 이 조치는 항상 열국의 상공업상 기회균등주의에 위배될 수 없다.
> (다) 제2조, 러시아 제국 정부는 일본국이 한국에 있어서 정치, 군사, 및 경제적으로 탁월한 이익을 가질 것을 승인하고 일본 제국주의 정부가 한국에 있어서 필요하다고 인정하는 지도, 보호 및 감리의 조치를 취함에 있어 이를 방해하거나 간섭하지 않을 것을 약속한다.

① 일본군의 '남한 대토벌'이라는 무자비한 의병 진압 작전이 전개되었다.

② 일제는 한국의 외교권을 박탈하고 통감부를 설치하여 내정을 간섭하였다.

③ 국호를 대한제국, 연호를 광무라고 발표하여 독립 국가의 체제를 갖추었다.

④ 친일 단체인 일진회는 일제의 사주를 받아 한·일 합방의 여론을 조성하였다.

⑤ 독립협회는 만민공동회를 개최하여 열강들의 이권 침탈에 대한 저항 운동을 전개하였다.

50 다음 중 발해에 대한 설명으로 옳지 않은 것은?

① 무왕은 일본 돌궐과 외교관계를 맺어 당과 신라를 견제하였다.

② 신라와 상설 대외교통로인 신라도가 있었다.

③ 무왕은 당의 산둥 지방 등을 공격하였다.

④ 문왕 때 영토가 넓어져 해동성국이라 불렸다.

⑤ 문왕은 당과의 교류를 통해 3성 6부 체제를 만들었다.

51 다음 대화를 바탕으로 할 때, 김서방이 생존한 시기의 수공업에 대한 설명으로 옳은 것을 〈보기〉에서 모두 고르면?

> H기자 : 안녕하세요? 지금 뭐하고 계시는 건가요?
>
> 김서방 : 예, 방짜 유기를 만드는 중입니다. 우선 구리와 주석의 비율을 약 4 대 1로 섞어서 녹이고, 이렇게 만들어진 놋쇠를 여러 차례 망치로 두들기고 펴서 그릇을 만드는 것이지요.
>
> H기자 : 자금은 어떻게 조달하십니까?
>
> 김서방 : 상인 물주에게 자금과 원료를 미리 받아 제품을 생산하고 있습니다.
>
> H기자 : 요즘은 경기가 어떻습니까?
>
> 김서방 : 이번에 공인이 우리 납청 마을로 온답니다. 공인이 오기 전에 좋은 유기를 많이 만들어 두어야 해서 많이 바쁘지요. 그래서 아랫마을 최서방을 불러 품삯을 주고 일을 거들게 하고 있습니다.
>
> H기자 : 잘 알았습니다. 이상 납청 마을에서 전해 드렸습니다.

보기

> ㄱ. 관청수공업과 소수공업이 발달했다.
> ㄴ. 장인세만 부담하면 비교적 자유롭게 생산 활동에 종사했다.
> ㄷ. 공장안에 등록되어 관청에서 필요한 물품을 제작·공급했다.
> ㄹ. 자금과 원료를 미리 받아 제품을 생산하는 선대제 방식을 선호했다.

① ㄱ, ㄴ   ② ㄱ, ㄷ

③ ㄴ, ㄷ   ④ ㄴ, ㄹ

⑤ ㄷ, ㄹ

52 다음 중 조선 세조의 업적으로 옳지 않은 것은?

① 4군 6진을 개척하여 영토를 넓혔다.

② 토지와 인구에 따라 군현제를 정비하였다.

③ 6조 직계제를 시행하여 왕권을 강화하였다.

④ 직전법을 시행하고 수신전, 휼양전을 폐지하였다.

⑤ 경국대전 편찬을 시작하여 호전과 형전을 만들었다.

53 다음 중 대한제국에 대한 설명으로 옳지 않은 것은?

① 아관파천 이후 정부는 일본의 강요로 급진적으로 추진되었던 갑오개혁의 제도 개혁을 재조정하는 작업에 착수하였다.

② 경운궁으로 환궁한 고종은 1897년 연호를 광무로 정하고 황제 즉위식을 거행하여 국호를 대한제국이라 선포하였다.

③ 광무개혁은 '옛것을 근본으로 하고 새로운 것을 참작한다.'라는 구본신참을 원칙으로 황제의 주도하에 진행되었다.

④ 1899년 제정된 대한국 국제는 대한제국이 만세불변의 민주주의 국가임을 천명하였다.

⑤ 양지아문을 설치하여 일부 지역에서 양전 사업을 실시하였다.

54 다음과 같은 상황이 발생한 원인으로 옳은 것은?

> 1920년 봉오동 전투, 청산리 전투 등에서 독립군에게 참패한 일본은 한국 독립군 토벌 작전을 대대적으로 전개하였다. 따라서 한국 독립군은 러시아 영토로 이동하였는데, 이동 중 독립군을 통합·재편성하여 대한 독립군단을 조직하였다. 이에 1921년 1월 중순부터 3월 중순에 걸쳐 독립군이 자유시에 집결하였다.

① 일제가 만주 군벌과 미쓰야 협정을 체결하였다.
② 일제가 만주 사변을 일으켜 만주 지역을 점령하였다.
③ 일제가 독립군 색출을 위해 간도 주민을 학살하였다.
④ 사회주의 확산으로 독립군 내부에 노선 대립이 발생하였다.
⑤ 만주 지역 독립군에 대응하기 위해 일본의 국경 수비대가 배치되었다.

55 다음 글에 나타난 상황 이후의 사실로 옳은 것은?

> 왕이 보현원으로 가는 길에 5문 앞에 당도하자 시신(侍臣)들을 불러 술을 돌렸다. … (중략) … 저물녘 어가가 보현원 가까이 왔을 때, 이고와 이의방이 앞서가서 왕명을 핑계로 순검군을 집결시켰다. 왕이 막 문을 들어서고 신하들이 물러나려 하는 찰나에, 이고 등은 왕을 따르던 문관 및 높고 낮은 신하와 환관들을 모조리 살해했다. … (중략) … 정중부 등은 왕을 궁궐로 도로 데리고 왔다.
>
> － 『고려사』

① 만적이 개경에서 반란을 도모하였다.
② 이자겸이 왕이 되기 위해 난을 일으켰다.
③ 윤관이 별무반을 이끌고 여진을 정벌하였다.
④ 의천이 교종 중심의 해동 천태종을 개창하였다.
⑤ 서희가 외교 협상을 통하여 강동 6주를 획득하였다.

56 다음 글의 빈칸 (가)에 들어갈 부대에 대한 설명으로 옳은 것은?

> 민영(閔韺)은 사람됨이 호방하며 의협심이 있었다. 어려서부터 매와 개를 데리고 사냥하고 말을 달려 격구(擊毬)하는 것을 좋아하였으며, 벼슬을 구하지 않았다. 그의 부친 민효후가 동계 병마판관이 되어 적에 맞서 싸우다 사망하였다. 그는 이를 한스럽게 여겨 복수를 하여 부친의 치욕을 갚으려 하였다. 때마침 예종이 동쪽 오랑캐를 정벌하려 하자 민영은 자청하여 __(가)__ 의 신기군에 편성되었다. … 매번 군대의 선봉이 되어서 말을 타고 돌격하여 적군을 사로잡고 물리친 것이 한두 번이 아니었다.
>
> — 민영 묘지명

① 경대승에 의해 설치된 숙위 기관이다.
② 여진을 정벌하여 동북 9성 일대를 확보하였다.
③ 진도에서 제주도로 근거지를 옮겨 활동하였다.
④ 최씨 무신 정권의 권력 기반 강화를 위해 조직되었다.
⑤ 9주에 1정씩 배치되고 한주(漢州)에만 1정을 더 두었다.

57 다음은 3·1운동 당시 일본 헌병대의 보고서이다. 이러한 투쟁 양상이 나타나게 된 원인으로 옳은 것은?

> 그중 과격한 사람은 낫, 곡괭이, 몽둥이 등을 가지고 전투 준비를 갖추었으며, 군중들은 오직 지휘자의 명령에 따라 마치 훈련받은 정규병처럼 움직였다. 그리고 그들은 집합하자마자 우선 독립 만세를 고창하여 그 기세를 올리고, 나아가 면사무소, 군청 등 비교적 저항력이 약한 데를 습격함으로써 군중의 사기를 고무시킨 다음 마침내 경찰서를 습격하여 무력 투쟁을 전개하였다.
>
> — 『독립 운동사 자료집 6』

① 간도 참변에 자극 받은 민중들의 봉기
② 자치론자들의 등장에 대한 민중들의 불만 고조
③ 사회주의 계열이 중심이 된 농민과 노동자들의 계급투쟁
④ 사회진화론에 한계를 느낀 독립 운동가의 투쟁 방법 전환
⑤ 토지 조사 사업으로 심한 수탈을 당했던 농민들의 시위 주도

58 다음 자료를 참고할 때, (가)에서 볼 수 없는 일기 제목은?

> ○○년 ○월 ○일
>
> 적들의 배가 그 끝이 보이지 않을 정도로 부산포 앞바다를 가득 덮었다. 적들의 공격으로 부산성이 함락되고 첨사 정발이 전사하였다.
>
> ⋮
>
> (가)
>
> ⋮
>
> ○○년 ○월 ○일
>
> 명과 일본의 휴전회담이 결렬되자 가토 기요마사 등의 장수가 이끄는 14,500명의 군사를 선봉으로 하여 적군이 다시 쳐들어왔다.

① 이순신! 바다는 내게 맡겨라.

② 조·명 연합군! 평양성을 되찾다.

③ 국왕 전하! 남한산성에서 포위되다.

④ 훈련도감! 포수, 사수, 살수를 양성하다.

⑤ 군제 개편! 속오법이란?

59 다음 법이 공포된 것에 대한 설명으로 옳은 것은?

> 국체를 변혁하는 것을 목적으로 결사를 조직하는 자 또는 결사의 임원, 그 외 지도자로서 임무에 종사하는 자는 사형, 무기 또는 5년 이상의 징역 또는 금고에 처한다. 사정을 알고서 결사에 가입하는 자 또는 결사의 목적 수행을 위한 행위를 돕는 자는 2년 이상의 유기 징역 또는 금고에 처한다. 사유 재산 제도를 부인하는 것을 목적으로 결사를 조직하는 자, 결사에 가입하는 자, 또는 결사의 목적 수행을 위한 행위를 돕는 자는 10년 이하의 징역 또는 금고에 처한다.

① 갑 - 이 법의 제정으로 이제 의병 활동은 물 건너갔어.

② 을 - 일본 놈들, 대륙 침략을 감행하더니 드디어 미쳤군.

③ 병 - 요즘 대세인 사회주의 때문에 만들었겠지? 이제 사상 탄압이 더 심해지겠군.

④ 정 - 독립 의군부가 국권 반환 요구서를 제출할 것에 대한 대응책이라지.

⑤ 무 - 친일파 재산을 몰수하려 했더니만, 결국 이런 법으로 그들을 보호해 주는 건가.

60 다음 글의 교육기관이 생기던 시기와 같은 해에 일어난 일로 옳은 것을 〈보기〉에서 모두 고르면?

> 함남 원산에 세워진 한국 최초의 근대적 교육기관이자 최초의 민립학교로 정현식이 기금을 모아 설립하였으며 문예반과 무예반을 모두 운영하였다.

보기

ㄱ. 미국에 보빙사 파견
ㄴ. 임오군란 발발
ㄷ. 박문국 설치
ㄹ. 갑신정변 발발

① ㄱ, ㄴ   ② ㄱ, ㄷ
③ ㄴ, ㄷ   ④ ㄴ, ㄹ
⑤ ㄷ, ㄹ

61 다음 대화가 이루어지는 장소로 가장 적절한 곳은?

> A : Do you have anything to declare?
> B : I beg your pardon?
> A : Are you bringing in any items on which you must pay duty?
> B : Not at all.

① 경찰서   ② 백화점
③ 공항세관   ④ 관광 안내소
⑤ 짐 보관소

62 다음 밑줄 친 부분 중 어법상 옳지 않은 것은?

> In 1881, Pasteur began studying rabies, an agonizing and deadly disease ① spread by the bite of infected animals. Pasteur and his assistant spent long hours in the laboratory, and the determination ② paid off : Pasteur developed a vaccine that prevented the development of rabies in test animals. But on July 6, 1885, the scientists were called on ③ to administer the vaccine to a small boy who had been bitten by a rabid dog. Pasteur hesitated to provide the treatment, but as the boy faced a certain and painful death from rabies, Pasteur proceeded. ④ Followed several weeks of painful injections to the stomach, the boy did not get rabies. Pasteur's treatment was a success. The curative and preventive treatments for rabies we know today ⑤ are based on Pasteur's vaccination, which has allowed officials to control the spread of the disease.

63 다음 글의 (A) ~ (C)에 들어갈 표현을 순서대로 바르게 나열한 것은?

Yi Sun–sin became a military officer in 1576. The Korean military at the time, similar to many others, did not have a separate army and navy. Yi commanded a frontier post on the Yalu River and fought the northern nomads before (A) appointing / being appointed as an admiral by the king. He knew that the greatest threat to Korea was a sea–borne invasion from Japan. He immediately began modifying the Korean fleet. Without Yi Sun–sin, who (B) won / has won every one of his 22 naval battles, Japan would certainly have conquered Korea. Some experts believe Japan could also have overcome China. And if the Japanese had conquered Korea, nothing could have stopped (C) them / themselves from annexing the Philippines.

	(A)	(B)	(C)
①	appointing	won	them
②	being appointed	has won	themselves
③	being appointed	has won	them
④	appointing	won	themselves
⑤	being appointed	won	them

※ 다음 빈칸에 들어갈 말로 가장 적절한 것을 고르시오. [64~65]

64

In the old days, before cash registers became a staple in almost every store, merchants used to add up the bill by writing the price of each item on the outside of the bag. When customers phoned in orders, however, some merchants—whether by accident or by design—wrote the address or apartment number at the top of the bag and then added that number into the total as well. The introduction of this irrelevant information is a(n) _____ error. A publisher who accidently printed Hamlet's monologue as, "To be sure, or not to be believed, that is their question ….." would be charged with a similar error.

① repetition   ② insertion

③ substitution   ④ transposition

⑤ omission

65

Magicians are honest deceivers. To investigate the secret used by magicians to fool their audiences, Jastrow worked with two great illusionists. He invited these performers to his laboratory and had them participate in a range of tests measuring their speed of movement and accuracy of finger motion. But Jastrow's results revealed little out of the ordinary. He demonstrated magic has little to do with fast movements. Instead, magicians use a range of _____ weapons to fool their audiences. The technique of suggestion, which captures people's minds, plays a key role in the process. In the same way that people can be made to believe that they once went on a non-existent trip in a hot-air balloon, so magicians have to be able to manipulate people's perception of performance.

① ethical   ② political
③ physical   ④ economic
⑤ psychological

66 다음 글의 내용을 한 문장으로 요약하고자 할 때, 〈보기〉의 빈칸 (A), (B)에 들어갈 말을 순서대로 바르게 나열한 것은?

If you daydream about something during a lecture, little or nothing about the lecture will reach your brain. You may take notes and make an effort to remain alert, but you are likely to find your mind wandering. Have you ever driven down a highway with your gas needle nearing "empty"? Chances are you become preoccupied with the location of a gas station. Another day when your fuel tank was full but your stomach was empty, the gas stations might have been overlooked, but every diner and restaurant would have caught your eye. If you are hungry or thirsty right now, you might have a problem keeping your mind focused on reading this paragraph rather than on the refrigerator. You simply cannot concentrate on every stimulus around you, so only certain ones are selected.

보기

Perception is strongly influenced by ___(A)___, which is usually focused on ___(B)___ things.

	(A)	(B)
①	attention	simple
②	attention	needed
③	intellect	simple
④	personality	needed
⑤	personality	rare

67 다음은 Jane Goodall에 대한 내용이다. 이에 대한 설명으로 적절하지 않은 것은?

> As a child, Jane Goodall loved all kinds of animals. When she grew up, she wanted to become a scientist and go to Africa to study the wild animals there. She wasn't able to go to a university because her parents were poor. So she became a secretary instead.

① 어렸을 때 동물을 좋아했다.
② 어른이 되어서 야생동물을 연구하고 싶었다.
③ 가정형편 때문에 대학에 가지 못했다.
④ 대학 도서관 사서로 일했다.
⑤ 아프리카에 가고 싶어 했다.

※ 다음 글을 읽고 이어지는 질문에 답하시오. [68~70]

> A few years ago I met a man named Phil at a parent–teachers' organization meeting at my daughter's school. As soon as I met him, I remembered something that my wife had told me about Phil : "He's a real pain at meetings." I quickly saw what she meant. When the principal was explaining a new reading program, Phil interrupted and asked how his son would benefit from it. Later in the meeting, Phil argued with another parent, unwilling to consider her point of view.
>
> When I got home, I said to my wife, "You were right about Phil. He's rude and arrogant." My wife looked at me quizzically. "Phil isn't the one I was telling you about," she said. "That was Bill. Phil is actually a very nice guy." Sheepishly, I thought back to the meeting and realized that Phil had probably not interrupted or argued with people any more than others had. Further, I realized that even Phil's interruption of the principal was not so clear cut. My interpretation was just that–an unconscious interpretation of a behavior that was open to many interpretations.
>
> It is well known that first impressions are powerful, even when they are based on _____. What may not be so obvious is the extent to which the adaptive unconscious* is doing the interpreting. When I saw Phil interrupt the principal I felt as though I was observing an objectively rude act. I had no idea that Phil's behavior was being interpreted by my adaptive unconscious and then presented to me as reality. Thus, even though I was aware of my expectations, I had no idea how much this expectation colored my interpretation of his behavior.
>
> * adaptive unconscious : 적응 무의식

68 다음 중 윗글의 빈칸에 들어갈 말로 가장 적절한 것은?

① personal preference

② selfish motivation

③ exaggerated phrase

④ faulty information

⑤ cultural prejudice

69 다음 중 윗글을 읽고 이해한 내용으로 적절하지 않은 것은?

① 글쓴이는 자녀의 학교에서 열린 모임에 참석했다.

② 교장은 새로운 독서 프로그램에 대해 설명했다.

③ Phil은 교장의 발표 도중에 질문을 했다.

④ 글쓴이의 아내는 Phil에 대해 부정적으로 이야기했다.

⑤ 글쓴이는 Phil의 행동에 대한 판단을 정정했다.

70 다음 중 윗글의 주제로 가장 적절한 것은?

① 모든 이에게 객관적으로 무례한 행동은 하지 않는 것이 좋다.

② 타인의 행동을 해석하여 자신의 현실로 받아들여야 한다.

③ 옳지 않은 정보에 근거하더라도 그 첫인상의 힘은 강하다.

④ 자기 자신의 예상을 인지하고 직시하여야 한다.

⑤ 다른 사람의 관점을 고려하며 논쟁에 참여해야 한다.

71 다음 글의 목적으로 가장 적절한 것은?

Welcome and thank you for joining the dining club. Our club offers a unique dining experience. You will be trying food from all over the world, but more importantly, you will have the chance to experience each country's dining traditions and customs. In India, for example, they use their hands to eat. If you are used to using forks and knives, you may find this challenging. In France, dinners have many courses, so make sure to schedule enough time for the French meal. In Japan, they don't eat their soup with a spoon, so you have to drink directly from the bowl. These are some of the things you will experience every Saturday evening until the end of August. We hope you will enjoy your dining adventure.

① 식기 사용 방법을 교육하기 위하여
② 음식 맛의 차이를 설명하기 위하여
③ 해외 여행 일정을 공지하기 위하여
④ 식사 문화 체험 행사를 알리기 위하여
⑤ 문화 체험관 개관식에 초대하기 위하여

※ 다음 밑줄 친 부분에서 어법상 옳지 않은 것을 고르시오. [72~73]

72

If you ever feel ill when ① traveling in remote foreign parts, just drop some gunpowder into a glass of warm, soapy water, and swallow it. That was the advice of Francis Galton in a book ② called The Art of Travel. Bee stings? Well, the tar scraped out of a tobacco pipe and ③ applied on the skin relieves the pain. Galton's book proved a bestseller. It covered every situation, from constructing boats, huts, and tents in a hurry ④ to catch fish without a line. It told readers how to find firewood in a rainstorm (under the roots of a tree) and where ⑤ to put your clothes when it's raining so that they don't get wet (just take them off and sit on them).

73

The most common shortcoming in exam answers ① <u>is</u> irrelevance. Examiners understand why irrelevant material is produced, but they cannot give a good mark to an essay ② <u>that</u> fails to adequately answer a target question. Irrelevance is mainly due to panic; many people are so anxious to get something down on paper that they simply start ③ <u>reproducing</u> everything they know it. It is essential to devote some time to ④ <u>think</u> about what you are going to write before writing it. This does not necessitate writing elaborate essay plans, but you must think about what exactly a specific question is getting at and how it can best be answered. A little more thinking and a little less writing would improve a great many grades. It also helps to have an idea of the shape your essay is likely ⑤ <u>to take</u>. This guarantees that your answer will have some shape, form and sense of direction.

74 다음 글의 (A) ~ (C)에 들어갈 말을 순서대로 바르게 나열한 것은?

Although we eat bananas often, few of us know much about them. The banana tree is the largest plant on earth without a woody stem. The trunk contains a large amount of water and is extremely (A) <u>deliberate / delicate</u>. Though it can reach a full height of 20 feet in one year, even moderate winds can (B) <u>blow / glow</u> it down. The fruit stem or bunch is made up of seven to nine hands, each containing 10 to 20 fingers which grow slowly (C) <u>thorough / through</u> a mass of tightly packed leaf covers. Just before they ripen, they are picked, packaged, and finally delivered to our local supermarkets.

	(A)	(B)	(C)
①	delicate	blow	through
②	delicate	glow	through
③	delicate	blow	thorough
④	deliberate	glow	thorough
⑤	deliberate	blow	thorough

75 다음 글의 중심 내용으로 가장 적절한 것은?

Children grow up and leave home. They go from helpless babies to mature adults while our back is turned. The secret is to try and keep pace with them. We have to resist the urge to do everything for them, and let them fry eggs or paint trash cans for themselves. By the time they reach adolescence, we may expect them to be able to keep their room tidy for the first time. But they have never done it before. They have to learn how to do it, and part of that learning process is not doing it, doing it badly, and doing it differently from how we would do it. Growing is a messy business. Our job is to help them, that is, to hand them responsibility slowly, bit by bit.

① Assist kids in doing their homework.
② Give kids the chance to learn responsibility.
③ Set strict rules for the benefit of your kids.
④ Teach kids to help their neighbors in need.
⑤ Allow kids to experience messy things first.

76 다음 글의 (A), (B)에 들어갈 말을 순서대로 바르게 나열한 것은?

At certain times in history, cultures have taken it for granted that a person was not fully human unless he or she learned to master thoughts and feelings. In ancient Sparta, in Republican Rome, and among the British upper classes of the Victorian era, ___(A)___, people were held responsible for keeping control of their emotions. Anyone who lost his or her temper too easily was deprived of the right to be accepted as a member of the community. In other historical periods such as the one in which we are now living, ___(B)___, the ability to control oneself is not always highly respected. People who attempt it are often thought to be odd.

	(A)	(B)
①	for example	therefore
②	for example	however
③	for example	moreover
④	on the contrary	however
⑤	on the contrary	therefore

77 다음 글의 흐름으로 볼 때 〈보기〉의 문장이 들어가기에 가장 적절한 곳은?

There is an interesting relationship between a country's developmental progress and its population structure. ___①___ According to the theory of demographic* transition, nations go through several developmental stages. ___②___ The earliest stage is characterized by high birth and death rates and slow growth. ___③___ As they begin to develop, the birth rate remains high, but the death rate falls. ___④___ Then, as industrialization peaks, the birth rate falls and begins to approximate the death rate. ___⑤___ Eventually, population growth slows drastically, reaching a stage of very modest growth which is seen in many European nations today.
* demographic : 인구(통계)의

보기

The result is that the population enters a period of rapid growth.

78 다음 글에서 전체 흐름과 관련이 없는 문장은?

Few animals have been so mercilessly exploited for their fur as the beaver. ① In the eighteenth and nineteenth centuries, beaver furs were worth their weight in gold. ② As a result, by 1896, at least 14 American states had announced that all of their beavers had been killed. ③ By the beginning of the twentieth century, it looked as if the beaver was about to disappear from the face of the earth. ④ The beaver is a furry animal like a large rat with a big flat tail. ⑤ However, thanks to a beaver recovery program, which included trapping and relocating to protected areas, particularly in suburban areas of the United States, beavers have made an impressive comeback throughout the country.

My sister, Tara, was the quiet one in the family. She was not as adventurous as my brother and I. She never excelled at school or sports. Of course, I loved my sister, but, at times, that was not so easy to do. She seldom made eye contact with me. When we ran into each other at school, (A) she sometimes pretended not to recognize me.

One day, my father's job forced us to move to a new neighborhood. The nurse at our new school, Emerson, gave us ear and eye exams, our first ever. I aced the tests–"Eagle eyes and elephant ears," the nurse said–but Tara struggled to read the eye chart. (B) She declared Tara severely shortsighted and she had to get glasses. When the glasses were ready, we all went downtown to pick them up. The first time she tried them on, she kept moving her head around and up and down. "What's the matter?" I asked. "You can see that tree over there?" she said, pointing at a sycamore tree about a hundred feet away. I nodded. (C) She sobbed, "I can see not just the branches, but each little leaf." Tara burst into tears.

79 다음 중 윗글의 제목으로 가장 적절한 것은?

① Seeing with Inner Eyes

② Sisters in a Flood of Tears

③ Wearing the Wrong Glasses

④ A New World Through Glasses

⑤ Alternative Ways to Be an Art Teacher

80 다음 중 밑줄 친 (A) ~ (C)가 가리키는 대상으로 가장 적절한 것은?

① (A) – 양호 선생님   ② (A) – 어머니

③ (B) – 누나   ④ (B) – 양호 선생님

⑤ (C) – 양호 선생님

합격의공식
시대
에듀
www.sdedu.co.kr

답안채점 • 성적분석 서비스

모바일 OMR

| 도서 내 모의고사 우측 상단에 위치한 QR코드 찍기 | 로그인 하기 | '시작하기' 클릭 | '응시하기' 클릭 | 나의 답안을 모바일 OMR 카드에 입력 | '성적분석 & 채점결과' 클릭 | 현재 내 실력 확인하기 |

도서에 수록된 모의고사에 대한
객관적인 결과(정답률, 순위)를
종합적으로 분석하여 제공합니다.

※OMR 답안채점 / 성적분석 서비스는 등록 후 30일간 사용 가능합니다.

기출응용 모의고사
정답 및 해설

1일 차 기출응용 모의고사 정답 및 해설

01	02	03	04	05	06	07	08	09	10
③	①	④	③	③	⑤	④	⑤	⑤	⑤
11	12	13	14	15	16	17	18	19	20
②	③	③	①	①	④	③	①	①	⑤
21	22	23	24	25	26	27	28	29	30
④	⑤	②	③	⑤	③	①	①	③	①
31	32	33	34	35	36	37	38	39	40
③	⑤	⑤	④	④	③	④	②	②	④
41	42	43	44	45	46	47	48	49	50
④	①	①	①	③	⑤	①	④	④	①
51	52	53	54	55	56	57	58	59	60
①	⑤	⑤	⑤	①	④	③	③	③	①
61	62	63	64	65	66	67	68	69	70
③	②	①	②	②	⑤	④	⑤	③	②
71	72	73	74	75	76	77	78	79	80
③	③	④	③	③	②	②	⑤	④	⑤

| 01 | 직업능력

01
정답 ③

고령화 시대에 발생하는 노인 주거 문제에 대한 일본의 정책을 제시하여 우리나라의 부족한 대처방안을 문제 삼고 있으며, 이러한 문제를 해결하기 위해 공동 주택인 아파트의 공유 공간을 활용하자는 방안을 이야기하고 있다. 따라서 노인 주거 문제를 공유를 통해 해결하자는 ③이 글의 제목으로 가장 적절하다.

오답분석
① 고령화 속도에 대한 내용은 글에서 설명하고 있지 않다.
② 일본의 정책으로 '유니버설 디자인'의 노인 친화적 주택을 언급하고 있으나, 글의 일부에 해당하는 내용이므로 글의 제목으로는 적절하지 않다.
④ 글에서 주로 문제 삼고 있는 것은 사회 복지 비용의 증가가 아닌 부족한 노인 주거 정책이며, 그에 대한 해결 방안을 제시하고 있다.
⑤ 일본의 노인 주거 정책에 비해 우리나라의 부족한 대처방안을 문제 삼고 있을 뿐, 글 전체 내용을 일본과 한국의 정책 비교로 보기는 어렵다.

02
정답 ①

빈칸의 다음 문장에서 '외래어가 넘쳐나는 것은 그간 우리나라의 고도성장과 절대 무관하지 않다.'라고 했다. '사회의 성장과 외래어의 증가는 서로 관계가 있다.'라는 의미이므로, 이를 포함하는 일반적 진술인 ①이 빈칸에 오는 것이 가장 적절하다.

03
정답 ④

2030 비전 달성을 위한 해외 사업 진출 프로젝트 방안을 마련하는 것은 목표지향적이며, 미래지향적인 설정형 문제 업무수행과정에 해당한다.

오답분석
① 생산성 향상을 위한 업무 프로세스, 작업방법 등을 개선하는 것은 현재 상황을 개선하는 것이므로 탐색형 문제 업무수행과정에 해당한다.
② HR 제도 개선을 위한 인력 재산정 프로젝트 추진은 현재 쓰이고 있는 제도의 개선이므로 탐색형 문제 업무수행과정에 해당한다.
③ 구성원들의 성과를 향상할 수 있는 방안을 모색하는 것은 현재 상황의 효율을 높이기 위함이므로 탐색형 문제 업무수행과정에 해당한다.
⑤ 재고율 감소를 위해 타 기업의 제도를 참고하여 새로운 제도를 제시함으로써 현재 상황을 개선하는 것이므로 탐색형 문제 업무수행과정에 해당한다.

04
정답 ③

기준작의 설정을 전적으로 기록에만 의존하는 것도 곤란하다. 물질자료와 달리 기록은 상황에 따라 왜곡되거나 윤색될 수도 있고, 후대에 가필되는 경우도 있기 때문이다. 따라서 작품에 명문이 있다 하더라도 기준작으로 삼기 위해서는 그것이 과연 신뢰할 만한 사료인가에 대한 엄정한 사료적 비판이 선행되어야 한다.

05

정답 ③

2025년 비용 계획을 구하기 위해서는 미정인 신청자 수를 구해야 한다. 최근 3년간 동문회 참가 현황의 평균으로 구한다고 하였으므로 2022 ~ 2024년 참가 인원의 평균을 구하면 $\frac{185+201+163}{3}$ =183명이다.

각 항목에 대입하여 2025년의 비용 계획을 구하면 $\{(25,000+12,500+5,000)\times183\}+\{5,000\times(120+100)\}=8,877,500$원 이므로 올해 1인당 회비는 $\frac{8,877,500}{183}≒48,511$원이다.

따라서 1인당 최소 5만 원을 각출해야 한다.

06

정답 ⑤

제시문은 '발전'에 대한 개념을 설명하고 있다. 빈칸 앞에는 '발전'에 대해 '모든 형태의 변화가 전부 발전에 해당하는 것은 아니다.'라고 하면서 '교통신호등'을 예로 들고, 빈칸 뒤에는 '사태의 진전 과정에서 나중에 나타나는 것은 적어도 그 이전 단계에 내재적으로나마 존재했던 것의 전개에 해당한다는 것이다.'라고 상술하고 있다. 여기에 첫 번째 문장까지 고려한다면, ⑤의 내용이 빈칸에 들어가는 것이 가장 적절하다.

07

정답 ④

H부장의 출근 시간대에 맞춰 안일하게 생각하고 물품을 찾는 것을 수락해 지각한 것은 사실이다. 혼날 부분은 혼난 후 H부장이 오해하고 있는 사항에 대해서는 B대리가 가서 자초지종을 설명해 푸는 것이 옳다.

08

정답 ⑤

⑩은 '조사했더니, …… 하였습니다.'가 되어야 호응이 자연스럽다. 그런데 '탐구 계획도 정해 놓았습니다.'라고 말하고 있으므로 ⑩은 '조사했으므로'가 아닌 '조사했으며'가 적절하다.

오답분석

① ㉠은 선발 이후 자신이 어떻게 할 것인지를 밝히고 있다. 따라서 글의 제목과 어울리지 않으므로 삭제한다.

② ㉡은 잉카 문명에 대한 관심이 처음 생긴 계기를 말하고 있다. 이는 첫 번째 문단보다는 두 번째 문단과 잘 어울린다. 문단 내의 통일성을 위해 ㉡을 두 번째 문단으로 옮기는 것이 적절하다.

③ ㉢에서 '매력'의 사전적 의미는 '사람의 마음을 사로잡아 끄는 힘'이고, '매료'는 '사람의 마음을 완전히 사로잡아 홀리게 함'이라는 뜻이다. 따라서 ㉢은 의미가 중복된 표현이다.

④ ㉣에서 생략된 주어는 '저는'이고 서술어는 '소망입니다'이므로 ㉣을 포함한 문장은 '저는 …… 소망입니다.'가 되어 주어와 서술어가 호응하지 않는다.

09

정답 ⑤

세 번째 문단에서 국내 서비스업 취업자 수가 감소한 것이 아니라, 증가폭이 감소하였다고 설명하므로 적절하지 않은 내용이다.

오답분석

① 두 번째 문단을 보면 주요국 통화정책 정상화 기대 등으로 국채금리가 상승하였다고 하였으므로, 국채금리는 주요국 통화정책의 영향을 받는다는 것을 알 수 있다.

② 네 번째 문단에 따르면 근원인플레이션율은 1%대 중반을, 기대인플레이션율은 2%대 중반을 유지하였다고 나와있으므로 옳은 설명이다.

③ 두 번째 문단에 따르면 세계경제의 성장세가 확대되는 움직임을 나타내고 있으므로 최근 세계경제가 지속적으로 성장해 왔음을 추론할 수 있다.

④ 다섯 번째 문단에 따르면 금융시장은 오름세를 보이고 있으며, 주택가격 또한 오름세를 보이고 있음을 알 수 있다.

10

정답 ⑤

- (가) : $\frac{34,273-29,094}{29,094}\times100≒17.8\%$
- (나) : $66,652+34,273+2,729=103,654$
- (다) : $\frac{103,654-91,075}{91,075}\times100≒13.8\%$

11

정답 ②

첫 번째 문장에서는 신비적 경험이 살아갈 수 있는 힘으로 밝혀진다면 그가 다른 방식으로 살아야 한다고 주장할 근거는 어디에도 없다고 하였으며, 이어지는 내용은 신비적 경험이 신비주의자들에게 살아갈 힘이 된다는 근거를 제시하고 있다. 따라서 ②가 빈칸에 들어가는 것이 가장 적절하다.

12

정답 ③

7시간이 지났으므로 용민이는 $7\times7=49$km, 효린이는 $3\times7=21$km를 걸었다. 용민이는 호수를 1바퀴 돌고나서 효린이가 걸은 21km까지 더 걸은 것이다.

따라서 호수의 둘레는 $49-21=28$km이다.

13

정답 ③

제시문은 1920년대 영화의 소리에 대한 부정적인 견해가 있었음을 이야기하며 화두를 꺼내고 있다. 이후 현대에는 소리와 영상을 분리해서 생각할 수 없음을 설명하고 영화에서의 소리가 어떤 역할을 하는지 제시하면서 현대 영화에서의 소리의 의의에 대해 서술하고 있다. 따라서 (라) 1920년대 영화의 소리에 대한 부정적인 견해 – (가) 현대 영화에서 분리해서 생각할 수 없는 소리와 영상 – (다) 영화 속 소리의 역할 – (나) 현대 영화에서의 소리의 의의 순으로 나열하는 것이 적절하다.

14

2022년 휴대폰 / 스마트폰 성인 사용자 수는 $0.128 \times 47 ≒ 6$명으로, 2023년 태블릿 PC 성인 사용자 수인 $0.027 \times 112 ≒ 3$명보다 많으므로 옳은 설명이다.

오답분석

② 개인용 정보 단말기(PDA) 학생 사용자 수는 2023년 $1,304 \times 0.023 ≒ 30$명, 2024년 $1,473 \times 0.002 ≒ 3$명으로 전년 대비 감소하였다.

③ 2024년 전자책 전용 단말기 사용자 수는 $(338 \times 0.005) + (1,473 \times 0.004) ≒ 2 + 6 = 8$명이다. 따라서 20명 미만이므로 옳지 않은 설명이다.

④ • 2023년 컴퓨터 성인 사용자 수 : $112 \times 0.67 ≒ 75$명
• 2023년 컴퓨터 학생 사용자 수 : $1,304 \times 0.432 ≒ 563$명
따라서 2023년 컴퓨터 성인 사용자 수는 학생 사용자 수의 $563 \times 0.2 ≒ 113 > 75$이므로 20% 미만이다.

⑤ 2023 ~ 2024년 동안 전년 대비 성인 사용자 비율이 지속적으로 증가한 전자책 이용 매체는 휴대폰 / 스마트폰, 태블릿 PC 2가지인 것을 확인할 수 있다.

15

A팀은 C팀의 평균보다 3초 짧고, B팀은 D팀의 평균보다 2초 길다. 각 팀의 평균을 구하면 다음과 같다.
• A팀 : $45 - 3 = 42$초
• B팀 : $44 + 2 = 46$초
• C팀 : $\dfrac{51 + 30 + 46 + 45 + 53}{5} = 45$초
• D팀 : $\dfrac{36 + 50 + 40 + 52 + 42}{5} = 44$초

A팀 4번 선수의 기록을 a초, B팀 2번 선수의 기록을 b초라고 하면 다음과 같다.

• $\dfrac{32 + 46 + 42 + a + 42}{5} = 42 \rightarrow a + 162 = 210$
$\therefore a = 48$

• $\dfrac{48 + b + 36 + 53 + 55}{5} = 46 \rightarrow b + 192 = 230$
$\therefore b = 38$

따라서 두 선수의 기록의 평균은 $\dfrac{48 + 38}{2} = 43$초이다.

16

논리의 흐름에 따라 문화 변동은 수용 주체의 창조적·능동적 측면과 관련되어 이루어짐 – (나) 수용 주체의 창조적·능동적 측면은 외래문화 요소의 수용을 결정함 – (다) 문화의 창조적·능동적 측면은 내부의 결핍 요인을 자체적으로 극복하려 노력하나, 그렇지 못할 경우 외래 요소를 수용함 – (가) 결핍 부분에 유용한 부분만을 선별적으로 수용함 – 외래문화는 수용 주체의 내부 요인에 따라 수용 여부가 결정됨의 순으로 나열하는 것이 적절하다.

17

프로젝트에 소요되는 비용은 인건비와 작업장 사용료로 구성된다. 인건비의 경우 각 작업의 필요 인원은 증원 또는 감원될 수 없으므로 조절이 불가능하다. 다만, 작업장 사용료는 작업기간이 감소하면 비용이 줄어들 수 있다. 따라서 최단기간으로 프로젝트를 완료하는 데 드는 비용을 산출하면 다음과 같다.

프로젝트	인건비	작업장 사용료
A작업	$(10 \times 5) \times 10$ $= 500$만 원	
B작업	$(10 \times 3) \times 18$ $= 540$만 원	
C작업	$(10 \times 5) \times 50$ $= 2,500$만 원	50×50 $= 2,500$만 원
D작업	$(10 \times 2) \times 18$ $= 360$만 원	
E작업	$(10 \times 4) \times 16$ $= 640$만 원	
합계	4,540만 원	2,500만 원

프로젝트를 완료하는 데 소요되는 최소비용은 7,040만 원이다. 따라서 최소비용은 6천만 원 이상이라고 판단하는 것이 옳다.

오답분석

① 각 작업에서 필요한 인원을 증원하거나 감원할 수 없다. 그러므로 주어진 자료와 같이 각 작업에 필요한 인원만큼만 투입된다. 따라서 가장 많은 인원이 투입되는 A작업과 C작업의 필요 인원이 5명이므로 해당 프로젝트를 완료하는 데 필요한 최소 인력은 5명이다.

② 프로젝트를 최단기간으로 완료하기 위해서는 각 작업을 동시에 진행해야 한다. 다만, B작업은 A작업이 완료된 이후에 시작할 수 있고, E작업은 D작업이 완료된 이후에 시작할 수 있다는 점을 고려하여야 한다. C작업은 50일, A+B작업은 28일, D+E작업은 34일이 걸리므로 프로젝트가 완료되는 최단기간은 50일이다.

④ 프로젝트를 완료할 수 있는 최단기간은 50일이다. C작업은 50일 내내 작업해야 하므로 반드시 5명이 필요하다. 그러나 나머지 작업은 50일을 안분하여 진행해도 된다. 먼저 A작업에 5명을 투입한다. 작업이 완료된 후 그들 중 3명은 B작업에, 2명은 D작업에 투입한다. 그리고 B, D작업을 완료한 5명 중 4명만 E작업에 투입한다. 이 경우 작업기간은 10일(A)+18일(B와 D 동시진행)+16일(E)=44일이 걸린다. 따라서 프로젝트를 최단기간에 완료하는 데 투입되는 최소 인력은 10명이다.

⑤ 프로젝트를 완료할 수 있는 최소 인력은 5명이다. 먼저 5명이 A작업에 투입되면 10일 동안은 다른 작업을 진행할 수 없다. A작업이 완료되면 5명은 B작업과 D작업으로 나뉘어 투입된다. 그 다음 C작업과 E작업을 순차적으로 진행하면 총 10일(A)+18일(B와 D 동시진행)+50일(C)+16일(E)=94일이 최단기간이 된다.

18

정답 ①

H공단의 사내 봉사 동아리이기 때문에 공식이 아닌 비공식조직에 해당한다. 비공식조직의 특징에는 인간관계에 따라 형성된 자발적인 조직, 내면적 · 비가시적 · 비제도적 · 감정적, 사적 목적 추구, 부분적 질서를 위한 활동 등이 있다.

오답분석
② 영리조직에 대한 설명이다.
③ 공식조직에 대한 설명이다.
④ 공식조직에 대한 설명이다.
⑤ 비영리조직에 대한 설명이다.

19

정답 ①

H는 자신의 연구 결과를 토대로 가족 구성원이 많은 집에 사는 아이들은 가족 구성원들이 집안으로 끌고 들어오는 병균들에 의한 잦은 감염 덕분에 장기적으로 알레르기 예방에 유리하다고 주장하고 있다. 결국 이는 알레르기에 걸릴 확률은 병균들에 얼마나 많이 노출되었는지에 달려 있다는 의미이므로 이와 유사한 ①이 빈칸에 들어갈 내용으로 가장 적절하다.

20

정답 ⑤

국외 출장 관련 세부지침에서 당사가 국제행사 주최인 경우 최소 범위의 출장비로 최소 5명 이상이 출장을 가야 한다고 하였다. 따라서 프레젠테이션 최소 인력 2명, 보조 3명을 선발하여 배치하는 것이 옳다.

21

정답 ④

주최 측 주의사항에서 국제행사에 투입되는 인력은 특히 능력이나 성격과 가장 적합하도록 배치하라고 제시되어 있다. 따라서 질적 배치 유형에 해당한다.

22

정답 ⑤

H팀장은 1박으로만 숙소를 예약하므로 S닷컴을 통해 예약할 경우 할인 적용을 받지 못한다.

M투어를 통해 예약하는 경우 3박 이용 시 다음 달에 30% 할인쿠폰 1매가 제공되므로 9월에 30% 할인 쿠폰을 1개 사용할 수 있으며, H팀장은 총숙박비용을 최소화하고자 하므로 9월 또는 10월에 30% 할인 쿠폰을 사용할 것이다.

C트립을 이용하는 경우 6월부터 8월 사이 1박 이상 숙박 이용내역이 있을 시 10% 할인받을 수 있으므로 총 5번의 숙박 중 7월, 8월에 10% 할인받을 수 있다.

T호텔스의 경우 멤버십 가입 여부에 따라 숙박비용을 비교해야 한다.

이를 고려하여 예약사이트별 숙박비용을 계산하면 다음과 같다.

구분	총숙박비용
M투어	$(120,500 \times 4) + (120,500 \times 0.7 \times 1)$ $= 566,350$원
C트립	$(111,000 \times 3) + (111,000 \times 0.9 \times 2)$ $= 532,800$원
S닷컴	$105,500 \times 5 = 527,500$원
T호텔스	• 멤버십 미가입 : $105,000 \times 5 = 525,000$원 • 멤버십 가입 : $(105,000 \times 0.9 \times 5) + 20,000$ $= 492,500$원

따라서 숙박비용이 가장 저렴한 예약사이트는 T호텔스이며, 총숙박비용은 492,500원이다.

23

정답 ②

A ~ E의 진술에 따르면 B와 D의 진술은 반드시 동시에 진실 또는 거짓이 되어야 하며, B와 E의 진술은 동시에 진실이나 거짓이 될 수 없다.

ⅰ) B와 D의 진술이 거짓인 경우
참이어야 하는 A와 C의 진술이 서로 모순되므로 성립하지 않는다. 따라서 B와 D는 모두 진실이다.

ⅱ) B와 D의 진술이 참인 경우
A, C, E 중에서 1명의 진술은 참, 2명의 진술은 거짓인데, 만약 E가 진실이면 C도 진실이 되어 거짓을 말하는 사람이 1명이 되므로 성립하지 않는다. 따라서 C와 E는 거짓을 말하고, A는 진실을 말한다.

A ~ E의 진술에 따라 정리하면 다음과 같다.

구분	필기구	의자	복사용지	사무용 전자제품
신청 사원	A, D	C		D

의자를 신청한 사원의 수는 3명이므로 필기구와 사무용 전자제품 2개의 항목을 신청한 D와 의자를 신청하지 않은 B를 제외한 A, E가 의자를 신청했음을 알 수 있다. 또한, 복사용지를 신청했다는 E의 진술이 거짓이므로 E가 신청한 나머지 항목은 사무용 전자제품이 된다. 이와 함께 남은 항목의 개수에 따라 신청 사원을 배치하면 다음과 같이 정리할 수 있다.

구분	필기구	의자	복사용지	사무용 전자제품
신청 사원	A, D	A, C, E	B, C	B, D, E

따라서 신청 사원과 신청 물품이 바르게 짝지어진 것은 ②이다.

24

- (가) : 외부의 기회를 활용하면서 내부의 강점을 더욱 강화시키는 SO전략
- (나) : 외부의 기회를 활용하여 내부의 약점을 보완하는 WO전략
- (다) : 외부의 위협을 회피하며 내부의 강점을 적극 활용하는 ST전략
- (라) : 외부의 위협을 회피하고 내부의 약점을 보완하는 WT전략

25

정답 ③

다음 논리 순서에 따라 주어진 조건을 정리한다.
- 여섯 번째, 여덟 번째 조건 : G는 첫 번째 자리에 앉는다.
- 일곱 번째 조건 : C는 세 번째 자리에 앉는다.
- 네 번째, 다섯 번째 조건 : 만약 A와 B가 네 번째, 여섯 번째 또는 다섯 번째, 일곱 번째 자리에 앉으면 D와 F는 나란히 앉을 수 없으므로 A와 B는 두 번째, 네 번째 자리에 앉는다. 이때 D와 F는 다섯, 여섯 번째 또는 여섯, 일곱 번째 자리에 앉게 되고, 나머지 한 자리에 E가 앉는다.

이 사실을 종합하여 주어진 조건을 표로 정리하면 다음과 같다.

구분	첫 번째	두 번째	세 번째	네 번째	다섯 번째	여섯 번째	일곱 번째
경우 1	G	A	C	B	D	F	E
경우 2	G	A	C	B	F	D	E
경우 3	G	A	C	B	E	D	F
경우 4	G	A	C	B	E	F	D
경우 5	G	B	C	A	D	F	E
경우 6	G	B	C	A	F	D	E
경우 7	G	B	C	A	E	D	F
경우 8	G	B	C	A	E	F	D

따라서 어떠한 경우에도 C의 옆자리는 항상 A와 B가 앉는다.

26

정답 ③

ㄱ. 각 팀장이 매긴 순위에 대한 가중치는 모두 동일하다고 했으므로 1, 2, 3, 4순위의 가중치를 각각 4, 3, 2, 1점으로 정해 4명의 면접 점수를 산정하면 다음과 같다.
- 갑 : 2+4+1+2=9점
- 을 : 4+3+4+1=12점
- 병 : 1+1+3+4=9점
- 정 : 3+2+2+3=10점

면접 점수가 높은 을, 정 중 1명이 입사를 포기하면 갑, 병 중 1명이 채용된다. 갑과 병의 면접 점수는 9점으로 동점이지만, 조건에 따라 인사팀장이 부여한 순위가 높은 갑을 채용하게 된다.

ㄷ. 경영관리팀장이 갑과 병의 순위를 바꿨을 때, 4명의 면접 점수를 산정하면 다음과 같다.
- 갑 : 2+1+1+2=6점
- 을 : 4+3+4+1=12점
- 병 : 1+4+3+4=12점
- 정 : 3+2+2+3=10점

따라서 을과 병이 채용되므로 정은 채용되지 못한다.

ㄴ. 인사팀장이 을과 정의 순위를 바꿨을 때, 4명의 면접 점수를 산정하면 다음과 같다.
- 갑 : 2+4+1+2=9점
- 을 : 3+3+4+1=11점
- 병 : 1+1+3+4=9점
- 정 : 4+2+2+3=11점

따라서 을과 정이 채용되므로 갑은 채용되지 못한다.

27

정답 ①

친한 사이일수록 약속은 쉽게 하지 말아야 한다. 지키지 못할 약속을 하기보다는 꼭 지킬 수 있는 약속을 가려서 하는 것이 옳다.

28

정답 ①

AN(한국) – 23(2023년) – 34(서른네 번째 주) – BEY(프리미엄) – WA(하양) – T(32GB)

② AN1434BEYWAT : 2014년에 생산된 스마트폰이다.
③ BA2334BEYWAT : 중국에서 생산된 스마트폰이다.
④ AN2334BEYMLT : 초록색 스마트폰이다.
⑤ AN2334HQCWAT : 한정판 스마트폰이다.

29

정답 ③

DK(인도) – 24(2024년) – 01(첫 번째 주) – HQC(한정판) – VS(검정) – U(64GB)

① DK2410HQCVSU : 열 번째 주에 생산된 스마트폰이다.
② DL2401HQCVSU : DL은 잘못된 제조공장 번호이다.
④ DK1401HQCVSU : 2024년은 24로 나타내야 한다.
⑤ DK2401IOHVSU : 이벤트용 스마트폰이다.

30

정답 ①

제시문에서는 물리적 태세와 목적론적 태세 그리고 지향적 태세라는 추상적 개념을 구체적인 사례(소금, 〈F8〉 키, 쥐)를 통해 설명하고 있다.

31

경로별 이동시간을 계산하면 다음과 같다.
① (3시간 10분)+(1시간 40분)+(2시간 35분)+(2시간 5분)
 =9시간 30분
② (3시간 10분)+(2시간 15분)+(2시간 35분)+(1시간 5분)
 =9시간 5분
③ (2시간 40분)+(2시간 35분)+(1시간 40분)+(40분)
 =7시간 35분
④ (2시간 40분)+(2시간 15분)+(1시간 40분)+(1시간 5분)
 =7시간 40분
⑤ (2시간 45분)+(2시간 35분)+(2시간 15분)+(40분)
 =8시간 15분
따라서 이동시간이 가장 짧은 경로는 ③이다.

32

정답 ⑤

경로별 이동비용을 계산하면 다음과 같다.
① 41,000+32,000+7,500+22,000+39,000=141,500원
② 41,000+35,500+22,000+10,500+38,000=147,000원
③ 38,000+7,500+22,000+37,500+41,000=146,000원
④ 39,000+22,000+7,500+32,000+41,000=141,500원
⑤ 39,000+10,500+7,500+35,500+41,000=133,500원
따라서 이동비용이 가장 저렴한 경로는 ⑤이다.

33

정답 ⑤

개인인 중소기업자가 기존 사업을 계속 영위하면서 중소기업을 새로 설립하는 경우, 개인인 중소기업자가 기존 사업을 폐업한 후 중소기업을 새로 설립하여 기존 사업과 같은 종류의 사업을 개시하는 경우, 법인인 중소기업자가 회사의 형태를 변경하여 변경 전의 사업과 같은 종류의 사업을 계속하는 경우는 모두 창업으로 인정된다.

34

정답 ④

직장에서의 정직한 생활을 위해서는 '남들도 하는 것이다.' 같은 부정직한 관행을 따르지 않아야 한다.

35

정답 ②

A, B의 일급이 같으므로 하루에 포장한 제품의 개수는 A의 작업량인 $310 \times 5 = 1,550$개로 서로 같다.
B가 처음 시작하는 1시간 동안 x개의 제품을 포장한다고 하면 다음과 같은 식이 성립한다.
$x + 2x + 4x + 8x + 16x = 1,550$
$\rightarrow 31x = 1,550$
$\therefore x = 50$
따라서 B는 처음 시작하는 1시간 동안 50개의 제품을 포장한다.

36

정답 ②

차별화 전략의 대표적인 사례로, 넓은 시장에서 경쟁우위 요소를 차별화로 두는 전략이다.

37

정답 ③

집중화 전략에 대한 내용이다. 집중화 전략의 결과는 특정 목표에 대해 차별화되거나 낮은 원가를 실현할 수 있는데, 예를 들어 그 지역의 공급자가 고객과의 제휴를 통해 낮은 원가 구조를 확보할 수 있다. 또한, 특정 세분화된 시장이 목표가 되므로 다른 전략에 비해 상대적으로 비용이 적게 들고, 성공했을 경우 효과는 작지만 특정 세분시장에서의 이익을 확보할 수 있다.

38

정답 ④

비용우위 전략과 차별화 전략을 동시에 적용한 사례이다. 토요타는 JIT 시스템을 통해 비용을 낮추는 비용우위 전략을 취함과 동시에 기존 JIT 시스템을 현재 상황에 맞게 변형한 차별화 전략을 추구하고 있다.

오답분석
ㄱ. 비용우위 전략에 대한 내용이다.
ㄴ. 집중화 전략에 대한 내용이다.

39

정답 ②

'핵심기술 전략룸' 구축 내용을 보았을 때, 미래성장사업 핵심인재 육성 상황판 게시는 5대 미래성장사업 각 분야에 대한 유관부서 조직도 및 목표 기술 확보 계획과 핵심인재를 파악할 수 있다. 또한 화상회의 장비 구비는 본사와 국내·외 사업소 및 타사와 유연한 소통을 할 수 있다. 본사 – 사업소 간 문제 해결 시간은 화상회의를 통해 단축할 수 있으며, 본사 – 해외지사 간 출장이 줄어들 것으로 예측할 수 있다.

40

정답 ④

직렬은 직무의 종류는 유사하나, 그 곤란성·책임성의 정도가 상이한 직위의 군(群)을 말한다. 즉, 직무는 같은 종류에 해당되지만 의무와 책임의 수준이나 곤란성이 서로 다른 직급들을 모아놓은 것을 직렬이라고 한다.
직무는 과업 및 작업의 종류와 수준이 비슷한 업무들의 집합으로, 특히 직책이나 직업상 책임을 갖고 담당하여 맡은 일을 의미한다. 즉, 어느 정도 비슷한 업무 내용을 가진 직위들을 하나의 관리 단위로 설정한 것이 직무이다.
과업은 성과를 올리기 위해 인간적인 노력이 제공될 경우 신체적 노력이나 정신적 노력을 불문하고 직무를 분석할 때 최소의 설명 개념으로 작업연구에서 가장 낮은 수준의 분석단위이다.

| 02 | 한국사

41
정답 ④

조선 중립화론을 주장한 부들러는 독일 사람이다. 일본이 청·일 전쟁에서 승리한 후 시모노세키 조약에 따라 랴오둥(요동) 반도를 점령하자, 다롄(대련)과 뤼순(여순) 항을 얻기 위해 노력하던 러시아가 크게 반발했다. 이후 러시아는 프랑스, 독일과 함께 랴오둥 반도 반환을 요구하는 삼국 간섭을 하였다.

오답분석
① 프랑스에 대한 내용이다.
②·③ 미국에 대한 내용이다.
⑤ 영국에 대한 내용이다.

42
정답 ①

제시문은 붕당 정치의 폐단을 제시하면서 대책을 강구할 것을 주장하고 있다. 붕당의 폐단이 극심하여 일당전제화 현상이 나타나자 숙종 때부터 탕평론이 제기되었다. 숙종은 인사관리를 통한 탕평론을 제시하였으나, 자신 스스로 편당적인 조치를 취하는 환국으로 큰 효과를 보지 못하였다. 영조는 탕평파를 중심으로 나름대로 왕권을 강화하여 사색 붕당을 등용하는 방식을 취하면서 어느 정도 효과를 보았다. 정조 역시 왕권 강화와 더불어 탕평책을 강경하게 사용하여 어느 정도 성공하였지만, 붕당 정치의 문제점을 근본적으로 해결하지는 못하였다.

43
정답 ①

(가) 고려 목종 12년(1009)에 강조가 목종을 폐위시킨 뒤 살해하고 현종을 옹립하였다.
(나) 12세기 초 계속되는 여진의 침입으로 윤관은 숙종에게 별무반을 편성할 것을 건의하였고, 숙종은 윤관의 건의를 받아들여 별무반을 조직하였다(1104). 윤관은 별무반을 이끌고 여진족을 물리친 후 함경도 지역에 동북 9성을 축조하였다(1107, 예종).
(다) 1170년 정중부를 중심으로 한 무신들이 무(武)를 천시하는 시대적 상황에 불만을 품고 의종의 이궁(離宮)인 보현원에서 문신들을 살해한 사건이 일어났다. 이 사건을 계기로 무신 정변이 시작되었다.
(라) 무신정권의 군사적 기반이었던 삼별초는 배중손을 중심으로 강화도에서 진도로, 진도에서 제주도로 근거지를 옮겨가면서 1273년 여·몽 연합군에 의해 전멸될 때까지 항쟁을 계속하였다(1270 ~ 1273).

44
정답 ①

화척(도살업자)과 재인(광대)은 고려시대의 천민이나, 노비는 아니다.

오답분석
② 조선시대의 백정은 고려 시대의 화척(도살업자)이다.
③ 향·소·부곡은 양민이나 세금, 거주지 이동금지 등 차별 대우를 받았다.
④ 문벌귀족은 음서를 통해 관직, 공음전을 통해 경제적 특권을 누렸다.
⑤ 권문세족은 고려 후기 원나라와의 밀접한 관계를 통해 성장하였다.

45
정답 ③

1991년 노태우 정부는 남북 기본 합의서를 채택하였다.
• 남북한 당국자 간의 통일 논의의 재개를 추진함으로써 남북 이산가족 고향 방문단 및 예술 공연단의 교환 방문이 전두환 정부에서 성사되었다(1985).
• 민족 공동체 통일 방안(1994)은 한민족 공동체 통일 방안(1989)과 3단계 3대 기조 통일 정책(1993)의 내용을 종합한 것으로 공동체 통일 방안이라고도 한다. 김영삼 정부가 이를 북한에 제안하였고, 자주, 평화, 민주의 3대 원칙과 화해 협력, 남북 연합, 통일 국가 완성의 3단계 통일 방안을 발표하였다.

오답분석
① 박정희 정부는 1972년 7·4 남북 공동 성명 실천을 위해 남북 조절 위원회를 설치하였다.
② 2000년 6·15 남북 공동 선언을 통해 김대중 정부는 경의선(2000) 및 동해선(2003) 철도 연결에 합의하여 진행하였다.
④ 박정희 정부는 1972년 7·4 남북 공동 성명을 통해 자주 통일, 평화 통일, 민족적 대단결의 3대 원칙을 성명하였다.
⑤ 2000년 김대중 정부 당시 분단 이후 처음으로 남북 정상이 평양에서 만나 6·15 남북 공동 선언을 통해 경제적으로 협력하여 민족의 신뢰를 구축하기로 합의하였다.

46
정답 ⑤

서희는 거란족과의 외교 담판을 통해 압록강 동쪽의 땅을 돌려받았다. 따라서 빈칸에 공통으로 해당하는 민족은 거란족이며 이에 대한 설명으로 옳은 것은 ⑤이다.

오답분석
①·④ 여진족과 관련된 내용이다.
② 수나라를 상대한 을지문덕의 살수대첩에 대한 설명이다.
③ 몽골을 상대한 삼별초 항쟁에 대한 설명이다.

47

정답 ①

태조 왕건(재위 918 ~ 943)의 대표적인 업적은 결혼정책을 통한 호족 통합, 사성정책 실시, 민생 안전을 위한 세금 감면, 훈요 10 조를 남긴 것 등이다. 또한 북진정책으로 고구려의 넓었던 북쪽 영토를 되찾고자 하였으며, 팔관회나 연등회 같은 불교 행사도 성대하게 열었다.

[오답분석]
② 조선 제21대 왕인 영조(재위 1724 ~ 1776)의 업적이다.
③ 조선 제7대 왕인 세조(재위 1455 ~ 1468)의 업적이다.
④ 조선 제1대 왕인 태조 이성계(재위 1392 ~ 1398)의 업적이다.
⑤ 고려 제4대 왕인 광종(재위 949 ~ 975)의 업적이다.

48

정답 ④

이조(吏曹)는 관리의 임명, 공훈, 봉작, 관원들의 성적 고사 등과 관한 일을 관장하던 관서로, 인사에 관한 직무를 맡았다.

49

정답 ④

제시문에서 설명하는 단체는 신민회이다. 국권 회복과 공화정 체제의 국민 국가 건설을 목표로 삼았던 신민회는 안창호, 이승훈, 양기탁 등이 참가한 비밀 단체였다. 신민회는 국외 독립운동기지 건설 과업을 수행하기 위하여 간도 지역으로 망명한 이상설 등이 중심이 되어 용정촌에 서전서숙을 설립하였고, 삼원보에서 경학사를 조직하고 독립군 간부 양성소인 신흥 강습소를 만들어 독립군을 양성하였다. 이후 105인 사건으로 신민회에서 활동하던 애국지사들이 감옥에 가거나 투옥을 피하여 해외로 이주하면서 조직이 해산되었다.

[오답분석]
① 독립협회는 서울 종로에서 만민 공동회를 주최하여 일반 시민들의 여론을 모았고, 헌의 6조를 결의하여 제출하였다(1898).
② 조선어학회는 한글 맞춤법 통일안을 발표해 현대 국어 표준어의 기초를 확립하였다(1933).
③ 신채호는 김원봉의 부탁으로 의열단의 지침으로 쓰이는 조선 혁명 선언을 작성하였다(1933).
⑤ 사회적 차별을 받던 백정은 자신들의 신분 차별과 사회적 멸시를 타파하기 위해 경남 진주에서 조선 형평사를 조직하여 백정 차별 철폐를 주장하였다(1923).

50

정답 ①

제시문은 임오군란(1882)의 전개 과정을 나타낸 『승정원일기』의 일부이다. 임오군란의 결과 청은 흥선대원군을 군란의 책임자로 압송하였다. 더불어 정치고문으로 마젠창, 묄렌도르프를 조선에 파견하였고, 외교고문으로 위안스카이를 파견하여 조선의 내정에 간섭하였다. 또한, 일본은 조선과 제물포 조약을 체결하여 일본의 공사관에 경비병을 주둔시켰다. 그리고 수호 조규 속약을 맺어 거류지 제한 규정을 100리로 확대하였고, 1883년에는 조·일 통상

장정을 맺어 관세부과 규정과 방곡령 시행규정, 그리고 최혜국 대우를 규정함으로써 치외법권을 인정받게 되었다.

[오답분석]
ㄷ. 청·일 전쟁에서 승리한 일본이 시모노세키 조약으로 차지한 요동반도를 청에 반환하도록 한 삼국 간섭(1895)에 대한 설명이다.
ㄹ. 갑신정변(1884)의 결과이다.

51

정답 ①

백제의 근초고왕(4C) − 고구려의 광개토대왕(5C) − 신라의 진흥왕(6C) 순으로 나열할 수 있다.

52

정답 ⑤

고려 시대의 백정은 일반 농민을 의미한다. 제시문은 고려 시대 백정 농민들의 경제생활에 대한 분석 내용이다. 백정 농민들이 어려운 경제 사정을 보충하기 위해서는 개간이나 소작을 확대하여 생산을 늘려야 했다. 그러나 현실적으로 쉬운 일이 아니었으므로 농민들이 토지를 이탈하는 상황이 발생하였고, 국가에서는 이들을 묶어두기 위하여 농민을 구제하기 위한 구휼 제도를 실시하였다. 원나라로 가서 환관이나 궁녀가 되는 경우는 강제적인 경우가 많았다.

53

정답 ⑤

일본은 1875년 무력을 앞세워 운요호 사건을 벌이고, 이듬해 조선과 강화도 조약을 맺어 문호를 개방하도록 강요했다. 이 조약에는 부산·원산·인천 등 3개 항구를 개항하는 조항 및 해안측량권과 치외법권을 허용하는 불평등 조항이 포함되었다.

[오답분석]
① 조선 후기 숙종 때는 금위영의 설치로 5군영(훈련도감·총융청·수어청·어영청·금위영) 체제가 갖추어졌다(1682).
② 조선은 일본 에도 막부의 요청에 따라 통신사라는 이름의 외교 사절을 12차례 일본으로 보냈다.
③ 흥선대원군은 척화비를 세우는 등 통상 수교 거부 정책을 펼쳤다(1871).
④ 프랑스군은 문수산성에 침입하여 관아와 민가에 불을 지르는 등의 만행을 저질렀다. 이에 한성근, 양헌수 군대가 한 달 만에 프랑스군을 격퇴하였다(1866).

54

정답 ⑤

제시문은 조선 중기의 문신 유성룡이 임진왜란 동안에 경험한 사실을 기록한 전란사인 『징비록』에 대한 설명으로, 임진왜란(1592)의 발발부터 정유재란(1597)까지를 기록하고 있다. 임진왜란 당시에 권율은 행주산성에서 크게 승리하였다(1593).

55

오답분석

② 변정도감 : 고려 원종 10년에 처음 설치된 이후 불법으로 빼앗은 노비를 환원시키거나 노비의 신분·상속관계가 바로 잡아주는 일을 담당한 임시 관청이다.
③ 식목도감 : 고려 시대 법제 및 격식 제정에 관한 문제를 의논한 회의기관으로 고려 전기 정치제도가 형성된 성종 이후 현종 초 사이에 설치되었다. 고종 이후 몽골과의 전쟁 과정에서 도병마사가 기능이 확대됨에 따라 식목도감은 문서를 보관하는 기능만을 가진 기구로 전락하였다.
④ 도병마사 : 고려 시대 국방회의 기구로 국가의 군기 및 국방상 중요한 일을 의정하던 합의기관이다.
⑤ 정동행성 : 고려 후기 원(元)에 의해 일본 원정을 위한 전방사령부로 고려에 설치되었다.

56

제시문은 김구의 발언으로, 남한 단독 선거 실시가 결정되자 통일 정부를 만들기 위해 말한 내용이다. 김규식 등과 함께 방북하여 남북 협상을 개최(1948.4)하고, 5·10 총 선거에 불참하는 등 통일 정부 수립 운동을 전개했으나 실패하였다.

오답분석

① 이승만은 정읍 발언을 통해 남한 단독 정부 수립을 주장하였다.
② 좌·우 합작 위원회는 남북 분단 방지를 위해 여운형, 김규식 등이 주도하였다.
③ 조선노동당은 1949년 북로당과 남로당이 합당하여 김일성을 위원장으로 창당하였다.
⑤ 건국 준비 위원회는 1945년 8월 여운형과 안재홍을 중심으로 결성되었다.

57

무신 정권의 실질 권력자인 최우는 독자적인 인사 기구인 정방을 설치하여 인사권을 장악하였다.

오답분석

① 고려 시대 중앙 행정 기구의 중심인 6부 중 하나인 형부는 법을 다루는 사법 기관이었다.
② 고려의 삼사는 화폐와 곡식의 출납과 회계를 담당하였다.
④ 춘추관은 고려 시대와 조선 시대의 당대 역사 편찬을 담당한 관청으로 고종 때 폐지되었다.
⑤ 2군 6위는 고려 시대의 중앙 군사 제도 중 6위에 대한 설명으로, 6위는 수도 경비와 국경 방어를 담당하였다.

58

국학은 통일신라 신문왕 때 설립된 국립 유교 교육기관으로 경덕왕 때 태학감으로 개칭되었다가, 혜공왕 때 다시 국학으로 개칭되었다.

오답분석

① 주자감 : 발해의 교육기관이다.
② 서당 : 조선의 사립 초등 교육기관이다.
④ 서원 : 조선의 사설 교육기관이자 향촌 자치운영 기구이다.
⑤ 경당 : 고구려의 민간 교육기관이다.

59

제시문은 조선 중기 명종 때 일어난 임꺽정의 난(1559 ~ 1562)에 대한 것이다. 이들은 황해도 구월산을 근거지로 하여 활동하였으며, 구성원은 주로 신분제에 불만을 품은 천민과 불합리한 수취 체제로 인해 생활이 어려워진 농민이었다. 양반 및 관청을 공격하고 왕에게 바치는 공물을 빼앗기도 하였다.

오답분석

① 고려의 무신집권기 최고의 권력자인 최충헌의 사노비로 왕후장상의 씨가 따로 없다는 주장을 펼쳤으며, 신분 해방 운동을 추진하였다.
② 최충헌의 아들로 팔만대장경 재조를 완성하게 하였고, 강화도 천도를 단행하였다.
④ 고려 무신집권기인 1193년 7월 경상도 운문(현재의 청도)의 운문사를 거점으로 농민봉기를 일으켰다.
⑤ 조선 순조 11년(1811) 평안도 일대에서 지역 차별 철폐를 내세워 봉기를 일으켰다(홍경래의 난).

60

일본과의 영토 분쟁이 계속되는 지역은 독도이다.

|03| 영어

61

정답 ③

'single room(1인용 객실)'이라는 표현을 통해 호텔 직원과 고객의 대화임을 알 수 있다.

해석

A : 안녕하세요? 제가 도와드릴까요?
B : 예. 1인용 객실을 하나 예약하려고 전화했습니다.
A : 그렇군요. 얼마 동안이나 머무르고 싶으신가요?
B : 6일 동안이요.

62

정답 ②

'fire engine(소방차), fire alarm(화재 경보)' 등의 표현에서 알 수 있듯이 현재 글쓴이는 화재 현장에 있고, 'I couldn't go down because of the smoke(연기 때문에 내려갈 수가 없었다).'라고 했으므로 절망적인 심경임을 알 수 있다.

해석

소방차 소리를 듣고 나는 창으로 뛰어갔다. 그리고 몇몇의 소방차를 나의 아파트 앞에서 보았다. 그때 화재 경보가 울렸다. 나는 계단으로 뛰쳐나갔으나, 연기로 인해 내려갈 수 없었다.

어휘

• rush out to : 밖으로 나가 돌진하다

63

정답 ①

제시문에서는 유전자 조작 식품이 해로울 수 있다고 생각하는 사람들의 의견에 대해서 이야기하고 있다. 따라서 사람들이 'GM food'가 '나쁜' 것이라고 납득하지 않는 것이 아니라 'GM food'가 '좋은' 것이라고 납득하지 않는다고 해야 문맥상 적절하다. 따라서 'bad'를 'good'으로 고쳐야 한다.

해석

모든 사람들이 우리 음식에 이질적인 유전자를 주입하는 것이 나쁜(→ 좋은) 생각이라고 납득하지는 않는다. 많은 사람들은 이런 유전자 조작 식품이 결국 환경과 인간을 해롭게 할 것이라고 말한다. 그들은 새로운 유전자가 주입된 식물이 뜻하지 않게 야생 식물의 잡종을 만들고 살충제에 잘 견디는 슈퍼 잡초를 만들 것이라고 두려워한다. 그들은 유전자 조작 식품이 알레르기나 다른 부작용을 촉발시키는 유전자를 옮길 수 있다고도 말한다. 이미 유전자가 조작된 곡류 작물이 제주왕나비 애벌레에게 해로울 것이라는 증거가 있다.

어휘

• pump up : 주입하다
• accidentally : 뜻하지 않게
• crossbreed : 잡종을 만들다
• trigger : 촉발시키다

64

정답 ②

빈칸 이후에 'including'으로 이어지며 통증과 메스꺼움, 발진 등을 포함한다고 하였으므로 'Symptoms of the disease can vary widely(그 질병의 증상들은 매우 다양하다)'가 적절하다.

오답분석

① 급성 뎅기열의 치료는 도움이 된다.
③ 뎅기열은 세계적인 문제가 되었다.
④ 매우 적은 사람들만이 무엇이 뎅기열을 유발하는지 안다.
⑤ 뎅기열은 110개가 넘는 나라의 풍토병이다.

해석

뎅기열 바이러스는 모기와의 접촉을 통해 감염된다. 그리고 세계 인구의 거의 절반이 감염의 위험에 처해 있다. 그 질병의 증상들은 매우 다양하다. 눈 뒤와 관절들의 통증, 메스꺼움, 그리고 발진을 포함하여 대부분의 환자들은 휴식과 수분 유지로 회복할 수 있지만 일부는 심각한 상태로 발전한다. 현재 그 질병에 대한 치료법은 없으며, 감염을 방지할 백신도 존재하지 않는다.

어휘

• dengue : 뎅기열
• contract : (병에) 걸리다, 줄어들다
• infection : 감염
• nausea : 메스꺼움
• rash : 발진
• hydrate : 수화(水化)시키다
• acute : 급성의, 극심한
• endemic : 풍토적인, 고유의

65

정답 ②

세계에서 직업을 찾지 못해서 발생하는 문제들에 대하여 이야기하고 있으므로 '우리는 세계의 문제들을 해결하기 위해 노력해야 한다.'가 적절하다.

오답분석

① 우리는 가난한 사람들에게 연민을 가져야 한다.
③ 우리는 우리나라를 위험으로부터 지켜야 한다.
④ 우리는 우리의 아이들이 더 잘 살도록 만들어야 한다.
⑤ 우리는 어떤 문제들에 대하여 더 생각해야 한다.

해석

세계의 몇몇 지역에서는 직업을 찾지 못하는 사람들이 많이 있다. 그들 대부분은 매우 가난하다. 그들은 집도 없고 충분한 음식도 없다. 그러나 점점 더 많은 사람들이 이 작은 지구에서 살게 될 것이다. 그러므로 우리는 그 문제들에 대해서 더 생각해야 한다.

어휘

• job : 직업, 일자리
• most of : 대부분의
• problem : 문제(점)
• keep A out of B : A를 B로부터 지키다

66

겨울 스포츠를 좋아한다고 얘기한 A에 대해 B의 부럽다는 반응은
어색하다.

[해석]

① A : 나 다음 달에 중국에 갈 거야.
　 B : 중국 어디?
② A : 나 좋은 소식이 있어.
　 B : 그게 뭔데?
③ A : 브라질 여행에서 내게 와인 좀 가져다줘.
　 B : 물론이지.
④ A : 나는 겨울 스포츠가 좋아.
　 B : 네가 질투나.
⑤ A : 한 번 더 먹어도 될까?
　 B : 좋을 대로.

67

정답 ⑤

밑줄 친 'it'은 'to achieve greatness'의 가주어이다. 따라서 'it'
이 뜻하는 것은 '위대함을 성취한다는 것'이다.

[해석]

나에게는 사람으로서, 여성 사업가로서 매일이 직면해야 하는 도
전이다. 역사는 나에게 만약 내가 목표를 성취하고자 한다면, 절대
스스로 한계를 설정해서는 안 된다는 것을 가르쳐 주었다. 나는
위대함을 성취한다는 것이 우리 모두의 안에 존재하고 있음을 믿
는다.

68

정답 ③

제시문은 비행기에서 승객들을 위한 매우 중요한 사람을 이야기하
고 있으므로 승무원이 적절하다.

[해석]

그녀는 비행기에서 매우 중요한 사람이다. 그녀는 승객들이 편안
하도록 도와준다. 그녀는 사용을 원하는 사람들을 위해 베개, 담
요, 신문을 가지고 있다. 그녀는 승객들을 찾아다니며 비행기가
날고 있는 재미있는 곳들을 언급해 준다.

[어휘]

• passenger : 승객
• comfortable : 안락한
• pillow : 베개
• blanket : 담요
• point out : 지적하다, 언급하다

69

정답 ③

제시문은 창의적인 활동을 하기 위해서 조급함과 성급함을 떨쳐
내고 시간이 필요한 그 과정을 즐겨야 한다는 내용이다.

[오답분석]

① 할 일을 제 시각에 끝내기 위해 스케줄을 짜다
② 차이를 만들기 위해 협력하다
④ 너무 느리게 일함으로써 걸리는 게으름의 덫을 피하다
⑤ 당신의 원래 목표에 기반해 우선순위를 정하다

[해석]

당신은 반드시 느림을 그것의 가치로서 수용해야 한다. 창의적인
시도에 관하여 시간은 항상 상대적이다. 당신의 프로젝트가 완성
되는 데 몇 개월이든 몇 년이 걸리든, 당신은 항상 조급함과 그것
을 끝내고 싶은 열망을 경험할 것이다. 창의적인 힘을 얻기 위해
당신이 취할 수 있는 하나의 위대한 행동은 당신의 본능적인 불안
함과 차분하지 못한 마음을 떨쳐 내는 것이다. 실험적 연구 과정을
즐겨라. 아이디어가 느리게 익어가는 것, 자연적으로 시간이 흐름
에 따라 형태를 갖추는 유기적 성장을 즐겨라. 문제가 발생하도록
부자연스럽게 그 과정을 끌 필요는 없지만, 더 길게 당신이 그 프
로젝트가 당신의 정신적 에너지를 흡수하도록 할수록 그것은 더욱
풍성해질 것이다. 당신이 행한 작업을 몇 년 후 미래에 당신이 되
돌아본다고 가정해 보라. 그 미래의 되돌아보기 쉬운 시점으로부
터 당신이 과거에 몇 달 혹은 몇 년 더 땀을 쏟은 것이 절대 힘들거
나 헛된 일로 보이지 않을 것이다. 그것은 사라질 현재의 환영일
뿐이다. 시간은 당신의 가장 든든한 동맹이다.

70

정답 ②

제시문은 동화의 필요 요소에 대해 설명하고 있다. 글의 내용에
따르면 동화는 아이들에게 행복을 느끼게 만들어 주어야 한다. 글
은 이러한 내용을 지시하고 있으므로, 글의 목적으로 'Instruct'가
적절하다.

[해석]

아이들이 이야기를 너무 진지하게 받아들이고 현실이라고 믿기 때
문에 작가는 슬픈 결말이 정말 타당한지 신중을 기해야 한다. 삶과
세계의 요소뿐 아니라 독자를 고려한 것이 좋은 동화이다. 그것은
삶과 현실이 어떤지, 어떻게 문제가 해결되는지를 보여 주거나,
가르쳐 주거나, 편안함을 주거나, 영감을 주거나, 즐거움을 줄 수
있다. 그러나 이 모든 목적도 독자가 책을 다 읽었을 때 활력을
얻지 못한다면 전혀 달성되지 않는다. 행복하지 않은 것은 아이에
게는 문제가 된다. 아이에게는 이야기가 마치 미완결된 것처럼 느
껴질 수도 있다: 이것은 아이에게 혼동을 줄 수도 있고 심지어 좌
절하게 할 수도 있다. 동화는 이야기가 끝난 후에도 주인공들의
삶이 계속해서 좋게 이어질 것이라는 확신을 아이들에게 심어 줄
수 있어야 한다.

71
정답 ③

우리가 당신의 상황을 고려하겠다고 했으므로 이를 확인하기 위한 대답은 'Oh, will you?'가 되어야 한다. 'Oh, will they?'는 적절하지 않다.

[해석]
① A : 이 학교는 1975년에 설립되었어.
  B : 오, 그 학교가?
② A : 우리 엄마는 선생님으로 일하고 있어.
  B : 오, 네 엄마가?
③ A : 우리는 당신의 상황을 고려할 것입니다.
  B : 오, 그들이요?
④ A : 너 발표 잘 했어.
  B : 오, 제가요?
⑤ A : 전 당신에게 약간의 금전적인 보상을 드리고 싶습니다.
  B : 오, 당신이요?

[72~73]

[해석]
옛날에 엄마의 말을 전혀 듣지 않는 청개구리가 살았다. 엄마 개구리는 늙어서 결국 병이 들었다. 엄마가 아들에게 말했다. "내가 죽거든 산에 말고 강가에 묻어 다오." 이렇게 말한 것은 그녀가 아들 개구리의 심술궂은 행동 방식을 잘 알고 있었기 때문이었다. 엄마 개구리가 죽었을 때, 과거에 지은 모든 죄를 후회하면서 청개구리는 엄마를 강가에 묻었다. 청개구리는 비가 올 때마다 엄마의 무덤이 떠내려갈까 봐 걱정했다.

[어휘]
• bury : 묻다, 매장하다
• perverse : 비뚤어진, 심술궂은
• repent : 후회하다, 뉘우치다
• misdeed : 나쁜 짓, 범죄
• grave : 무덤

72
정답 ③

엄마 개구리는 자신이 죽어도 아들 개구리가 말을 듣지 않을 것이라 생각해서 강에 묻어 달라고 했다. 이는 산에 묻어 달라는 의도로 한 말이다.

73
정답 ④

청개구리는 엄마 개구리가 죽고 나서야 과거에 지은 잘못을 후회하였다. 따라서 글의 주제로는 '불효하면 부모가 돌아가신 후에 후회한다.'가 적절하다.

74
정답 ③

주어진 문장은 클래식 음악이 모든 구역에 흘러나온다는 내용 바로 앞에 들어가야 한다.

[해석]
호주의 어느 작은 마을에서 흥미로운 실험이 실시되었다. 지난 2년 동안, 그 마을에서는 길거리 범죄 수가 급격하게 늘어나고 있었다. 길거리 범죄 증가에 놀란 지역 주민은 함께 모여서 그 문제에 대처하는 최선의 방법은 어두워진 후에 주요 도로에서 범죄자들을 없애는 것이라고 결정하였다. 거리에 무장한 경찰을 더 배치하는 대신에, 그들은 클래식 음악을 내보내기로 결정하였다. 모든 거리 구역마다 모차르트, 바흐, 베토벤, 브람스의 음악을 내보내기 시작했다. 일주일도 되지 않아 그 지역은 범죄가 급격히 줄어들었다고 보도되었다. 그 실험은 대단히 성공적이어서 덴마크의 코펜하겐에 있는 주요 기차역에서 동일한 접근을 시도하였고 역시 비슷한 결과를 얻었다.

[75~76]

[해석]
최근 들어 인터넷이 매우 중요해졌다. 인터넷을 사용함으로써 당신은 어떠한 주제에 관해서도 정보를 찾을 수 있고 세계의 어떠한 곳에 사는 사람들과도 의사소통을 할 수 있게 되었다. 참으로 인터넷은 세계를 지구촌으로 만들고 있는 것이다. 그러나 인터넷으로 의사소통을 하고 조사를 하기 위해서는 영어를 아는 것이 필수적이다. 이것은 인터넷에 있는 대부분의 정보가 영어로 되어 있기 때문이다. 그리고 이것이 영어로 의사소통할 수 있는 능력이 과거 어느 때보다 더욱 중요하게 된 또 다른 이유이다. 좋은 소식은 영어 실력을 향상시키기 위하여 이용할 수 있는 웹사이트가 많은데, 그것들 중 상당수가 매우 적은 돈이 든다는 것이다.

75
정답 ③

인터넷에 있는 대부분의 정보가 영어로 되어 있기 때문에 인터넷 사용에서 영어는 중요하다.

76
정답 ②

빈칸 다음의 내용을 보면 '어떠한 주제에 관해서도 정보를 찾을 수 있고 세계의 어떠한 곳에 사는 사람들과도 의사소통을 할 수 있게 되었다.'라고 하였으므로 '인터넷을 사용함으로써' 그렇게 될 수 있음을 알 수 있다. 따라서 'using'이 적절하다.

[77~78]

태권도는 2000년 올림픽 공식 종목이 되었다. 경기는 시드니 시내에 있는 State Sports Center에서 열렸다. 8개의 금메달이 수여될 예정이었다. 각 나라는 여자 2명, 남자 2명씩 4명의 선수만 보낼 수 있었다. 태권도는 전신 접촉 종목이기 때문에 선수들은 경기장에 들어가기 전에 보호 장비를 착용해야 했다. 시드니 올림픽에서 한국은 이 새로운 정식 종목에서 3개의 금메달을 획득했다.

어휘
- Olympic : 올림픽 경기(의)
- flag : 깃발
- lighting : 점화
- flame : 불꽃
- in the end : 마침내, 결국
- dove : 비둘기
- be held : 개최되다

77 정답 ②

제시문은 2000년 시드니 올림픽에서 정식 종목으로 채택된 태권도에 대해 이야기하고 있다.

78 정답 ⑤

시드니 올림픽의 태권도 종목에서 금메달은 8개가 수여될 예정이다.

79 정답 ④

글에서 Taylor 교수는 아버지의 지위가 현대 생활에 영향을 받았다고 하며, 아버지가 그 어느 때보다 아이들과 멀어졌다고 주장하고 있다. 또한 세상이 너무 빨리 변하고 있기 때문에 아이들이 아버지에게서 세상을 배우는 것보다 자신의 방에서 문을 닫고 인터넷을 통해 세상을 배운다며 아버지의 역할을 재정의하는 것이 어렵다고 주장하고 있으므로 글의 제목으로는 '아버지의 위기 : 자녀를 위해 무엇을 할 수 있는가?'가 가장 적절하다.

해석

"무엇이 아이들을 위한 것인가?"를 쓴 Taylor 교수는 아버지의 지위가 현대 생활의 영향을 받았다고 믿는다. "아버지는 그 어느 때보다 아이들에게서 멀어졌습니다."고 그는 말한다. "과거에는 아이들이 아버지의 일과 지혜를 모방하면서 바라보았으나, 지금은 아버지들이 아이들에게 물려줄 것이 하나도 없습니다. 세상은 너무 빨리 변하고 있으며, 아이들은 아버지의 발 앞에 앉아 세상 이야기를 듣는 대신, 자기 방에 틀어박혀 인터넷으로 세상을 먼저 알게 됩니다. 아버지의 역할을 재정립하는 것은 어렵습니다. 그에겐 해야 할 일이 분명하지 않습니다."

어휘
- emulate : 모방하다
- inherit : 물려받다
- redefine : 재정립하다
- obvious : 분명한, 명백한

80 정답 ⑤

글쓴이는 환경 보존 생활화에 대한 주장을 하고 있다.

해석

일반적으로 삶의 질이란 우리의 환경을 보존하기 위해 취하는 수단에 의존한다고 알려져 있다. 우리의 세계를 구하기 위해 우리는 개인적으로 무엇을 할 수 있는가? 만약 우리가 지구를 보존하고자 한다면 다음을 귀담아 들어야 한다. "세계적으로 생각하고, 지역적으로 행동하라." 다시 말해서, 우리는 일상생활의 활동에서도 전 지구와 지구의 미래에 대해 고려해야만 한다. 여기에 우리 환경을 보존하기 위해 지켜야 할 몇 가지 규칙이 있다.

어휘
- be said to ~ : ~라고 알려지다, ~라고들 한다
- in other words : 즉, 다시 말해서

2일 차 기출응용 모의고사 정답 및 해설

01	02	03	04	05	06	07	08	09	10
②	①	④	②	③	④	②	④	③	④
11	12	13	14	15	16	17	18	19	20
④	④	③	②	⑤	④	③	⑤	③	①
21	22	23	24	25	26	27	28	29	30
①	②	④	④	④	②	②	②	②	②
31	32	33	34	35	36	37	38	39	40
⑤	⑤	⑤	③	①	①	⑤	⑥	④	④
41	42	43	44	45	46	47	48	49	50
④	①	②	④	①	②	②	③	①	②
51	52	53	54	55	56	57	58	59	60
④	①	③	③	④	⑤	④	④	⑤	⑤
61	62	63	64	65	66	67	68	69	70
①	④	②	②	②	③	③	④	①	⑤
71	72	73	74	75	76	77	78	79	80
⑤	④	①	①	④	②	③	②	④	②

| 01 | 직업능력

01

정답 ②

글쓴이는 쾌적한 환경에서 건강하게 학교 생활을 할 수 있도록 실내에서는 실내화를 착용하자고 주장한다. ⓒ은 문맥상 '그러나'가 아니라 '또한'으로 수정하는 것이 적절하다.

오답분석

① '악영향'의 '악(惡)-'은 '나쁜'의 뜻을 더하는 접두사이므로 ⑤은 의미가 중복된다.
③ ⓒ을 포함한 문장은 필수 성분을 다 갖추지 못했다. 즉, '끝내지 못해'라는 서술어의 목적어가 없는 것이다.
④ 제시된 글은 실내에서 실내화의 착용을 주장한다. 그러나 ⑩에서 말하는 '청소 도구 확보'는 논지에서 벗어나 있다.
⑤ ⑩에서 말하는 '학생 대부분'은 ⑭의 '85% 이상의 학생'을 가리킨다. 따라서 ⑩과 ⑭의 순서를 맞바꿔야 한다.

02

정답 ①

(가)에 이어지는 '철학도 ~ 과학적 지식의 구조와 다를 바가 없다.'라는 진술로 볼 때, 같은 의미의 내용이 들어가야 하므로 ⑤이 가장 적절하다.
(나)의 앞부분에는 '철학과 언어학의 차이'를 제시하고 있고, 뒤에는 언어학의 특징이 구체적으로 서술되어 있다. 그 다음으로는 분석철학에 대한 설명이 따르고 있으므로 언어학에 대한 일반적인 개념 정의가 서술되어야 한다. 따라서 들어갈 내용으로 ⓒ이 가장 적절하다.
(다)의 앞부분에서 '철학의 기능은 한 언어가 가진 개념을 해명하고 이해한 것'이라고 설명하고 있다. 따라서 '철학은 개념의 분석에 지나지 않는다.'라는 ⓒ이 들어갈 내용으로 가장 적절하다.

03

정답 ④

전자제품의 경우 관세와 부가세가 모두 동일하며, 전자제품의 가격이 다른 가격보다 월등하게 높기 때문에 대소비교는 전자제품만 비교해도 된다. 이 중 A의 TV와 B의 노트북은 가격이 동일하기 때문에 굳이 계산할 필요가 없고, TV와 노트북을 제외한 휴대폰과 카메라만 비교하면 된다. B의 카메라가 A의 휴대폰보다 비싸기 때문에 B가 더 많은 관세를 낸다.

구분	전자제품	전자제품 외
A	TV(110만 원), 휴대폰(60만 원)	화장품(5만 원), 스포츠용 헬멧(10만 원)
B	노트북(110만 원), 카메라(80만 원)	책(10만 원), 신발(10만 원)

B가 내야 할 세금을 계산해보면 카메라와 노트북의 관세율은 18%로, $190 \times 0.18 = 34.2$만 원이다. 이때 노트북은 100만 원을 초과하므로 특별과세 $110 \times 0.5 = 55$만 원이 더 부과된다. 나머지 품목들의 세금은 책이 $10 \times 0.1 = 1$만 원, 신발이 $10 \times 0.23 = 2.3$만 원이다. 따라서 B가 내야 할 관세 총액은 $34.2 + 55 + 1 + 2.3 = 92.5$만 원이다.

04

ㄱ. A시리즈 용지들의 면적은 숫자가 1씩 작아질 때마다 두 배로 커지기 때문에 A2 용지의 면적은 A4 용지의 4배이다. 또한 모든 등급들의 가로 대 세로 비율은 동일하다는 조건에 의해 A2 용지의 가로와 세로의 길이는 각각 A4 용지의 2배이다. A4 용지 크기가 210mm×297mm이므로 A2 용지의 크기는 420mm×594mm이다.

ㄴ. A시리즈 용지들의 면적은 숫자가 1씩 작아질 때마다 2배로 커지기 때문에 가장 높은 등급의 용지를 잘라서 한 등급 밑의 용지 2장을 만들 수 있다(예를 들면 A1 용지로 A2 용지 2장을 만들 수 있다).

오답분석

ㄷ. 확대 복사할 때 표시되는 비율 값은 축소할 때 비율인 약 0.7의 역수 값이다. 가령 가로의 길이가 1, 세로가 $\sqrt{2}$ 인 A시리즈의 용지가 있다고 가정하면 한 단계 위의 용지의 가로의 길이는 $\sqrt{2}$, 세로의 길이는 2가 된다. 한 등급 위의 용지는 한 등급 아래의 용지에 비해 가로와 세로의 길이가 각각 $\sqrt{2}$ 배이므로 복사기의 제어판에 표시되는 비율은 $\sqrt{2}$ 의 값이 표시될 것이다. 따라서 한 단계 축소비율은 $1/\sqrt{2}$ 인 대략 0.7인 비율이라면, 한 단계 증가는 $\sqrt{2}$ 인 대략 1.4인 비율이므로 130%가 아닌 약 140%로 표시되어 있을 것이다.

ㄹ. 세로를 가로로 나눈 값이 $\sqrt{2}$ 라는 것을 만족하려면 A시리즈 용지처럼 한 등급 위의 용지의 넓이는 한 등급 아래 용지 넓이의 2배를 만족해야 하는데 미국표준협회 규격 용지의 경우 이 성질을 만족하지 못한다.

05

내부 벤치마킹은 같은 기업 내의 다른 지역이나 타 부서, 국가 간 유사한 활용을 비교 대상으로 한다.

오답분석

① 다각화된 우량 기업을 대상으로 할 경우 효과가 크다.
②·⑤ 경쟁적 벤치마킹에 대한 설명이다.
④ 글로벌 벤치마킹에 대한 설명이다.

06

CCS 기술의 공정에 초점을 맞추어 서술하고 있는 글로, CCS 기술이 어떠한 과정을 통해 개발되었는지는 설명하고 있지 않다. 또한 마지막 문단에서 지구온난화를 막을 수 있는 가장 현실성 있는 대안이라고 밝히면서 그 필요성을 설명하고 있다.

07

흡수탑에서 흡수 포화점에 다다른 흡수제는 재생탑으로 이동되어 재생 과정을 거치게 된다. 이산화탄소의 포집은 이 흡수와 재생 공정이 반복되면서 이루어지는데 재생 공정에서는 많은 열에너지가 필요하다. 따라서 흡수 포화점이 향상된 흡수제를 개발하면 흡수제가 이전보다 더 많은 이산화탄소를 포집할 수 있게 되어 재생탑으로 이동하는 횟수를 줄일 수 있다. 그리고 그에 따라 재생탑에서 흡수탑으로 흡수제가 이동하는 횟수도 줄일 수 있다. 따라서 흡수 포화점이 향상된 흡수제가 개발되면 흡수와 재생 공정의 반복 횟수를 줄일 수 있고, 그렇게 되면 재생탑에서 이루어지는 열처리의 에너지 소모도 줄어든다고 할 수 있다.

08

사원수를 a명, 사원 1명당 월급을 b만 원이라고 가정하면 월급 총액은 $(a \times b)$만 원이 된다.

두 번째 조건에서 사원수는 10명이 늘어났고, 월급은 100만 원 적어졌다. 또한, 월급 총액은 기존의 80%로 줄었다고 하였으므로 이에 따라 식을 세우면 다음과 같다.

$(a+10) \times (b-100) = (a \times b) \times 0.8 \cdots \bigcirc$

세 번째 조건에서 사원은 20명이 줄었으며, 월급은 동일하고 월급 총액은 60%로 줄었다고 했으므로 사원 20명의 월급 총액은 기존 월급 총액의 40%임을 알 수 있다.

$20b = (a \times b) \times 0.4 \cdots \bigcirc\!\!\!\bigcirc$

ⓛ에서 사원수 a를 구하면 다음과 같다.

$20b = (a \times b) \times 0.4$

$\rightarrow 20 = a \times 0.4$

$\therefore a = \dfrac{20}{0.4} = 50$

㉠에 사원수 a를 대입하여 월급 b만 원을 구하면 다음과 같다.

$(a+10) \times (b-100) = (a \times b) \times 0.8$

$\rightarrow 60 \times (b-100) = 40b$

$\rightarrow 20b = 6,000$

$\therefore b = 300$

따라서 사원수는 50명이며, 월급 총액은 $(a \times b) = 50 \times 300$만=1억 5천만 원이다.

09

본관에 필요한 현수막 크기는 $10 \times 5 = 50m^2$ 이다. 원형 건물에 필요한 현수막의 크기는 원기둥의 겉넓이 중 옆면의 넓이로 구할 수 있으므로 $2\pi rh = 2 \times 3.14 \times 4 \times 5 = 125.6m^2$ 이다.
본관 현수막 제작비용은 $(50-3) \times 3,000 + 5,000 = 146,000$원이고, 원형 건물 현수막 제작비용은 $(125.6-3) \times 3,000 + 5,000 = 372,800$원이다.
따라서 두 현수막 제작에 필요한 총금액은 $146,000 + 372,800 = 518,800$원이다.

10
정답 ④

소나무는 북쪽에 2그루, 남쪽에 2그루, 서쪽에 3그루를 심어야 하므로 총 7그루가 필요하고, 은행나무는 모서리마다 심어야 하므로 총 4그루가 필요하다.

소나무를 심는 데 드는 금액은 $500,000 \times 7 = 3,500,000$원이고, 은행나무를 심는 데 드는 금액은 $300,000 \times 4 = 1,200,000$원이다.

따라서 나무를 심는 데 드는 총액은 $3,500,000 + 1,200,000 = 4,700,000$원이다.

나무 간 거리는 북쪽과 남쪽에 은행나무 2그루, 소나무 2그루씩이 있기 때문에 15m 간격으로 심어야 나무 간 거리가 같아진다. 그리고 서쪽에는 은행나무 2그루, 소나무 3그루가 있기 때문에 10m 간격으로 심어야 나무 간 거리가 같아진다.

11
정답 ④

한국시각 기준 비행기 탑승 시각은 21일 8시 30분+13시간=21일 21시 30분이고, 비행기 도착 시각은 21일 21시 30분+17시간=22일 14시 30분이다.

따라서 김사원의 출발 시각은 22일 14시 30분−1시간 30분−30분=22일 12시 30분이다.

12
정답 ④

지원금을 받는 모임의 구성원은 6명 이상 9명 미만이므로 A모임과 E모임은 제외한다. 나머지 B, C, D모임의 총지원금을 구하면 다음과 같다.
- B모임 : $1,500 + (100 \times 6) = 2,100$천 원
- C모임 : $\{1,500 + (120 \times 8)\} \times 1.3 = 3,198$천 원
- D모임 : $2,000 + (100 \times 7) = 2,700$천 원

따라서 D모임이 두 번째로 많은 지원금을 받는다.

13
정답 ③

수신 건수가 가장 많은 사람은 D(46건)이고, 발신 건수가 가장 적은 사람은 C(13건)이므로 옳지 않은 설명이다.

오답분석
① C와 D 사이의 이메일 교환 건수는 서로 2건으로 동일하다.
② D와 F의 이메일 교신 용량은 $64+14=78$MB로 가장 많다.
④ F가 송수신한 용량은 $120+172=292$MB이고, 송수신 총량은 $615 \times 2 = 1,230$MB이므로 $\frac{292}{1,230} \times 100 \fallingdotseq 23.7\%$이다.
⑤ 수신 용량이 가장 많은 사람과 발신 용량이 가장 적은 사람은 모두 D로, D의 이메일 교신 용량의 차이는 $137-42=95$MB이다.

14
정답 ②

F가 D에게 보낸 메일은 22건, 총용량은 64MB이므로 평균 $\frac{64}{22} \fallingdotseq 2.91$MB이고, E가 G에게 보낸 메일은 4건, 총용량은 17MB이므로 평균 $\frac{17}{4} = 4.25$MB이다. 따라서 둘의 차이는 $4.25 - 2.91 = 1.34$MB이다.

15
정답 ⑤

2020년부터는 한국의 출원 건수가 더 많아지므로 옳지 않은 설명이다.

오답분석
① 한국의 지적재산권 출원 비중은 2024년에 전년 대비 감소했지만, 다른 해에는 모두 증가하는 추세를 보이고 있다.
② 2018년 대비 2024년 지적재산권 출원 비중이 가장 크게 증가한 국가는 중국으로 $8.86 - 1.83 = 7.03\%$p 증가했다.
③ 2018년 대비 2024년 지적재산권 출원 비중이 낮아진 국가는 독일, 프랑스, 미국이다.
④ 매년 가장 큰 지적재산권 출원 비중을 차지하고 있는 국가는 미국인 것을 확인할 수 있다.

16
정답 ④

두 본부 전 직원 중에서 성별 찬성 인원의 차이는 $(180+120) - (156+96) = 300-252 = 48$명이며, 본부별 찬성 인원의 차이는 $(180+156) - (120+96) = 336-216 = 120$명이므로 옳지 않은 설명이다.

오답분석
① 두 본부의 남직원 중 휴게실 확충에 찬성하는 인원의 비율은 $\frac{156+96}{400} \times 100 = 63\%$이므로 옳은 설명이다.
② 각 본부의 여직원 중 A본부 여직원의 찬성 비율은 $\frac{180}{200} \times 100 = 90\%$이고, B본부 여직원의 찬성 비율은 $\frac{120}{200} \times 100 = 60\%$이므로 A본부 여직원의 찬성 비율이 B본부 여직원의 찬성 비율보다 1.5배 높다.
③ B본부 전 직원 중 여직원의 찬성 비율은 $\frac{120}{400} \times 100 = 30\%$이고, 남직원의 찬성 비율은 $\frac{96}{400} \times 100 = 24\%$이므로 B본부 전 직원 중 여직원의 찬성 비율이 남직원의 찬성 비율보다 1.25배 높다.
⑤ A본부가 B본부보다 찬성 인원이 많지만, 휴게실 확충 여부에 대해서는 주어진 자료만으로 판단할 수 없으므로 옳은 설명이다.

17
정답 ③

을과 무의 진술이 모순되므로 둘 중 1명은 참, 다른 1명은 거짓이다. 여기서 을의 진술이 참일 경우 갑의 진술도 거짓이 되어 2명이 거짓을 진술한 것이 되므로 문제의 조건에 위배된다. 그러므로 을의 진술이 거짓, 무의 진술이 참이다. 따라서 A강좌는 을이, B와 C강좌는 각각 갑과 정 중 한 명이, D강좌는 무가 담당하고, 병은 강좌를 담당하지 않는다.

18
정답 ⑤

두 번째 문단에 따르면 이글루가 뿌옇게 보이는 것은 눈 사이에 들어 있던 공기가 미처 빠져나가지 못하고 갇히기 때문이다.

19
정답 ③

1라운드, 2라운드 모두 3회씩 시도하였는데 3회째에 결국 공을 넣었는지 넣지 못하였는지는 알 수 없다. 따라서 라운드별 甲의 점수는 공을 넣었을 때 0점, 넣지 못하였을 때 −3점이므로 (0, 0), (0, −3), (−3, 0), (−3, −3)의 조합이 되어 0점, −3점, −6점으로 총 3가지 경우의 수가 나온다. 乙은 1라운드에 2회째 공을 넣었고 2라운드에선 공을 넣었는지 넣지 못하였는지 알 수 없기 때문에 (2, 0), (2, −3)의 조합이 되어 2점, −1점으로 총 2가지 경우의 수가 나온다. 丙은 1·2라운드 모두 2회째 공을 넣었으므로 4점이며 丁은 (5, 0), (5, −3)의 조합이 되어 5점, 2점으로 총 2가지 경우의 수가 나온다.

ㄱ. 甲은 0점, −3점, −6점, 乙은 2점, −1점, 丙은 4점, 丁은 5점, 2점을 얻을 수 있다. 만약 甲이 0점을 얻고 乙이 −1점을 얻으면 甲이 3등을 할 수 있다.

ㄹ. 丁은 5점 또는 2점을 받을 수 있다. 丁이 5점을 받으면 다른 사람의 점수와 상관없이 우승을 할 수 있는 반면 2점을 받으면 점수가 고정인 丙이 4점으로 우승하게 된다. 따라서 丁이 우승을 하기 위해서는 5점을 받아야 한다.

오답분석

ㄴ. 乙은 최대 2점을 득점할 수 있다. 乙이 준우승을 하기 위해서는 4점이 고정인 丙 대신에 丁의 점수가 낮아야 한다. 丁의 최저 점수는 2점으로 乙과 동일한데, 조건에 따라 동점이 나올 경우 1라운드 고득점순으로 순위가 결정된다. 이 경우 1라운드 1회에 득점한 丁이 乙에 우선하여 준우승을 하게 된다. 乙은 어떤 경우에서도 준우승을 할 수 없다.

ㄷ. 丙이 우승했다면 丙이 공을 2개 넣었을 것이고 丁이 2라운드에서 공을 넣지 못하였을 것이다. 경기 결과에 의해 공을 넣은 개수는 乙이 1개, 丙이 2개, 丁이 1개이다. 따라서 최소 4개 이상일 것이다.

20
정답 ①

조직변화의 과정
1. 환경변화 인지
2. 조직변화 방향 수립
3. 조직변화 실행
4. 변화결과 평가

21
정답 ①

고사한 소나무 수는 (감염률)×(고사율)×(발생지역의 소나무 수)이다. 각 지역의 고사한 소나무 수를 구하면 다음과 같다.
- 거제 : $0.5 \times 0.5 \times 1,590 = 397.5$
- 경주 : $0.2 \times 0.5 \times 2,981 = 298.1$
- 제주 : $0.8 \times 0.4 \times 1,201 = 384.32$
- 청도 : $0.1 \times 0.7 \times 279 = 19.53$
- 포항 : $0.2 \times 0.6 \times 2,312 = 277.44$

따라서 고사한 소나무 수가 가장 많은 발생지역은 거제이다.

22
정답 ②

F는 C와 함께 근무해야 한다. 수요일은 C가 근무할 수 없으므로 불가능하고, 토요일과 일요일은 E가 오전과 오후에 근무하므로 2명씩 근무한다는 조건에 위배되어 C와 함께 근무할 수 없다. 따라서 가능한 요일은 월요일, 화요일, 목요일, 금요일 총 4일이다.

23
정답 ④

월요일, 화요일, 목요일, 금요일은 항상 C와 F가 근무하고, B와 C는 2일 이상, D는 3일 이상 근무해야 한다. 그리고 A는 오전에 근무하지 않고, D는 오전에만 근무 가능하므로 수요일을 제외한 평일에 C와 F는 오전에 1일, 오후에 3일 근무하고, D는 오전에 3일 근무해야 한다. 이때 D는 B와 함께 근무하게 된다. 나머지 평일 오후는 A와 B가 함께 근무한다.
이를 표로 정리하면 다음과 같다.

구분		월	화	수	목	금	토	일
경우 1	오전	C, F	B, D	B, D	B, D	B, D	C, E	C, E
	오후	A, B	C, F	A, B	C, F	C, F	A, E	A, E
경우 2	오전	B, D	C, F	B, D	B, D	B, D	C, E	C, E
	오후	C, F	A, B	A, B	C, F	C, F	A, E	A, E
경우 3	오전	B, D	B, D	B, D	C, F	B, D	C, E	C, E
	오후	C, F	C, F	A, B	A, B	C, F	A, E	A, E
경우 4	오전	B, D	B, D	B, D	B, D	C, F	C, E	C, E
	오후	C, F	C, F	A, B	C, F	A, B	A, E	A, E

따라서 B는 수요일 오전, 오후에 2회 근무한다.

① C와 F는 월요일, 화요일, 목요일, 금요일 중 하루를 오전에 함께 근무한다.
②·⑤ ①의 경우를 제외한 평일 오전에는 D가 항상 B와 함께 근무한다.
③ E는 토요일, 일요일에 A, C와 2번씩 근무하고, A는 오전에 근무하지 않는다고 하였으므로 옳은 설명이다.

24　정답 ④

ⓒ의 앞에 제시된 술탄 메흐메드 2세의 행적을 살펴보면 성소피아 대성당으로 가서 성당을 파괴하는 대신 이슬람 사원으로 개조하였고, 그리스 정교회 수사에게 총대주교직을 수여하였으며, '역대 비잔틴 황제들이 제정한 법을 그가 주도하고 있던 법제화의 모델로 이용하였던 것'을 보아 '단절을 추구하는 것'이 아니라 '연속성을 추구하는 것'으로 고치는 것이 적절하다.

25　정답 ③

회사와 팀의 지침은 어느 정도 검증된 것이기 때문에 이것을 무시하는 것은 적절한 태도가 아니다.

26　정답 ④

여섯 번째 조건으로부터 의사의 왼쪽 자리에 앉은 사람이 검은색 원피스를 입었으므로 여성이고, 의사가 여성인 경우와 남성인 경우로 나누어 생각한다.
• 의사가 여성인 경우
　검은 원피스를 입은 여성이 교사가 아닌 경우와 교사인 경우로 나누어 생각한다.
　ⅰ) 검은색 원피스를 입은 여성이 교사가 아닌 경우
　　의사가 밤색 티셔츠를 입고, 반대편에 앉은 남성이 교사가 되며, 그 옆의 남성이 변호사이고 흰색 니트를 입는다. 그러면 검은색 원피스를 입은 여성이 자영업자가 되어야 하는데, 다섯 번째 조건에 따르면 자영업자는 남성이므로 주어진 조건에 어긋난다.
　ⅱ) 검은색 원피스를 입은 여성이 교사인 경우
　　건너편에 앉은 남성은 밤색 티셔츠를 입었고 자영업자이며, 그 옆의 남성은 변호사이고 흰색 니트를 입는다. 이 경우 의사인 여성은 남성용인 파란색 재킷을 입어야 하므로 주어진 조건에 어긋난다.
• 의사가 남성인 경우
　마찬가지로 검은색 원피스를 입은 여성이 교사가 아닌 경우와 교사인 경우로 나누어 생각한다.
　ⅰ) 검은색 원피스를 입은 여성이 교사가 아닌 경우
　　검은색 원피스를 입은 여성이 아닌 또 다른 여성이 교사이고, 그 옆에 앉은 남성은 자영업자이다. 이 경우 검은색 원피스를 입은 여성이 변호사가 되는데, 네 번째 조건에 따르면 변호사는 흰색 니트를 입어야 하므로 주어진 조건에 어긋난다.

　ⅱ) 검은색 원피스를 입은 여성이 교사인 경우
　　검은색 원피스를 입은 여성의 맞은편에 앉은 남성은 자영업자이고 밤색 티셔츠를 입으며, 그 옆에 앉은 여성은 변호사이고 흰색 니트를 입는다. 따라서 의사인 남성은 파란색 재킷을 입고, 모든 조건이 충족된다.

① 교사와 원탁을 사이에 두고 마주보고 앉아 있는 사람은 자영업자이다.
② 변호사는 여성이다.
③ 밤색 티셔츠를 입은 사람은 자영업자로 남성이다.
⑤ 검은색 원피스를 입은 여성은 교사로 밤색 티셔츠를 입은 자영업자와 마주보고 앉아 있다.

27　정답 ②

각각의 판매금액을 구하면 다음과 같다.
• 정상가격에 판매한 경우
　- 상품 A : $60 \div 2 \times 35,000 = 1,050,000$원
　- 상품 B : $60 \div 3 \times 55,000 = 1,100,000$원
　따라서 상품 A, B를 정상가격에 판매하였을 때의 판매금액은 $1,050,000 + 1,100,000 = 2,150,000$원이다.
• 할인가격에 판매한 경우
　상품 A, B 모두 5개에 80,000원에 판매한다고 하였으므로
　- 상품 A+B : $120 \div 5 \times 80,000 = 1,920,000$원
따라서 정상가격과 할인가격 판매금액의 차이는 $2,150,000 - 1,920,000 = 230,000$원이다.

28　정답 ②

3분기에 A기업의 수익이 최소가 되는 경우는 A기업이 제품 H를, B기업이 제품 M을 광고하는 경우로 수익구조는 $(-3, 6)$이다. B기업의 수익이 최소가 되는 경우는 A기업이 제품 M을, B기업도 제품 M을 광고하는 경우로 수익구조는 $(6, 1)$이다.

29　정답 ②

1분기에 광고를 할 때는 제품 H의 매출액이 50% 증가하여 표에서 제품 H가 포함된 부분의 수익 구조가 변화하게 된다.

(단위 : 억 원)

구분		B기업	
		제품 M	제품 H
A기업	제품 M	$(6 ; 1) = 7$	$(-2, 12) = 10$
	제품 H	$(-1, 6) = 5$	$(9, 6) = 15$

수익의 합이 가장 큰 경우는 A기업과 B기업이 모두 제품 H를 광고할 때 15억 원이고, 가장 작은 경우는 A기업이 제품 H를 광고하고 B기업이 제품 M을 광고할 때 5억 원이다. 따라서 두 기업의 수익의 합이 가장 클 때와 작을 때의 합은 20억 원이다.

30
정답 ②

A를 8개의 자리 중 한 자리로 지정해놓고, A를 기준으로 좌석을 배치한다고 하자. A이사의 양 옆에는 본부장인 B와 C가 앉는다. 그리고 같은 소속끼리는 마주 보고 앉지 않는다고 하였으므로 D는 B와, C는 H와 마주 보고 앉는다. 또한, 합동연수에 참여하였던 B와 F는 이웃하여 앉아야 하므로 F는 B와 H 사이에 앉는다.

마지막으로 과장끼리는 이웃하여 앉는다고 하였으므로 G는 H와 이웃하여 앉고, E는 나머지 한 자리인 C와 D 사이에 앉게 된다.

경우 1)

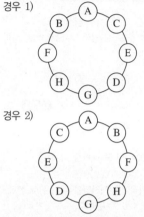

경우 2)

따라서 G과장은 항상 D부장과 이웃하여 앉으므로 옳은 설명이다.

오답분석
ㄱ. 경우 2에서 F부장은 B본부장의 왼쪽에 앉는다.
ㄷ. F부장은 E부장과 마주 보고 앉는다.
ㄹ. C본부장은 H과장과 마주 보고 앉는다.

31
정답 ⑤

변경된 참석자들을 조정하여 참여 여부를 정리하면 다음과 같다.

구분	직급	소속	부서	합동연수 참여 여부
A	이사	본사	–	×
B	본부장	수도권사업본부	–	○
C	본부장	경기남부본부	–	×
D	부장	수도권사업본부	인사부	×
E	부장	경남사업본부	사업기획부	×
I	과장	강원본부	자원관리부	○
G	과장	대전본부	환경조사부	×
J	과장	충남본부	설비지원부	○

30번과 동일한 방식으로 A를 기준으로 좌석을 배치하자.

A 양옆에는 B와 C가 앉고, B와 같은 소속인 D가 B의 맞은편에 앉는다. 합동연수에 참여한 B, I, J는 이웃하여 앉아야 하므로 B의 옆에는 I 또는 J가 순서대로 앉고, 네 번째 규칙에서 과장끼리 이웃하여 앉아야 하는데, I, J가 모두 과장이므로 G는 I 또는 J의 옆에 앉는다. 자연스럽게 E는 나머지 한 자리인 C와 D 사이에 앉게 된다. 이를 도식화하면 다음과 같다.

경우 1)

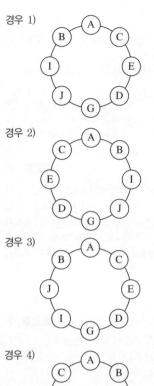

경우 2)

경우 3)

경우 4)

따라서 G과장은 반드시 D부장과 이웃하여 앉는다.

오답분석
① J과장은 본부장 또는 과장하고 이웃하여 앉는다.
② C본부장이 I과장과 이웃하여 앉는 경우는 없다.
③ G과장은 E부장과 이웃하여 앉지 않는다.
④ 경우 1과 경우 2에서 E부장은 J과장과 마주 보고 앉지 않는다.

32
정답 ⑤

불만족을 선택한 직원은 $1,000 \times 0.4 = 400$명이고, 이 중 여직원은 $400 \times 0.7 = 280$명, 남직원은 $400 \times 0.3 = 120$명이다. 불만족을 표현한 직원 중 여직원 수는 전체 여직원의 20%이므로 전체 여직원 수는 $280 \times 5 = 1,400$명이고, 남직원 수는 전체의 10%이므로 $120 \times 10 = 1,200$명이다. 따라서 전체 직원 수는 $1,400 + 1,200 = 2,600$명이다.

33
정답 ⑤

전조 제3항 제2호에 따르면 부위원장은 제2항 제2호에 해당하는 4명의 위원 중에서 선임한다. 지방자치단체 소속 행정국장인 I는 전조 제2항 제2호에 해당하므로 부위원장으로 선임될 수 있다.

① 전조 제2항 제1호에 따르면 법관, 교육자, 시민단체에서 추천
한 5명의 위원에서 제2호의 요건에 해당하는 자는 제외된다.
지방의회 의원은 전조 제2항 제2호에 해당하는 자이므로 제1
호에 해당하는 B의 자리에 위촉될 수 없다.
② 후조 제2항에 따르면 위원으로 위촉된 소속 공무원의 임기는
그 직위에 재직 중인 기간이므로 C가 오늘자로 명예퇴직을 할
경우 위원직을 상실하게 된다.
③ 후조 제3항에 따르면 결원이 생겼을 경우 그 자리에 새로 위촉
된 위원의 임기는 전임자의 남은 기간이므로 E자리에 새로 위
촉된 위원의 임기는 2025. 8. 31.까지이다.
④ 후조 제1항에 따르면 위원은 한 차례 연임할 수 있다. 그러나
F의 경우 최초 위촉일자가 2021. 9. 1.이므로 이미 임기인 2
년을 채우고 한 차례 연임 중임을 알 수 있다. 따라서 F는 임기
가 만료되면 더 이상 연임할 수 없다.

34
정답 ③

경제학과 출신이며 체력이 우수한 A를 경제팀에 배치한다. 유통
관리사 자격증을 소지하고 창의력이 우수한 D를 유통팀에 배치한
다. 신용업무 경력을 보유하고 의사소통능력에서 우수한 점수를
받은 E를 신용팀에 배치한다. 조직이해능력과 의사소통능력이 우
수한 C는 상담팀에 배치한다. 그리고 B는 특별한 선호가 없는 총
무팀에 배치한다. 따라서 유통팀 – D, 경제팀 – A, 신용팀 – E,
총무팀 – B, 상담팀 – C로 배치된다.

35
정답 ①

F는 고객 상담 업무 경력이 있기 때문에 고객과 원활한 소통능력
을 중시하는 신용팀에 배치하는 것이 적절하다.

36
정답 ①

업체들의 항목별 가중치 미반영 점수를 구한 후, 가중치를 적용하
여 선정점수를 도출하면 다음과 같다.

(단위 : 점)

구분	납품 품질 점수	가격 경쟁력 점수	직원 규모 점수	가중치 반영한 선정점수
A업체	90	90	90	$(90 \times 0.4) + (90 \times 0.3)$ $+ (90 \times 0.3) = 90$
B업체	80	100	90	$(80 \times 0.4) + (100 \times 0.3)$ $+ (90 \times 0.3) = 89$
C업체	70	100	80	$(70 \times 0.4) + (100 \times 0.3)$ $+ (80 \times 0.3) = 82$
D업체	100	70	80	$(100 \times 0.4) + (70 \times 0.3)$ $+ (80 \times 0.3) = 85$
E업체	90	80	100	$(90 \times 0.4) + (80 \times 0.3)$ $+ (100 \times 0.3) = 90$

따라서 선정점수가 가장 높은 업체는 90점을 받은 A업체와 E업체
이며, 이 중 가격경쟁력 점수가 더 높은 A업체가 선정된다.

37
정답 ④

각 코스의 특징을 설명하면서 코스 주행 시 습득할 수 있는 운전
요령을 언급하고 있다.

38
정답 ⑤

직위가 낮은 사람을 윗사람에게 먼저 소개한 다음에 윗사람을 아
랫사람에게 소개해야 한다.

39
정답 ④

윤리적 규범이란 공동생활(㉠)과 협력의 필요(㉡)를 기반으로 공
동 협력의 룰(㉢)을 반복하여 형성되는 것이다.

40
정답 ④

제시문은 '원님재판'이라고 불리는 죄형전단주의의 정의와 한계,
그와 대립되는 죄형법정주의의 정의와 탄생 그리고 파생원칙에 대하
여 설명하고 있다. 첫 단락에서는 '원님재판'이라는 용어의 원류에
대해 설명하고 있으므로 이어지는 문단으로는 원님재판의 한계에
대해 설명하고 있는 (다)가 오는 것이 적절하다. 따라서 (다) 원님재판
의 한계와 죄형법정주의 – (가) 죄형법정주의의 정의 – (라) 죄형법
정주의의 탄생 – (나) 죄형법정주의의 정립에 따른 파생원칙의 등장
의 순으로 나열하는 것이 적절하다.

| 02 | 한국사

41
정답 ④

ㄴ. 전시과(고려 전기) → ㄷ. 과전법(고려 말기) → ㄹ. 직전법(조선 전기 세조) → ㄱ. 관수관급제(조선 전기 성종) 순으로 나열하는 것이 옳다.

42
정답 ①

제시문은 7·4 남북 공동 성명에 대한 내용이다. 1970년대 이후 냉전 체제가 완화되고 남한의 경제가 비약적으로 발전하면서 박정희 정부는 남북 간의 교류를 제의하여 서울과 평양에서 7·4 남북 공동 성명을 발표하였다(1972). 성명 발표 이후 남북 관계가 진전되어 직통 전화가 가설되고 남북 조절 위원회가 설치되었다.

43
정답 ②

고구려가 빈번하게 신라를 공격했던 시기는 신라가 진흥왕 이후 한강 하류 지역을 차지하고 팽창한 6세기 후반이다. 이때 고구려의 남하 정책에 대항하여 체결되었던 나·제 동맹이 결렬되고 여·제 동맹이 체결되었으며, 신라는 고립을 피하기 위해 중국의 수·당과 동맹을 체결하였다. 고구려는 7세기에 중국의 혼란을 통일한 수의 침입을 살수 대첩에서 물리쳤으며, 신라는 진흥왕 때 화랑도를 국가 차원에서 장려하고 조직을 확대하였고 원광의 세속 5계를 행동 규범으로 삼았다. 원광이 수에 군사를 청원하는 글을 쓴 것으로 보아 당시 불교는 호국불교적 성격이 강함을 알려주고 있다.

44
정답 ④

진흥왕은 당시 고구려 영토였던 적성을 공략하여 남한강 유역을 차지하고 단양적성비를 세웠으며, 이 전쟁에서 공을 세운 야이차와 가족 등에게 상을 주었다는 내용이 적혀있다.

오답분석

①·②·③·⑤ 진흥왕이 영토를 확장하고 이를 기념하며 세운 진흥왕 순수비이다.

45
정답 ①

제시문의 시기는 원 간섭기(1259~1356)이다. ①의 서경 천도 운동은 기존 문벌귀족인 개경파와 신흥세력이 서경파가 대립하던 가운데, 승려 출신 묘청이 풍수지리 사상을 주장하며 귀족 세력의 기반인 개경에서 서경으로 수도를 옮기자고 제안하였으나, 뜻대로 되지 않자 난을 일으킨 사건(1135)이다. 약 1년 만에 개경파인 김부식이 이를 진압하면서 서경 천도 운동은 좌절되었다.

46
정답 ②

제시문은 신민회에 대한 설명으로 1907년에 창립되어 국권 피탈기에 애국계몽운동과 무장 투쟁을 함께 하였던 단체이다. 신민회의 애국계몽운동은 평양 대성학교와 정주 오산학교 설립, 태극서관 및 평양 자기회사 운영 등 교육과 산업을 강조하였다. 또한, 장기적인 무장 투쟁을 위해 국외 독립운동기지를 건설하고자 하여 경학사, 신흥강습소를 설치하고, 서간도 삼원보에 신한민촌을 만들었다.

47
정답 ②

제시문은 국채 보상 취지서로서, 국채 보상 기성회 회칙과 모금 방안 등이 상세히 적혀 있다. 1907년에 서상돈, 김광제 등이 대구에서 금주와 금연으로 나라의 빚을 갚자는 국채 보상 운동이 전국으로 확산되었고, 서울에서는 김성희 등이 국채 보상 기성회를 설립하여 모금운동을 시작하였다. 일진회와 통감부는 국채 보상 기성회 간사인 양기탁을 보상금 횡령으로 구속하는 등의 방해공작을 펼쳤고, 국채 보상 운동은 실패하게 되었다. ②는 1997년 IMF 당시 국가의 부채를 갚기 위해 국민들이 소유하고 있던 금을 자발적으로 모금한 운동이다.

48
정답 ③

제시문은 조선 시대 유득공이 저술한 『발해고』의 내용으로 빈칸에 들어갈 국가는 발해이다. 문왕 때 최고 교육 기관인 주자감을 설치하였다. 국학은 신라의 교육 기관이다.

49
정답 ①

낭사는 고려시대 중서문하성의 간관(諫官)으로 군주의 불가한 처사나 과오에 대하여 힘써 간언하는 간쟁과 왕명 및 조칙의 합당하지 않은 것을 봉함하여 되돌려 반박 의견을 시달한 봉박을 주로 담당하였다.

오답분석

② 상서성 : 고려시대 정무집행 기관으로 이, 병, 호, 형, 예, 공 6부 등이 속해있다.
③ 중추원 : 고려시대 왕명 출납·궁궐 숙위·군국기무 등의 정무를 담당한 중앙 관청이다.
④ 삼사 : 고려시대 전곡의 출납회계를 관장하던 기구이다.
⑤ 식목도감 : 고려시대 법제 및 격식 제정에 관한 문제를 의논한 재신과 추신(추밀)의 회의기관이다.

50 정답 ②

첫 번째 사건은 고려 명종 3년(1173)에 문신 출신 김보당이 무신정권에 대항해 일으킨 '김보당의 난'이고, 두 번째 사건은 고려 명종 4년(1174)에 서경유수로 있던 조위총이 무신정권에 반대하는 민중들의 기세를 이용해 정권을 탈취하기 위해 일으킨 '조위총의 난'이다. 세 번째 사건은 고려 왕실 및 귀족의 보호하에 특권을 누렸던 불교 세력이 무신 집권 이후 그 특권을 박탈당하고 정권의 횡포가 극심해져 일으킨 '개경 승도의 난'이다. 이 세 사건 모두 무신의 정권 침탈에 반발하여 발생하였다.

51 정답 ④

제시문은 1929년 증시 파동으로 인한 세계 대공황에 대한 내용이다. 미국에서 시작된 대공황은 세계 경제를 파탄으로 몰아넣었다. 미국은 뉴딜 정책으로 이 경제 위기를 벗어났으며, 제국주의 국가들은 식민지 수탈을 통해 경제적 위기를 벗어나고자 했다. 일본 역시 우리나라에 대한 수탈을 통해 공황을 벗어나고자 하였으나, 한계가 있자 대륙을 침략하는 침략 전쟁을 일으켰다. 우리나라는 병참기지가 되었으며, 많은 인적·물적 자원을 수탈당하였다. 1930년대에는 산미증식계획을 포기하고, 공업 원료를 위한 남면북양 정책을 강요하였다. 또한, 농민들의 반발을 방지하기 위하여 농촌 진흥 운동을 전개하기도 하면서 농공 병진 정책으로 전환하였다.

오답분석

ㄷ. 토지 조사 사업은 1910년대 일본의 정책이다.

52 정답 ①

제시문에서 설명하고 있는 왕은 공민왕이다. 공민왕은 원의 후원을 받아 왕위에 올랐고, 그의 부인도 원나라 노국대장공주였으나 고려인의 정체성을 잊지 않고 반원 자주 정책을 펼쳤다. 그중 하나로 원의 내정간섭 기구였던 정동행성의 이문소를 폐지하였다.

오답분석

② 조선 태조 이성계의 업적이다.
③ 삼군도총제부는 공양왕 시기 이성계가 위화도회군 이후 군사적 실권을 장악하기 위해 설치한 중앙군으로 이후 의흥삼군부로 개편된다.
④ 만권당은 충선왕이 설치한 학술연구기관이다.
⑤ 과전법은 공양왕 시기에 공포된 전제 개혁이다.

53 정답 ③

제시된 조선 시대의 기구는 호조(戶曹)이다. 호조는 오늘날의 기획재정부에 해당한다. 호조 외에 육조 중 이조(吏曹)는 오늘날의 행정자치부에 해당한다. 예조(禮曹)는 오늘날의 교육부, 문화체육관광부, 외교부에 걸친 방대한 행정 업무를 맡아 집행했다. 병조(兵曹)는 오늘날의 국방부에 해당하고, 형조(刑曹)는 오늘날의 법무부에 해당한다. 공조(工曹)는 오늘날의 국토교통부와 교육부의 과학 분야 업무를 담당했다.

54 정답 ③

제시문은 조선 왕조가 고려 왕조와는 달리 중앙집권적 행정 체제를 완비했다는 것이다. 이는 호패법과 오가작통법을 통하여 향촌 사회를 완전히 장악하였으며, 특수 행정 구역인 향·소·부곡 등과 속현 등이 일반 군현으로 변화한 것을 보면 알 수 있다.

오답분석

ㄴ. 향약은 조선 후기 향촌 자치적인 요소이다.
ㄷ. 향리의 지위와 권한은 고려 시대에 비하여 약화되었다.
ㄹ. 인질 제도인 상수리 제도는 신라, 기인 제도는 고려의 제도이다.

55 정답 ④

제시문은 서인과 남인의 붕당정치를 보여주는 내용이다. 자의대비 조씨의 복상 문제를 둘러싸고 서인과 남인은 서로의 이념 차이에 따른 상반된 주장을 펴고 있다. 이와 유사한 형태로 여당과 야당을 들 수 있다. 여당과 야당은 정책 해결 방안이나 입법 제정 문제 등을 둘러싸고 서로의 이념에 따라 상반된 주장을 펼쳐 대립하는 양상을 보인다.

56 정답 ⑤

조선의 예문관은 임금의 말이나 명령을 대신하여 짓는 역할을 하는 기관이다.

오답분석

① 제가회의의 합의제 : 법을 통과시키기 위해서는 재적의원의 과반수 출석과 출석의원의 과반수 찬성을 얻어야 한다.
② 사간원의 서경과 간쟁 : 국회는 대법관, 헌법재판관 등의 임명 동의권을 지닌다. 국회는 대통령을 비롯하여 고위직 공직자가 저지른 부정행위 중 법에 근거한 사항에 대해 소추절차에 따라 추궁할 수 있다.
③ 식목도감의 입법 : 국회는 입법기관으로 국가에 필요한 법을 제정하는 곳이다.
④ 붕당정치에 의한 상호견제 : 국회에는 여러 정당이 존재하는데 서로의 이념과 이익 등에 따라 대립하거나 협조하기도 한다.

57 정답 ③

제시된 내용은 고려 충렬왕 재위 7년(1281)에 보각국사 일연(1206~1289)이 고구려·백제·신라의 유사를 모아 지은 『삼국유사(三國遺事)』에 대한 설명이다.

오답분석

① 김종서, 정인지가 조선 세종 31년(1449)에 편찬을 시작하여 문종 원년(1451)에 완성한 고려시대에 관한 역사서이다.
② 7세기 말 신라의 문장가 김대문이 화랑들의 전기(傳記)를 모아 기록한 것이다.

④ 조선 태조부터 철종까지 25대 472년간의 역사를 각 사관의 기록을 바탕으로 편년체(編年體)로 기록한 책이다(편년체 : 연월에 따라 기술하는 역사편찬의 한 체재).
⑤ 항일 독립운동에 관한 역사서로 박은식이 1920년에 저술하였다.

58 　정답　④

고종은 조선의 26대 왕으로, 대한제국을 선포하면서 제1대 황제가 되었다. 고종의 재위 기간에는 열강의 침입으로 인한 내정 간섭이 심했으며, 친일파 이완용이 올린 식혜를 먹고 급서하면서 일제에 의해 독살되었다는 소문이 돌기도 하였다. 이에 격양된 민심이 기미독립운동에 영향을 미쳤다.

오답분석
① 순조 : 조선 23대 왕으로, 세도정치에 맞서 왕권을 강화하려고 하였으나 실패하면서 오히려 세도정치가 자리 잡게 되었다.
② 헌종 : 조선 24대 왕으로, 재위 기간 동안 안동 김씨와 풍양 조씨 두 외척의 세력 다툼이 심하였다.
③ 철종 : 조선 25대 왕으로, 외척인 안동 김씨의 세도정치가 절정에 달했던 시기에 재위하였다.
⑤ 순종 : 조선 27대 왕이자 대한제국 제2대 황제로, 재위 기간 중 일제에 국권을 피탈 당하였다.

59 　정답　⑤

제시문은 조선 후기 신분사회 구조의 변동과 관련된 것이다.
• 납속책 · 공명첩 발급 : 납속책과 공명첩은 돈을 주고 각각 신분과 벼슬을 사는 것이다. 조선 후기 부를 축적한 농민 · 상인들은 신분 상승에 대한 욕구가 강했고, 국가는 임진왜란을 겪는 등 재정이 어려워지자 이를 시행하였다.
• 노비종모법 : 1731년(영조 7) 양인의 감소로 인해 자녀는 어머니의 신분을 따르도록 하였다.
• 공노비의 해방 : 18세기 이후 신분제의 동요가 심화됨에 따라 1801년(순조 원년) 공노비 6만 6,067명을 해방시켰다.
• 유득공, 이덕무, 박제가는 모두 서얼 출신이다. 서얼은 문과에 응시할 수 없어 관직에 나가는 것이 제한되었다. 그러나 정조는 이들을 규장각의 검서관으로 등용해 관직의 문을 열어주었다.

60 　정답　⑤

제시문은 정도전이 주장한 '재상정치(宰相政治)'에 대한 것이다. 재상정치는 왕권과 신권이 조화를 이루어 왕과 재상이 협의를 거쳐 정치를 해야 한다는 내용을 말한다.

| 03 | 영어

61 　정답　①

(A) 동사 'sense' 다음에 목적어가 와야 하는데 선행사가 없으므로 'what'이 적절하다. 'which'가 들어가기 위해서는 선행사가 필요하다.
(B) 해당 문장에서 'child'가 주어이고 'who says … is bullied'는 'child'를 꾸며 주는 말이다. 그러므로 문장의 주된 동사인 'shows'가 적합하다.
(C) '때리는 것은 옳지 않다고 가르침 받았다'라는 내용이므로 목적어절 안에 주어, 동사가 모두 필요하므로 'is wrong'이 적절하다.

해석
연구는 친절함의 세 가지 유형을 발견했다. 우선, 다른 사람들과 공감하고 그들이 무엇을 느끼는지 감지하는 능력을 기반으로 한 자연적 친절함이 있다. 이런 친절함은 아주 어린 나이에 나타난다. 우리에 갇힌 고릴라가 슬퍼 보인다고 하거나 다른 아이가 괴롭힘을 당할 때 화를 내는 초등학생은 이런 자연적 친절함을 보여 준다. 두 번째 유형은 규칙 유도적 친절이다. 규칙 유도적인 사람들은 "그렇게 하면 안 된다."라는 것을 배운다. 예를 들어, 규칙 유도적인 아이들은 다른 사람을 때리지 않는다. 왜냐하면 그들은 때리는 것이 잘못된 것이라고 가르침을 받았기 때문이다. 친절함의 마지막 유형은 모방이다. 우리는 우리가 존경하는 사람들의 행동을 모방한다. 예를 들어, 부모를 존경하는 아이들은 그들의 부모가 못마땅해 하는 행동을 피할 것이다.

어휘
• kindness : 친절함
• bully : 괴롭히다
• rule-guided : 규칙 유도적
• imitative : 모방적
• admire : 존경하다

62 　정답　④

(A) 첫 문장에 'approaching its end'라는 말이 나오기 때문에 고래가 멸종한다는 말이 나오는 것이 적절하다. 그러므로 '무한한'을 뜻하는 'infinite'가 아닌 '멸종한'이라는 뜻의 'extinct'가 나와야 한다.
(B) 고래가 줄어드는 것은 바다의 생태계를 어지럽히는 것이 되기 때문에 'upset'이 나와야 적절하다.
(C) 사람들이 고래를 죽이는 것은 미래의 결과가 어떻게 될지를 생각하지 않는 것이므로 '결과'라는 뜻의 'consequences'가 나오는 것이 적절하다.

해석
고래의 시대는 빠르게 종말을 향하고 있다. 어떤 고래의 종들은 이미 (A) 멸종했다. 다른 종들은 그들이 번식할 수 있는 것보다 빠르게 수가 감소하고 있다. 고래가 사라지면, 우리가 알고 있듯이 바닷속 전체 생명의 사슬이 (B) 망가질 것이다. 그리고 결국 이것은 인간의 생활에도 직접적인 영향을 끼치게 될 것이다. 비록 몇몇 정부들이 체결한 국제 협약이 있지만, 사람들은 어떠한 미래의 (C) 결과를 가져올지 고려하지 않고 고래를 죽이고 있다. 지구의 친구인 고래를 구하자.

어휘
• infinite : 무한한
• extinct : 멸종한
• reproduce : 번식하다
• agreement : 협정
• consequence : 결과

63
정답 ②

제시문은 계산 장애를 가진 사람들처럼 기억력이 안 좋은 사람들도 현대 기술의 도움을 받을 수 있다는 내용이다. 빈칸의 앞뒤는 같은 종류의 예시를 들고 있으므로 '똑같이, 비슷하게'라는 의미를 가진 'Likewise'가 들어가는 것이 가장 적절하다.

해석

현대 기술은 정보를 얻고 스스로를 표현하는 대안책에 대한 접근을 학습자들에게 제공함으로써 많은 학습 장애를 거의 없애 버렸다. 철자에 서툰 사람들은 철자 점검기를 이용할 수 있고 판독하기 어려운 필체를 가진 사람들은 정돈된 원고를 만들기 위해 워드프로세서를 이용할 수 있다. 계산 장애를 가진 사람들은 수학 문제가 생길 때 간편한 소형 계산기를 가짐으로써 도움을 얻는다. 마찬가지로, 기억력이 나쁜 사람들은 강의와 토론과 대화를 테이프에 담을 수 있다. 불완전한 시각화 기술을 가진 사람들은 화면에서 3차원의 물체들을 조작할 수 있도록 해 주는 컴퓨터 이용 설계(CAD) 소프트웨어 프로그램을 사용할 수 있다.

64
정답 ②

다양한 문화가 섞여 있는 경우, 어떤 문화에서만 공유되는 추정에 대한 의존 때문에 그 문화에서는 통용되는 농담이 다른 문화에 속하는 사람에게는 매우 형편없이 전해진다고 하는 것이 옳다. 따라서 'well'을 'badly'로 고치는 것이 가장 적절하다.

해석

사람들은 똑같은 방식으로 웃지만, 그들이 반드시 똑같은 것에 대해 웃는 것은 아니라고 한다. 이것이 단일 공동체에 적용된다면, 다양한 사회에서 사는 사람들에게는 훨씬 더 많이 적용된다. 왜냐하면 사람들이 재미있다고 느끼는 주제와 농담을 하기에 적절하다고 여기는 경우가 문화마다 매우 다양할 수 있기 때문이다. 바보 같아 보이는 행동과 관련된 어떤 스타일의 유머는 어느 곳에서든지 웃음을 자아내는 것으로 보장된다. 그러나 공유되는 추정에 대한 의존 때문에 대부분의 농담은 매우 잘(→ 형편없이) 전해진다. 이것은 특히 언어유희가 포함된 농담의 경우에서 눈에 띈다. 그러한 농담은 어려운데, 사실 어떤 경우에는 다른 언어로 번역하기가 불가능하다. 그래서 이러한 이유 때문에 외국인에게 농담을 말하려는 사람들의 시도가 자주 종종 멍하니 응시하는 것에 부딪치게 된다.

어휘
• amusing : 재미있는
• reliance : 의지
• assumption : 가정
• noticeable : 눈에 띄는
• play on words : 말장난, 언어유희
• blank stare : 멍한 응시, 의아한 눈초리

65
정답 ②

대부분의 영화에서 주인공과 상대방의 불화, 갈등(conflict)이 일어난다.

해석

할리우드는 미스테리, 코미디, 뮤지컬, 러브 스토리, 공포영화 등 많은 다양한 종류의 영화를 만든다. 비록 이런 영화들이 다를지라도 그들은 일반적으로 갈등이라는 한 가지 공통점을 가지고 있다. 주인공은 무엇인가를 매우 간절히 원하고 그것을 얻기 위해 어떤 일이든지 한다. 상대방은 주인공이 목적을 성취하는 것을 막으려고 노력한다. 이것은 심각한 불화를 낳으며, 이는 드라마의 중심이 되고 스토리를 흥미롭게 만들어 준다. 대부분의 영화에서 이 심각한 불화는 영화의 마지막에 해결되고, 사람들은 대체적으로 카타르시스를 느낀다.

어휘
• opponent : 상대
• catharsis : 카타르시스, 정화

66
정답 ③

'the United States' 앞에서 관계대명사 'that'이 생략되었기 때문에 'him'은 삭제되어야 한다.

해석

'1492년에 콜럼버스는 푸른 바다를 항해했다.' 모든 미국 아동들이 이 구절을 알고 미국 역사책들은 크리스토퍼 콜럼버스를 다른 어떤 역사적 인물들보다 더 많이 언급한다. 그 책들 안에서 그는 미국 최초의 위대한 영웅으로 묘사된다. 그는 미국이 국가 공휴일에 이름을 붙여 존경하는 두 명 중 한 명이기도 하다. 모든 역사 교과서들이 그의 이름을 담고 모든 아동들이 1492년을 기억할지라도 이들 교과서는 콜럼버스와 미국의 유럽 개척에 대해 알아야 할 거의 모든 중요한 비판적인 사실들을 생략한다. 그러는 사이 그들은 더 나은 이야기를 만들 수 있는 모든 호의적인 세부 사항들을 꾸며 내고 독자들이 콜럼버스와 동질감을 갖도록 그를 인간적으로 만든다.

어휘
• portray : 묘사하다
• virtually : 사실상
• unfavorable : 비판적인

67

'I learned to look on the bright side of things(나는 좋은 점을 보는 것을 배웠다).', 'He also taught me that I should be honest(그는 또한 나에게 정직해야 한다고 가르쳐 주셨다).', 'My mother taught me to work hard(나의 어머니는 열심히 일하라고 가르쳐 주셨다).', 'She tried to teach me that happiness comes from doing my best(그녀는 나에게 최선을 다하는 것으로부터 행복이 온다는 것을 가르쳐 주려고 노력했다).'에서 알 수 있듯이 소질을 계발하라는 내용은 제시되어 있지 않다.

[해석]

나의 부모님은 나에게 좋은 영향을 주셨다. 나의 어머니는 열심히 일하라고 가르치셨다. 그녀는 나에게 최선을 다하는 것에서부터 행복이 온다는 것을 가르쳐 주려고 노력했다. 나의 아버지로부터 나는 좋은 점을 보는 것을 배웠다. 그는 또한 나에게 정직해야 한다고 가르쳐 주셨다.

[어휘]

• influence : 영향
• doing my best : 최선을 다하다
• honest : 정직한

68

제시문은 인간은 각자 다른 과거의 경험을 갖고 있고, 그것이 어떤 동일한 경험에 대해 서로 다른 의미를 부여하도록 영향을 끼친다는 내용이므로 글의 중심 내용으로 '과거의 경험에 따라 동일한 상황을 다르게 인식한다.'가 가장 적절하다.

[해석]

인간의 의사소통에서 가장 중요한 측면들 가운데 한 가지는 과거의 경험들이 여러분의 행동에 영향을 끼치기 마련이라는 것이다. 여러분이 친구와 어떤 일에 대해 의논하기 시작할 때조차, 여러분은 인식의 차이가 존재한다는 것을 곧 발견할 것이다. 여러분이 지루하다고 생각하는 것을 여러분의 친구들은 재미있다고 생각할지 모른다. 여러분이 무의미하다고 생각하는 것을 그들은 의미 있게 생각할 수도 있다. 여러분이 받아들이는 메시지는 여러분 각각에게 같을지도 모른다. 그러나 각자 고유한 인성과 배경을 갖고 있기 때문에 다양한 감정과 기분을 느끼게 된다. 여러분은 각각 그 일에 서로 다른 배경을 가져와 결과적으로 공유한 경험에 각자 다른 의미를 부여한다.

[어휘]

• affect : 영향을 미치다
• aspect : 국면, 양상, 관점
• perception : 지각, 인식
• pointless : 무의미한, 적절하지 못한
• meaningful : 의미심장한
• sensation : 마음, 기분, 감각
• attribute A to B : A의 원인을 B에 귀착시키다

[69~70]

[해석]

내가 처음으로 강의를 시작했을 때, 나는 신임 교수들을 위한 워크숍에 초대받았다. 대학에서 강의를 하는 대부분의 사람들처럼 나는 가르칠 것을 배우는 데는 아주 오랜 시간을 보냈었지만, 어떻게 그것을 가르칠지를 배우는 데는 전혀 시간을 쓰지 않았다. 어쨌든, 내가 속한 대학은 능숙한 교수들과 함께 보내는 일주일이 이러한 부분을 채워 줄 거라고 기대하는 것처럼 보였다. 나의 동료들은 그들이 교실에서 사용하는 방법들에 대한 잘 만들어진 강의를 제공해 주었다. 나는 그들이 한 발표에는 흥미가 있었지만, 그들이 말한 것은 하나도 기억나지 않는다.

우리가 다음 회의에 소집되었을 때, 그는 그의 컵을 내려 놓았고, 나는 그의 컵 안에 커피 자국이 전혀 없다는 것을 알아 차렸다. 나는 그것이 좀 이상하다고 생각해서, 이상하다고 말했다. "의사 선생님께서 커피를 끊으라고 제게 말했습니다."라고 그가 설명했다. "그래서 저는 항상 빈 컵을 사용해 왔습니다. 그렇다고 달라질 것은 없습니다." 나는 그의 아이디어를 비어 있지 않은 잔을 가지고 내 수업 시간에 사용해 보기로 결심했다.

나는 월요일 아침 수업에 커피 한 잔을 가져갔다. 그것은 도움이 되었다. 커피를 마시는 동안 잠시 멈춘 것은 나의 학생들에게 내가 말한 것에 대해서 생각할 시간을 주었을 뿐만 아니라, 나에게도 다음에 내가 무엇을 말할 것인지에 대해 생각할 시간을 준 것이다. 나는 이렇게 잠시 멈춘 것이 나의 학생들이 내가 방금 말한 것에 대해서 어떻게 반응하는지를 알아보기 위해 교실을 둘러보았다. 그들이 주의가 산만해지면, 나는 그들을 다시 집중시키기 위해 노력했다. 내가 이미 설명했다고 생각하는 어떤 개념에 대해서 그들이 난해해하면, 나는 추가 설명을 해 주었다. 내 강의는 체계적이거나 화려해지지는 않았지만, 학생들은 내 말을 더 잘 이해하는 것처럼 보였다.

내가 지금도 기억하는 한 가지의 일은 휴식 시간에 일어났다. 혼자 있다는 것을 깨닫고, 나는 근처에 서 있었던 한 수학 교수에게로 향했다. 나는 그에게 그가 가장 좋아하는 수업 방법이 무엇인지 물어보았다. "커피 한 잔입니다."라고 그가 말했다. 나는 그것을 어떻게 사용하느냐고 물어보았다. "글쎄요."라고 그가 말했다. "저는 교실에서 말을 너무 빠르게 많이 합니다. 학생들은 종종 제 수업을 따라오는 데 어려움을 겪곤 합니다. 그래서 저는 가끔 학생들이 고민해 보기를 원하는 뭔가를 말하고 나서, 잠시 멈추고 커피 한 모금을 마십니다. 이것이 내가 말한 것을 학생들에게 각인시켜 줍니다."

[어휘]

• somehow : 어쩐지, 어떻게든
• experienced : 경험이 많은, 숙련된
• well-crafted : 잘 만들어진, 잘 다듬어진
• presentation : 발표
• trace : 자국, 흔적
• odd : 이상한, 확률, 가능성
• pause : 멈춤, 휴지, 중단
• wander : 방황하다
• puzzled : 난처한
• concept : 개념

- organized : 조직된
- brilliant : 빛나는, 훌륭한
- nearby : 근처에
- every once in a while : 때때로, 가끔
- tip : 한 모금, 홀짝임

69
정답 ①

커피 한 잔은 학생들에게 생각할 시간을 주었을 뿐만 아니라, 교수에게도 무엇을 말할 것인지에 대해 생각할 시간을 주었다고 했으므로 '강의 및 학습을 돕는 도구'가 역할로 가장 적절하다.

70
정답 ⑤

수학 교수가 커피 아이디어를 생각해 낸 것은 자신 스스로가 수업시간에 말을 너무 빠르게 한다고 생각했기 때문이다.

71
정답 ⑤

사진을 찍다 보면 실제 경험에서 멀어지고 현실에서 동떨어질 수 있으므로 현재 진행되고 있는 경험을 강화하는 방법으로 카메라를 사용하는 방법을 배워야 한다고 하는 것이 글의 흐름상 자연스럽다. 따라서 밑줄 친 'neglects'를 'enhances'로 고쳐 써야 한다.

[해석]
많은 사람들이 여행이나 휴가 중 혹은 삶에 있어 중요한 축하를 할 때 미래를 위해 그 경험을 보존해 두려고 수많은 사진을 찍는다. 그러나 사진사의 역할이 실제로 현 순간의 즐거움을 떨어뜨릴 수 있다. 나는 첫 아이이자 외동아이의 탄생 사진을 찍는 데 진지하게 몰두했던 한 아버지를 안다. 나중에 그는 사진들은 아름다웠지만 자기 아들의 삶에서 가장 중요한 첫 번째 순간을 놓쳤다는 생각이 들었다고 탄식했다. 카메라 렌즈를 통해 바라보는 것은 그를 현장에서 분리되도록 만들어 버렸다. 그는 체험자가 아니라 단지 관찰자였다. 사물을 진심으로 바라보고 아름답고 의미 있는 것을 발견하는 것을 통해 진행되고 있는 경험을 무시하는(→ 강화하는) 방법으로 카메라를 사용하는 법을 배워라.

[어휘]
- numerous : 수많은
- preserve : 보존하다
- detract from : ~을 손상시키다
- devote : 헌신하다
- earnestly : 진지하게, 진정으로
- lament : 슬퍼하다
- detached : 떨어진, 분리된
- ongoing : 진행하는

72
정답 ④

제시문은 우리가 피부를 별개의 기관으로 여기는 경향이 있다고 서술하고 있으므로 피부와 신체 내부를 연결된(connected) 것으로 보는 것이 아닌 별개로(separated) 보는 것에 의해 피부와 신체 내부의 상관성이 간과되는 것이다.

[해석]
우리는 피부를 단지 좀 더 연약한 내부 기관을 감싸고 있는 별개의 기관으로 여기는 경향이 있다. 그러나 피부는 순환계와 소화계부터 면역계와 신경계에 이르는 신체의 모든 체계와 연결되어 있다. 모든 것은 몸 전체의 건강을 위해 상호적으로 작용해야 한다. 예를 들어, 심장과 피부 모두 혈관에 의존한다. 이것은 당신이 화가 났을 때 심장 박동이 더 빨라지고 얼굴이 붉어지는 이유를 설명하는 데 도움이 된다. 이와 같은 피부와 신체 내부의 상관성은 피부를 연결된(→ 별개의) 존재로 보는 사람들에 의해 흔히 간과된다. 그것은 쌍방적이다. 우리가 피부를 손상시킬 때 우리는 우리의 내부도 손상시킨다. 비슷하게 우리가 신체 내부에서 경험하는 것이 외부에 표시될 수 있다.

[어휘]
- delicate : 연약한, 다치기 쉬운
- digestive : 소화의
- immune : 면역의
- vein : 정맥
- redden : 빨개지다, 붉어지다
- interconnectedness : 상호 연결
- indication : 표시, 징후

73
정답 ①

제시문에서 미국과 한국에서 아이들의 교육에 대한 서로 다른 부모님들의 견해를 이야기하고 있으므로 'The different views of teaching children(아이들의 교육에 대한 다른 견해들)'이 적절하다.

[오답분석]
② 부모님을 위해 최선을 다하기
③ 좋은 부모가 되는 법
④ 옛날과 오늘날의 부모
⑤ 아이들과 말하는 법

[해석]
미국에서는 소년과 소녀들이 독립적으로 되는 것이 중요하다. 부모들은 자녀들에게 다른 사람들의 도움 없이 일을 하도록 노력하라고 말한다. 한국에서는 사람들이 다른 사람들과 함께 일하는 데 능숙하며, 부모들은 자녀들에게 단체나 가족 속에서 최선을 다하라고 말한다.

[어휘]
- independent : 독립적인
- be good at : ~에 능숙하다
- do one's best : 최선을 다하다
- view : 견해

74

정답 ①

제시문은 과거에는 완벽한 단백질인 줄 알았던 동물성 단백질이 사실은 지나친 콜레스테롤과 지방 함량으로 인해 사실 건강에 좋지 않다는 내용이다. 반면 콩 단백질로 대표되는 식물성 단백질은 콜레스테롤 함량이 높지 않다. 따라서 글의 마지막 부분은 동물성 단백질을 식물성 단백질로 대체해야 한다는 내용이 되어야 하며, '대체하다'의 의미를 가진 'replace'가 가장 적절하다.

[해석]

과거에 동물성 단백질들은 단백질 함유량이 가장 높았기 때문에 우수하다고 인식되었다. 오늘날 많은 전문가들은 동물성 단백질이 건강한 상태에 비해 너무 많은 단백질을 갖고 있다고 믿는다. 왜냐하면 그것이 체내에 독소나 지방의 형태로 저장되기 때문이다. 동물성 단백질은 꼭 필요한 아미노산을 공급해 주는 완벽한 단백질이라고 생각되었다. 이제 우리는 이것이 또한 건강에 좋지 않은 무기산도 포함하고 있다는 것을 안다. 동물성 단백질은 많은 철분과 아연을 공급해 주는 것 같았지만, 지금은 콜레스테롤, 지방과 칼로리도 공급하는 것으로 보인다. 휴스턴에 있는 Baylor 의과대학의 중요한 연구에 따르면, 콩 단백질이 높은 식단을 섭취하는 남자는 동물성 단백질이 높은 식단을 섭취하는 남자와 비교해 콜레스테롤이 떨어지는 것을 경험했다. 그 연구는 남성이 반드시 그들의 육류 단백질 섭취를 식물성 단백질로 50%까지 대체해야 한다고 결론 내렸다.

75

정답 ①

제시문은 나이가 들어가면서 죽음의 의미가 'anger → frustration → general kind of sadness → reflective, peaceful type of sadness'로 변한다고 서술하고 있다. 따라서 보기의 (A)에는 'death', (B)에는 'older'가 들어가는 것이 적절하다.

[해석]

죽음은 모든 사람들이 대처하기에 어려운 일이다. 젊은 사람들이 죽음을 완전히 이해하거나 받아들이지 못하기 때문에 죽음에 대해 분노를 느끼는 것은 당연하다. 그러나 나이가 들어감에 따라 이러한 분노는 좌절로 바뀌고 더 일반적인 슬픔으로 변한다. 그리고 마침내 그것은 반드시 불쾌한 것이 아닌 보다 회상적이고 평화로운 슬픔으로 바뀐다. 이는 감정이 사라졌다는 것을 의미하는 것은 아니다. 단지 변하는 것이다. 죽음의 의미를 한마디로 표현하는 것은 어렵지만 사람들은 확실히 시간이 지남에 따라 배운다.
→ (A) 죽음의 의미는 (B) 나이가 들면서 변한다.

[어휘]

- cope with : 대처하다, 극복하다
- frustration : 좌절
- reflective : 사색에 잠기는, 깊이 생각하는
- definitely : 확실히, 명확히
- not necessarily : 반드시 ~한 것은 아니다
- over time : 시간이 지남에 따라

76

정답 ②

제시문은 점성술은 뚜렷한 증거가 없는 미신임에도 전 세계 수백만 명의 사람들이 믿을 정도로 널리 퍼져 있다는 내용이다. 따라서 '드물게'를 의미하는 'rarely'를 '널리, 폭넓게'를 의미하는 'widely'로 고치는 것이 적절하다.

[해석]

야구 선수들의 미신은 전설로 유명한데, 로진 백이나 씹는 담배처럼 그들의 기이한 하위 문화의 일부이다. 그들은 징크스를 두려워하며, 행운의 양말을 신고, "거꾸로 뒤집어 쓰는 모자"의 힘을 믿는다. 하지만 미신이 운동선수 특유의 것은 아니다. 많은 사람들, 사실 우리 대부분은 비이성적인 믿음을 갖고 있다. 예를 들어, 사람이 태어난 시간과 장소에서 별의 위치가 그 사람의 건강, 신체적 특징, 성격, 그리고 미래의 운명을 결정하는 데 도움이 된다고 드물게(→ 널리) 생각한다. 비록 증거가 점성술의 타당성을 뒷받침해 주지 않지만, 전 세계의 수백만 명의 사람들은 그것을 믿는다. 더욱이, 많은 사람들은 행운의 부적을 가지고 다니거나 나무 두드리기 또는 손가락 교차하기 같은 불운을 방지하고 행운을 가져올 거라고 기대하는 간단한 행동을 한다. 과학적으로 진보한 우리 사회에서 이 행동은 역설적으로 보인다. 자연 세계에 대한 우리의 이해는 이런 징표와 몸짓이 그것들이 가리키는 사건들에 영향을 미칠 수 없다고 말해 주지만, 미신은 보편적은 아니라 하더라도 정말로 흔하다.

77

정답 ③

제시문은 컴퓨터의 이점에 대해서 언급하고 있으나, ③은 현대 컴퓨터의 제한된 기능을 이야기하고 있다.

[해석]

PC의 발달은 저자들, 저널리스트들, 작가들의 생활을 더 쉽게 했다. 컴퓨터 공학기술은 현재 원고 초안을 재타이핑하지 않고 작가들이 스스로 작업을 편집할 수 있게 하고 있다. 컴퓨터 워드 프로세싱 프로그램은 철자, 그리고 종종 구두법과 문법상의 오류를 발견하는 것과 같은 과정상의 잡다한 일을 수행할 수 있다. (현대 컴퓨터들은 오직 워드프로세싱 기능에만 제한되어 있다.) 게다가 원고는 컴퓨터의 메모리 속에 파일로 저장될 수도 있다. 그래도 작가는 신중해야 한다. 왜냐하면 컴퓨터 파일은 버튼을 누름으로써 지워질 수 있기 때문이다.

[어휘]

- Journalist : 신문·잡지 기고가
- original draft : 원고 초안
- edit : 편집하다
- routine : 과정
- chore : 잡일, 허드렛일
- punctuation : 구두법
- manuscript : 원고

78

(A) 근로자들이 정확한 평가를 받을 때 더욱 생산적이게 된다는 의미이므로 'when'을 쓰는 것이 적절하다.

(B) 빈칸 다음에 나오는 내용이 앞의 내용과 상반되므로 'However' 가 적절하다.

해석

당연히 근로자들은 그들의 실적에 대한 정확한 평가에 근거를 둔 지도와 지원을 받을 (A) 때 더 생산적이고 효율적이다. 이상적인 세계에서 근로자의 실적 평가는 오로지 그들이 얼마나 일을 잘하는지에 근거를 둘 것이다. (B) 그러나 종종 주관적인 편견이 근로자 평가에 영향을 미친다. 예를 들어 관리자들은 근로자의 실적보다는 근로자에 초점을 둔다. 관리자들은 좋아하거나 싫어하는 근로자들에 대한 일반적인 인상을 만들어 놓고 그들이 수행한 업무보다는 그들의 인상에 근거하여 그들을 평가한다. 평가자들로 하여금 근로자가 특정한 업무들을 얼마나 잘 수행하는지에 초점을 두도록 지도함으로써 일반적인 인상에 따라 근로자들을 평가하는 경향을 줄일 수 있다. 근로자들이 "불량한 태도"와 같은 것들로 인해 벌점을 받아서는 안 된다.

[79~80]

해석

사람들이 물질 대신에 이미지에 돈을 지불한다면 문제가 되는가? 상표에 대한 많은 논란은 광고에 대하여 오래 전개되었던 논쟁들과 비슷하다. 즉, 그것들은 사람들이 필요하지 않은 물건들을 사도록 하고, 가치보다 더 많은 돈을 지불하도록 유혹하고, 지불할 능력이 없는 사람들에게 불행을 초래하며, 인간적 가치에 대한 소비 중심주의의 승리를 나타내는 것이다.

상표라는 것이 점차적으로 감성 브랜딩을 통해 추구하는 욕망과 위험성에 쏠리는 경향이 있는 젊은 사람을 표적으로 삼는다는 점은 특히 고려할 만한 점이다. 오늘날 많은 부모는 상표에 대한 자녀의 망상, 즉 그들의 젊은 시절에는 알지도 못한 현상에 실망을 하고 있다.

한편, 상표란 아무런 해가 없는 단지 재미있는 것이라고 주장한다. 소비자들은 어리석지 않다. 그들은 상표가 있는 상품에 돈을 더 지불했을 때 자신들이 무엇을 하고 있는지를 알고 있으며, 그 상품이 가지고 있는 우수성 때문에 기꺼이 그렇게 하는 것이다. 만약 Tesco가 구운 콩 통조림 값으로 Prada 가방을 그들에게 판다면 가방을 가진 기쁨은 훨씬 감소될 것이다.

어떤 의미에서는 상표에 대한 논쟁은 광고와 같이 소비자 사회의 중요한 몫이기 때문에 헛된 일인 것처럼 보이기도 한다. 경쟁적인 자본주의가 존재하는 한 상표는 건재할 것이다.

어휘

- substance : 물질
- deploy : 배치하다
- triumph : 승리, 업적
- consumerism : 소비, 소비 지상주의
- seek : 찾다, 추구하다
- exploit : 공훈, 업적

- obsession : 집착, 강박 관념
- phenomenon : 현상
- cachet : 특징

79

제시문은 전반부에서 상표가 소비자 사회에 미치는 부정적 영향에 대해 서술하고 있다. 이어서 상표가 아무런 해가 없는 재미있는 것이라고 주장하는 일각의 의견을 언급하고는 있지만, 상표에 대한 논쟁이 광고와 같이 헛된 일인 것처럼 보이며 경쟁적인 자본주의가 존재하는 한 상표가 건재할 것이라는 도입부와 일맥상통하는 부정적 견해로 글을 마무리하고 있다. 따라서 글쓴이의 심정은 'Critical(비판적인)'이라고 보는 것이 적절하다.

80

상표와 광고의 공통점은 소비를 촉진시킨다는 점이다.

3일 차 기출응용 모의고사 정답 및 해설

01	02	03	04	05	06	07	08	09	10
⑤	②	④	②	②	④	③	④	②	④
11	12	13	14	15	16	17	18	19	20
③	⑤	④	⑤	④	③	⑤	③	②	①
21	22	23	24	25	26	27	28	29	30
⑤	②	④	②	②	①	②	④	④	①
31	32	33	34	35	36	37	38	39	40
⑤	③	②	⑤	②	③	②	①	⑤	④
41	42	43	44	45	46	47	48	49	50
①	③	④	④	④	⑤	④	④	②	⑤
51	52	53	54	55	56	57	58	59	60
①	②	①	①	⑤	③	④	②	②	③
61	62	63	64	65	66	67	68	69	70
②	②	②	⑤	①	①	⑤	⑤	②	⑤
71	72	73	74	75	76	77	78	79	80
④	①	⑤	⑤	④	①	④	①	②	③

| 01 | 직업능력

01

정답 ⑤

쇼펜하우어는 표상의 세계 안에서의 이성의 역할, 시간과 공간, 인과율을 통해서 세계를 파악하는 주인의 역할을 함에도 불구하고 이성이 다시 의지에 종속됨으로써 제한적이며 표면적일 수밖에 없다는 한계를 지적하고 있다.

오답분석
① 세계의 본질은 의지의 세계라는 내용은 쇼펜하우어 주장의 핵심 내용이라는 점에서는 적절하지만, 제시문의 주요 내용은 주관 또는 이성 인식으로 만들어내는 표상의 세계가 결국 한계를 가질 수밖에 없다는 것이다.
② 제시문에서는 표상 세계의 한계를 지적했을 뿐, 표상 세계의 극복과 그 해결 방안에 대한 내용은 없다.
③ 제시문에서 의지의 세계와 표상 세계는 의지가 표상을 지배하는 종속관계라는 차이를 파악할 수는 있으나, 중심 내용으로 보기에는 적절하지 않다.
④ 쇼펜하우어가 주관 또는 이성을 표상의 세계를 이끌어 가는 능력으로 주장하고 있다는 점에서 적절하나 글의 중심 내용은 아니다.

02

정답 ②

제시문은 베토벤의 9번 교향곡에 대해 설명하고 있으며, 보기는 9번 교향곡이 '합창 교향곡'이라는 명칭이 붙은 이유에 대해 이야기하고 있다. 세 번째 문장까지는 교향곡에 대해 설명하고 있으며, 네 번째 문장부터는 교향곡에 대한 현대의 평가 및 가치에 대해 말하고 있다. 따라서 보기는 교향곡에 대한 설명과 교향곡에 성악이 도입되었다는 설명을 한 다음인 ⓒ에 들어가는 것이 가장 적절하다.

03

정답 ④

A, B, C는 각자 해야할 일이 무엇인지 잘 알고 있으며, 서로의 역할도 이해하는 모습을 볼 수 있다. 이처럼 효과적인 팀은 역할을 명확하게 규정한다.

04

정답 ②

7번 점검내용의 확인란에 체크가 되어 있지 않으므로 유아들의 안전 관리를 위한 성인의 존재는 확인이 필요하나, 6번 점검내용의 확인란에 체크가 되어 있음을 볼 때 휴대전화 여부는 확인되었음을 알 수 있다.

오답분석
① 2번과 9번 점검내용의 확인란에 체크가 되어 있지 않음을 확인할 수 있다.
③ 점검표의 비고란을 통해 확인할 수 있다.
④ 4번과 13번 점검내용의 확인란에 체크가 되어 있음을 확인할 수 있다.
⑤ 5번 점검내용의 확인란에 체크가 되어 있음을 확인할 수 있다.

05

정답 ②

2024년과 2023년의 원자력 발전설비 점유율을 구하면 다음과 같다.
- 2024년 점유율 : $\frac{17,716}{76,079} \times 100 ≒ 23.3\%$
- 2023년 점유율 : $\frac{17,716}{73,370} \times 100 ≒ 24.1\%$

따라서 2024년 원자력 발전설비 점유율은 2023년에 비해 24.1-23.3=0.8%p 감소했다.

06

2024년의 석탄 발전량은 $\frac{197,917}{474,211} \times 100 ≒ 42\%$이다.

07

두 번째 문단에서 부조화를 감소시키는 행동은 비합리적인 면이 있는데, 그러한 행동들이 자신의 문제에 대해 본질적인 해결책을 찾지 못하도록 할 수 있기 때문이라고 설명하였다.

[오답분석]

① 인지부조화는 불편함을 유발하기 때문에 사람들은 이것을 감소시키려고 한다.
② 제시문에는 부조화를 감소시키는 행동의 합리적인 면이 설명되어 있지 않다.
④ 제시문에서 부조화를 감소시키려는 자기방어적인 행동은 부정적인 결과를 초래한다고 하였다.
⑤ 부조화를 감소시키는 행동으로 사람들은 자신의 긍정적인 측면의 이미지를 유지하게 되는데, 이를 통해 부정적인 이미지를 감소시키는지는 알 수 없다.

08

제시문의 내용에 따르면 인지부조화 이론에서 '사람들은 현명한 사람을 자기 편, 우매한 사람을 다른 편이라고 생각할 때 마음이 편안해질 것이다.'라고 하였다. 따라서 자신의 의견과 동일한 주장을 하는 글은 논리적인 것으로 기억하고, 자신의 의견과 반대되는 주장을 하는 글은 형편없는 것으로 기억할 것임을 예측할 수 있다.

09

'나누다'에 피동 표현 '−어지다'가 붙은 '나누어지다'는 올바른 표기이다. 또한 '나뉘다'는 '나누다'의 피동사 '나누이다'의 준말이므로 이미 피동인 '나뉘다'에 피동 표현인 '−어지다'를 붙이면 이중 피동 표현이 된다. 따라서 ⓒ은 '나누어져'로 쓰는 것이 적절하다.

10

ㄴ. 민간의 자율주행기술 R&D를 지원하여 기술적 안정성을 높이는 전략은 위협을 최소화하는 내용은 포함하지 않고 약점만 보완하는 내용이므로 ST전략이라고 할 수 없다.
ㄹ. 국내기업의 자율주행기술 투자가 부족한 약점을 국가기관의 주도로 극복하려는 전략은 약점을 최소화하고 위협을 회피하려는 WT전략의 내용으로 옳지 않다.

[오답분석]

ㄱ. 높은 수준의 자율주행기술을 가진 외국 기업과의 기술이전협약 기회를 통해 국내외에서 우수한 평가를 받는 국내 자동차 기업이 국내 자율주행자동차 산업의 강점을 강화하는 전략은 SO전략에 해당한다.
ㄷ. 국가가 지속적으로 자율주행자동차 R&D를 지원하는 법안이 본회의를 통과한 기회를 토대로 기술개발을 지원하여 국내 자율주행자동차 산업의 약점인 기술적 안전성을 확보하려는 전략은 WO전략에 해당한다.

11

각각의 조건에서 해당되지 않는 쇼핑몰을 체크하여 선지에서 하나씩 제거하는 방법으로 푸는 것이 좋다.

• 철수 : C, D, F쇼핑몰은 포인트 적립이 안 되므로 해당 사항이 없다 (④, ⑤ 제외).
• 영희 : A쇼핑몰에는 해당 사항이 없다.
• 민수 : A, B, C쇼핑몰에는 해당 사항이 없다(①, ② 제외).
• 철호 : 환불 및 송금수수료, 배송비가 포함되었으므로 A, D, E, F쇼핑몰에는 해당 사항이 없다.

12

제8조 제4항에 따르면 주관부서장이 아닌 소관부서장이 위원회에 출석하여 사업내용을 설명해야 한다.

[오답분석]

① 제5조 제2항을 통해 알 수 있다.
② 제8조 제2항을 통해 알 수 있다.
③ 제7조 제2항을 통해 알 수 있다.
④ 제4조 제2항을 통해 알 수 있다.

13

업무 시간 이외에 SNS를 통한 연락은 자제해야 하며, 직장 동료의 개인적인 공간인 SNS에 지속적으로 '좋아요' 버튼을 누르거나 댓글을 작성하는 행동은 올바른 SNS 예절로 보기 어렵다. 따라서 ④는 직장인이 지켜야 할 SNS 예절로 옳지 않다.

14

A=92−30=62개소이고, 첫 번째 조건에 따라 B=A+3=65개소이다. 네 번째 조건에 따라 D=2B−2=(2×65)−2=128개소이다. 세 번째 조건에서 G와 H의 값은 같다고 했으므로 G=H=7,937−(6,208+802+197+329+102)=299개소이다. 또한 C=299−127=172개소, E=299−128=171개소, F=4,474+{1,458−(195+58+172+51+30)}=4,474+952=5,426개소이다. 따라서 B+D+G=65+128+299=492이다.

15

정답 ④

ㄴ. 연도별 이용기관 수가 가장 많은 업체는 '산업체 – 공공 – 연구 – 교육 – 의료 – 군사' 순서로 매년 동일하다.

ㄷ. 2023 ~ 2024년 전년 대비 허가기관 수가 증가한 업종은 산업, 연구, 공공업종으로 신고기관 수도 증가했다.

ㅁ. 2022 ~ 2024년까지 신고기관 수 대비 허가기관 수의 비율은 다음과 같다.

- 2022년 : $\frac{1,458}{5,568} \times 100 ≒ 26.2\%$

- 2023년 : $\frac{1,471}{6,002} \times 100 ≒ 24.5\%$

- 2024년 : $\frac{1,481}{6,456} \times 100 ≒ 22.9\%$

오답분석

ㄱ. 2023년 군사의 이용기관은 14번에서 B의 수를 구했으므로 65+32=97개소이다.

ㄹ. 2023년과 2024년에 허가기관 수 차이가 1인 업종은 교육과 공공으로 2개이다.

16

정답 ③

경영전략 추진과정

1. 전략목표 설정 : 비전 설정, 미션 설정
2. 환경분석 : 내부환경 분석, 외부환경 분석
3. 경영전략 도출 : 조직전략, 사업전략, 부문전략
4. 경영전략 실행 : 경영목적 달성
5. 평가 및 피드백 : 경영전략 결과 평가, 전략목표 및 경영전략 재조정

17

정답 ⑤

2024년 전년 대비 멕시코 지식재산권 사용료 지급 증가율은 $\frac{292-277}{277} \times 100 ≒ 5.4\%$, 2023년 전년 대비 콜롬비아 사용료 수입 감소율은 $\frac{52-46}{52} \times 100 ≒ 11.5\%$이다. 따라서 11.5-5.4 =6.1%p 더 높다.

오답분석

① 2022 ~ 2024년 동안 지적재산권 사용료 수입이 지급보다 많은 국가는 미국과 파라과이이다.

② 미국의 지식재산권은 2023 ~ 2024년까지 지급은 수입이 차지하는 비중은 다음과 같다.

- 2023년 : $\frac{44,392}{124,454} \times 100 ≒ 35.7\%$

- 2024년 : $\frac{48,353}{127,935} \times 100 ≒ 37.8\%$

③ 2023 ~ 2024년 동안 전년 대비 지식재산권 수입과 지급이 증가한 나라는 미국이다.

④ 2022년 캐나다 지식재산권 사용료 수입은 4,105백만 달러이고, 미국을 제외한 국가들의 총수입인 7+42+52+33+7+38=179백만 달러보다 약 22배이다.

18

정답 ③

주어진 사례는 총무부가 주문서 메일을 보낼 때, 첨부한 자료를 꼼꼼히 확인하지 않아 수정 전의 파일이 첨부되어 발송되었기 때문에 발생한 일이다.

19

정답 ②

H씨의 업무시간은 점심시간 1시간을 제외하면 8시간이다. 주간업무계획 수립으로 $8시간 \times \frac{1}{8}$=1시간을, 프로젝트 회의로 $8시간 \times \frac{2}{5}$=192분=3시간 12분을, 거래처 방문으로 $8시간 \times \frac{1}{3}$= 160분=2시간 40분을 보냈다. 따라서 남은 시간은 8시간−(1시간 +3시간 12분+2시간 40분)=1시간 8분이다.

20

정답 ①

H씨의 행동을 살펴보면 무계획적인 업무처리로 인하여 일이 늦어지거나 누락되는 경우가 많다는 것을 알 수 있다. 이러한 행동에 대한 피드백으로는 업무를 계획적으로 진행하라는 맥락인 ①이 가장 적절하다.

21

정답 ⑤

조직문화는 구성원 개개인의 개성을 인정하고 그 다양성을 강화하기보다는 구성원들의 행동을 통제하는 기능을 한다. 즉, 구성원을 획일화 · 사회화시키는 것이다.

22

정답 ②

제시문은 식물의 이름을 짓는 방식을 생김새, 쓰임새, 향기, 소리 등으로 분류하여 해당하는 예를 들고 있다. 따라서 ②가 주된 전개 방식으로 가장 적절하다.

23

정답 ④

회사에서 식당까지의 거리를 $x$km라고 하면 다음과 같다. C가 이동한 시간은 $\frac{x}{3}$ 시간이고, A가 이동한 시간은 $\frac{x}{3} - \frac{1}{6} = \frac{x}{4}$ 시간이다. 그러므로 $x=2$이다.

B의 속력을 $y$km/h라고 하면 다음과 같은 식이 성립한다.

$$\frac{2}{y} + \frac{1}{12} = \frac{2}{3}$$

$$\rightarrow \frac{2}{y} = \frac{7}{12}$$

$$\therefore y = \frac{24}{7}$$

따라서 B의 속력은 $\frac{24}{7}$ km/h이다.

24
정답 ②

영업의 주요 업무로는 견적 작성 및 제출, 시장 분석, 판매 등을 들 수 있다. 금일 업무 내용 중 전사 공채 진행은 인사 업무이며, 명일 업무 내용 중 전사 소모품 관리는 총무 업무, 사원 급여 정산은 인사 업무로 볼 수 있다. 따라서 영업부의 주요 업무로 옳지 않은 것은 3가지이다.

25
정답 ②

쓰레기 배출이 가능한 요일을 표로 정리하면 다음과 같다.

구분	일	월	화	수	목	금	토
1주 차	A		B		C		D
2주 차		E		A		B	
3주 차	C		D		E		A
⋮	⋮	⋮	⋮	⋮	⋮	⋮	⋮
8주 차		A		B		C	
9주 차	D		E		A		B
10주 차		C		D		E	
11주 차	A		B		C		D
⋮	⋮	⋮	⋮	⋮	⋮	⋮	⋮

따라서 10주 차 일요일에는 어떠한 동도 쓰레기를 배출하지 않으며, 11주 차 일요일에 A동이 다시 쓰레기를 배출할 수 있다.

오답분석

① 2주 차를 확인하면 참인 것을 알 수 있다.
③ A동이 쓰레기 배출 가능한 요일을 순서대로 나열하면 '일요일 – 수요일 – 토요일 – 화요일 – 금요일 – 월요일 – 목요일 – 일요일'이므로 모든 요일에 쓰레기를 배출할 수 있다.
④ 처음 2주 차까지 살펴보면 2주에 걸쳐 모두 7번의 쓰레기 배출이 이루어지므로 A, B동은 2주 동안 쓰레기를 2회 배출한다.
⑤ B동이 수요일에 쓰레기를 처음 버리는 주는 8주 차이다.

26
정답 ①

A업체와 B업체의 가격과 보온성 평가점수가 별 8개로 동일하므로 모든 부문 별 개수 총합을 비교해야 한다. A업체는 별 17개, B업체는 별 14개이다. 따라서 H사는 A업체에서 근무복을 구매할 것이다.

27
정답 ②

예산 100만 원 내에서 15명의 근무복을 구매하려면 1벌당 구매가격이 $100 \div 15 \fallingdotseq 6.67$만 원보다 저렴해야 한다. 이 조건을 만족하는 A업체와 B업체만 비교할 때, 가격과 보온성 평가점수의 합이 A업체와 B업체 모두 별 8개이므로 가격이 더 저렴한 B업체의 근무복을 구매한다.

28
정답 ④

'한정 판매 마케팅 기법'은 한정판 제품의 공급을 통해 의도적으로 공급의 가격탄력성을 0에 가깝게 조정한 것이다. 이 기법은 소비자의 충동 구매를 유발하기 쉽다. 또한 판매 기업의 입장에서는 이윤 증대를 위한 경영 혁신이지만, 소비자의 합리적 소비를 저해할 수 있다.

29
정답 ④

한글 맞춤법에 따르면 ⓔ의 '지'는 어미 '–ㄹ지'의 일부이므로 붙여 써야 한다. 따라서 '할지라도'가 바른 표기이다.

30
정답 ①

구입할 수 있는 컴퓨터를 x대라고 하자. 3대까지는 1대당 100만 원을 지불해야 하므로 80만 원에 구입할 수 있는 컴퓨터는 $(x-3)$대이다.

$(100 \times 3) + 80 \times (x-3) \leq 2,750$

$\rightarrow 80(x-3) \leq 2,450$

$\rightarrow x-3 \leq 30.625$

$\therefore x \leq 33.625$

따라서 컴퓨터는 최대 33대를 구입할 수 있다.

31
정답 ⑤

서머타임을 적용하면 헝가리는 서울보다 −6시간, 호주는 +2시간이고, 베이징은 서머타임을 적용하지 않으므로 서울보다 −1시간이다. 헝가리의 시간이 오전 9시일 때, 서울은 $9+6=$오후 3시이며, 호주는 $15+2=$오후 5시, 베이징은 $15-1=$오후 2시이다. 두 번째 조건에서 호주는 현지시간으로 오후 2시부터 5시까지 회의가 있고, 첫 번째 조건에서 헝가리는 현지시간으로 오전 10시부터 오후 12시까지 외부출장이 있다. 그러므로 오전에 화상 회의를 하게 되면 오전 9시부터 1시간만 가능하다. 따라서 해외지사 모두 화상 회의가 가능한 시간은 서울 기준으로 오후 3시부터 4시까지이다.

32

정답 ③

앞선 문단의 마지막 문장이 '그렇다고 남의 향락을 위하여 스스로 고난의 길을 일부러 걷는 것이 학자는 아니다.'이므로 이어질 내용은 학자가 학문을 하는 이유를 설명하는 (나)가 되는 것이 적절하다. 다음으로 (가) 상아탑이 제구실을 못함 – (다) 학문의 목적은 진리 탐구임 – (마) 학문 악용의 폐단 – (라) 학문에 대한 의문 제기 순으로 나열하는 것이 적절하다.

33

정답 ②

입찰기준 점수에 따른 업체별 입찰점수를 계산하여 중간 선정 결과를 표로 정리하여 나타내면 다음과 같다. 입찰가격 기준(12억 원 미만)을 충족하지 못하는 C업체는 후보에서 제외한다.

(단위 : 점)

구분	경영 점수	안전 점수	디자인 점수	수상 실적 가점	입찰 점수	중간 선정 결과
A업체	9	7	4	0	20	선정
B업체	6	8	6	4	24	선정
C업체	7	7	5	0	19	제외
D업체	6	6	4	2	18	탈락
E업체	7	5	2	0	14	탈락
F업체	7	6	7	2	22	선정

중간 선정된 A, B, F업체의 안전점수와 디자인점수의 합을 계산하면 A업체는 $7+4=11$점, B업체는 $8+6=14$점, F업체는 $6+7=13$점이다.

따라서 중간 선정된 3개 업체 중 안전점수와 디자인점수의 합이 가장 높은 B업체가 최종 선정된다.

34

정답 ⑤

33번에서 구한 입찰점수에 입찰가격을 구간별로 점수화한 가격점수를 추가로 합산하여 최종 입찰점수를 표로 정리하여 나타내면 다음과 같다.

(단위 : 점)

구분	입찰점수	가격점수	최종 입찰점수
A업체	20	4	24
B업체	24	6	30
C업체	19	2	21
D업체	18	8	26
E업체	14	6	20
F업체	22	10	32

따라서 기존의 입찰점수와 새로운 가격점수를 합산하여 계산한 최종 입찰점수는 F업체가 가장 높다.

35

정답 ②

A, B, C, D항목의 점수를 각각 a, b, c, d점이라고 하자. 각 가중치에 따른 점수는 다음과 같다.

$a+b+c+d=82.5\times4=330 \cdots$ ㉠
$2a+3b+2c+3d=83\times10=830 \cdots$ ㉡
$2a+2b+3c+3d=83.5\times10=835 \cdots$ ㉢

㉠과 ㉡을 연립하면 다음과 같다.

$a+c=160 \cdots$ ⓐ
$b+d=170 \cdots$ ⓑ

㉠과 ㉢을 연립하면 다음과 같다.

$c+d=175 \cdots$ ⓒ
$a+b=155 \cdots$ ⓓ

각 항목의 만점은 100점이므로 ⓐ와 ⓓ를 통해 최저점이 55점이나 60점인 것을 알 수 있다. 만약 A항목이나 B항목의 점수가 55점이라면 ⓐ와 ⓑ에 의해 최고점이 100점 이상이 되므로 최저점은 60점이 된다.

따라서 $a=60$, $c=100$이고, 최고점과 최저점의 차는 $100-60=40$점이다.

36

정답 ③

ㄴ. 직업은 경제적 목적 달성을 위한 수단뿐만 아니라 그 이상의 자기실현이라는 면을 가지고 있다.
ㅁ. 사회봉사 활동은 일정한 수입을 얻지 않으므로 직업에 포함되지 않는다.

37

정답 ②

업체별 재료 구매 비용은 다음과 같이 계산된다. C업체의 경우 무수에탄올이 시트러스 구매량인 20L만큼 무료로 지급되므로 5L만 추가 구매하면 된다. D업체의 경위 최종 가격에서 10% 할인이 적용되며, E업체의 경우 시트러스 구매량인 20L만큼 스프레이 베이스가 50% 할인되어 스프레이베이스 5L만 정가에 구매한다.

(단위 : 원)

구분	필요한 양	A업체	B업체	C업체	D업체	E업체
시트러스	20L		400,000	600,000	540,000	600,000
무수에탄올	25L	$330\times 6,500=2,145,000$	250,000	50,000	375,000	375,000
스프레이 베이스	33L		660,000	825,000	660,000	460,000
공병	250병		12,500	15,000	15,000	12,500
합계	–	2,145,000	1,322,500	1,490,000	1,431,000 (10% 할인)	1,447,500

따라서 가장 저렴하게 재료를 구매할 수 있는 업체는 B업체이다.

38
정답 ①

37번의 결과로부터 선정된 업체는 B업체이고, B업체는 해외배송으로 최대 15일의 배송시간이 소요된다. 또한 제조 및 숙성에 4일, 완제품 배송에 2일이 필요하기 때문에 총 21일이 필요하다. 따라서 늦어도 납품 만기일인 11월 30일에서 21일 이전인 9일에 주문해야 한다.

39
정답 ⑤

필리핀에서 한국인을 대상으로 범죄가 이루어지고 있다는 것은 고민해야 할 사회문제이지만, 그렇다고 우리나라로 취업하기 위해 들어오려는 필리핀 사람들을 막는 것은 옳지 않은 행동이다.

40
정답 ④

A ~ D 4명의 진술이 각각 진실일 경우로 나누어 생각할 수 있다.
ⅰ) A가 진실을 말하는 경우

구분	A	B	C	D
피아노	×	×		
바이올린		×		×
트럼펫			○	○
플루트	△			

ⅱ) B가 진실을 말하는 경우

구분	A	B	C	D
피아노	○	×		
바이올린		○		×
트럼펫			○	×
플루트	×			

ⅲ) C가 진실을 말하는 경우

구분	A	B	C	D
피아노	○	○		
바이올린		×		○
트럼펫			○	×
플루트	△			

ⅳ) D가 진실을 말하는 경우

구분	A	B	C	D
피아노	○	×		
바이올린		×		×
트럼펫			×	×
플루트	○			

따라서 B의 말이 진실일 경우 주어진 조건에 따라 A는 피아노, B는 바이올린, C는 트럼펫, D는 플루트를 연주하며, 피아노를 연주하는 A는 재즈, 트럼펫과 바이올린을 연주하는 B와 C는 클래식, 플루트를 연주하는 D는 클래식과 재즈 모두를 공부한다.

| 02 | 한국사

41
정답 ①

봉사 10조는 최충헌이 왕에게 올린 10개조의 글이다.

오답분석
② 정방 설치 : 최우가 자신의 집에 설치한 인생행정 기관이다.
③ 서방 설치 : 최우가 설치한 문신 우대 기구이다.
④ 마별초 창설 : 최우가 편성한 기병부대이다.
⑤ 삼별초 창설 : 최우가 편성한 특수군대이다.

42
정답 ③

(가)는 조선 후기 이앙법의 보급으로 노동력이 절감되면서 1인당 경작 면적이 확대되는 광작으로 인해 농민층이 부농과 임노동자로 분화되고 있음을 보여주고 있다.
(나)는 서울 근교에서 상품 작물이 재배되어 고수익을 올리고 있음을 보여주고 있다.
능력 있는 사람들은 임노동자를 고용하여 넓은 토지를 경작하였고 이로 인해 소작지를 얻지 못한 빈농들은 임노동자로 전락하여 농민층의 분화가 나타났으며, 상업적 농업은 상품 화폐경제의 발달과 함께 더욱 활기를 띠게 되었다. 이 당시 대규모 농장 경영은 대부분 임노동자를 고용한 것이고, 노비에 의한 것은 아니었다.

43
정답 ④

제시문은 발해 무왕에 대한 설명이다. 대조영의 뒤를 이어 왕위에 오른 무왕은 인안(仁安)이라는 독자적인 연호를 사용하였고, 영토 확장을 통해 동북방의 여러 세력을 복속하며 북만주 지역을 장악하였다. 또한 동생인 대문예를 보내 흑수 말갈 정벌을 추진하였고, 장문휴의 수군으로 당의 등주를 공격하였으며, 돌궐, 일본 등과 화친을 맺고 신라와 당을 견제하면서 동북아시아의 세력 균형을 유지하였다.

오답분석
① 고구려의 장수왕은 한성을 공격하여 백제의 개로왕을 죽이고 한강 유역을 장악하였다(475).
② 백제의 성왕은 수도를 웅진에서 사비로 천도하고, 국호를 남부여로 고쳤다(538).
③ 신라의 법흥왕은 상대등과 병부를 설치하고 관등을 정비하여 중앙집권적 국가 체제를 갖추었다(517).
⑤ 대조영은 고구려 유민을 이끌고 지린성 동모산에서 발해를 건국하였다(698).

44

정답 ④

제시문은 의병 활동에 대한 내용이다. (가)는 '한 조각의 종이에 조인하여'라는 내용으로 볼 때 을사의병이다. (나)는 '동대문 밖 삼십 리 되는 곳'으로 진격한 정미의병 이후의 서울 진공 작전이다. (다)는 '모두가 해산 병정'이라는 내용으로 볼 때 해산 군인이 합류한 정미의병이다. (라)는 '머리를 깎고, 국모의 원통함'이라는 내용으로 볼 때 을미의병이다. 따라서 (라) 을미의병 → (가) 을사의병 → (다) 정미의병 → (나) 서울 진공 작전의 순으로 나열하는 것이 옳다.

45

정답 ④

제시문은 조선 후기 실학자 홍대용의 주장이다. 홍대용은 청을 왕래하면서 얻은 경험을 토대로 기술의 혁신과 문벌제도의 철폐, 성리학의 극복이 부국강병의 근본이라고 강조하였다. 또한, 중국이 세계의 중심이라는 생각을 비판하였다.

46

정답 ⑤

제시문은 탕평책에 대한 교서로 영조가 발표한 내용이다. 당파의 파벌이 심해지자 영조는 군주의 힘으로 이를 억누르려고 하였다. 영조의 업적으로는 서원 정리, 균역법 실시, 가혹한 형벌 폐지, 삼심제 실시, 청계천 준설, 『속대전』 편찬 등이 있다.

오답분석

ㄱ·ㄴ. 정조의 업적이다.

47

정답 ④

제시문은 을미사변에 대한 내용이다. 이는 1895년 일본 공사 미우라 고로가 주동하여 친러 성향의 명성황후를 시해하고 한반도 내에서의 세력 강화를 획책한 정변이다.

48

정답 ④

반달 돌칼은 청동기 시대에 곡식의 이삭을 자르는 데 사용하던 도구이다.

오답분석

①·⑤ 신석기 시대의 도구이다.
②·③ 구석기 시대의 도구이다.

49

정답 ②

대한민국 임시정부는 1920년대 중엽을 고비로 활동에 어려움을 겪게 되었다. 일제의 집요한 감시와 탄압으로 연통제와 교통국의 조직이 철저하게 파괴되었고, 이로 인해 국내로부터의 지원이 대폭 줄어들어 자금난과 인력난을 겪게 되었다. 또한 사회주의 사상이 유입되면서 이념의 갈등이 증폭되었고, 투쟁 방법에 있어서도 무장 투쟁론, 외교 독립론, 실력 양성론 등으로 대립되었다. 이를 극복하기 위하여 상하이에서 국민대표회의(1923)가 열렸으나 창조파와 개조파로 갈라져 대립이 심화되었다.

50

정답 ②

㉠은 중농주의, ㉡은 중상주의 실학자의 입장이다. 중농주의 실학자들은 농촌 사회의 안정을 위하여 자영 농민을 육성하기 위한 토지 제도의 개혁을 추구하였다. 중상주의 실학자들은 상공업의 진흥과 기술의 혁신을 주장하면서 청나라의 문물을 적극 수용하여 부국강병과 이용후생에 힘쓸 것을 주장하였다. 중농주의 실학자는 남인 계열이 많았으며, 중상주의 실학자는 서인 계열이 많았다.

51

정답 ①

여우를 통해 비판하는 것은 매국노(외국 세력에 의지하여 벼슬을 얻으려 하는 자, 외국인에게 빌붙어 나라를 망하게 하고 동포를 압박하는 자)와 제국주의 세력이다. ㄱ은 제국주의 세력인 일본에 대한 내용이고, ㄴ은 매국노에 대한 내용이다.

오답분석

ㄷ. 애국 계몽 운동에 대한 설명이다.
ㄹ. 서양 문물을 소개하는 내용이다.

52

정답 ②

제시된 헌법은 7차 개헌으로 이루어진 유신 헌법이다. 유신 헌법은 입법부인 국회와 사법부인 법원의 기능을 제한하고 대통령의 권한을 극대화함으로써 독재 체제를 지원하였다. 유신헌법은 1972년 7·4 남북 공동 성명을 발표한 직후에 공포된 후 1979년 10·26 사태로 박정희 정부가 붕괴될 때까지 유지되었다. 고리에 우리나라 최초의 원자력 발전소가 건설된 것은 1978년이며, 수출 100억 달러를 넘긴 것은 1977년이다.

오답분석

ㄴ. 케이블 텔레비전 방송은 1990년대 중반에 송출되기 시작됐다.
ㄹ. 전태일 분신 사건은 1970년 11월에 발생했다.

53

정답 ①

물산 장려 운동은 조만식 등의 주도로 평양에서 시작되어 전국적으로 단체가 설립되었다. 구호는 '내 살림 내 것으로', '조선 사람 조선 것'이며, 민족 기업의 지원과 민족 경제의 자립 달성이 목적이었다.

54
정답 ①

광해군은 임진왜란 이후 붕괴된 국가 체제를 복구하기 위해 노력하였다. 먼저 토지 대장과 호적을 새로 만들어 국가 재정 수입을 확보하였고, 농민의 부담을 줄이기 위해 경기도부터 대동법을 시행하였다. 성곽과 무기를 수리하여 국방을 다시 강화하였고, 허준이 선조 때부터 집필하기 시작한 『동의보감』을 완성하였다. 당시 중국은 명·청 교체기로 인해 혼란스러웠던 시기였는데, 광해군은 명과 후금 사이에서 중립 외교 정책을 통해 조선이 피해를 입지 않도록 노력하였다.

55
정답 ⑤

제시문은 국채보상운동에 대한 내용이다. 국채보상운동은 일본이 조선에 빌려 준 국채를 갚아 경제적으로 독립하자는 운동으로 1907년 2월 서상돈 등에 의해 대구에서 시작되었다. 대한매일신보, 황성신문 등 언론기관이 자금 모집에 적극 참여했으며, 남자들은 금연운동을 하였고 부녀자들은 비녀와 가락지를 팔아서 이에 호응했다. 일제는 친일 단체인 일진회를 내세워 국채보상운동을 방해하였고, 통감부에서 국채보상회의 간사인 양기탁을 횡령이라는 누명을 씌워 구속하는 등 적극적으로 탄압했다. 결국 양기탁은 무죄로 석방되었지만, 국채보상운동은 좌절되고 말았다.

오답분석
① 보안회 활동(1904)에 대한 설명이다.
② 조선은행 설립(1896)에 대한 설명이다.

56
정답 ⑤

(가)는 2000년 6·15 남북 공동 선언, (나)는 1991년 남북 기본 합의서, (다)는 1972년 7·4 남북 공동 성명에 대한 내용이다. 따라서 (다) → (나) → (가) 순으로 나열하는 것이 옳다.

57
정답 ②

임시정부의 초대 대통령은 이승만, 국무총리는 이동휘였다.

오답분석
③ 연통제는 임시정부의 운영비를 조달하려는 데 일차적 목적이 있었다. 이 연통제 조직은 1921년에 발각되어 전면적으로 무너졌다.

58
정답 ④

제시문은 정조 때 금난전권을 폐지하는 조치에 대한 내용이다. 금난전권은 시전 상인들이 서울 난전을 금지하고 특정 상품을 독점 판매할 수 있는 권리였다. 조선 후기 상품 경제가 발달하면서 사상이 증가하여 시전 상인들과의 충돌이 잦아졌다. 결국 정조는 1791년(정조 15) 신해통공(辛亥通共)으로 육의전을 제외한 일반 시전 상인이 가진 금난전권을 폐지하였다. 밑줄 친 내용은 신해통공을 의미하는 것이며, 이후 사상의 활동 범위는 크게 확대되었다.

59
정답 ②

제시문에서 최세진의 경우 잡과에 합격한 후 문과에 합격하여 고위 관직에 올랐고, 안중손은 양인이었지만 과거에 합격하여 관직에 나가 양반이 되었음을 알 수 있다. 윤효손의 경우 서리의 자식이 과거에 합격한 것으로 보아 과거의 응시 자격은 천인이 아니면 특별한 제한이 없음을 알 수 있다. 조선시대 과거는 다양한 가문에서 신분 상승의 수단으로 이용되었고, 몇몇 특정 가문에서 이를 독점한 것은 아니었다.

60
정답 ③

제시문은 김부식이 고려 왕 인종에게 『삼국사기』를 바치면서 올린 글의 일부이다. '신 부식은 아뢰옵니다.', '삼장을 갖춘 인재를 …' 등에서 알 수 있다. 『삼국사기』는 현존하는 가장 오래된 사서이다.

오답분석
① 『삼국유사』: 고려 충렬왕 때 일연이 지은 사서로 정사 외에도 설화, 신화 등을 수록하였다.
② 『고려사절요』: 고려 시대의 역사를 편년체로 정리한 사서로 조선 문종 때 김종서 등이 편찬하였다.
④ 『제왕운기』: 충렬왕 때 이승휴가 지은 역사책으로 7언시와 5언시로 지어졌다.
⑤ 『고려사』: 조선 세종 때 편찬을 시작해 문종 때 완성된 고려 시대 사서이다.

| 03 | 영어

61

치료와 약물 등 모든 것이 환자들의 선택을 통해 결정된다고 하였으므로 호스피스에 있는 환자들은 의사가 처방한대로 약물치료를 받아야 한다는 내용의 ②는 제시문과 다른 설명이다.

[오답분석]
① 호스피스는 말기의 병으로 죽어가는 사람들을 위한 특별한 프로그램이다.
③ 호스피스의 보살핌은 말기 환자의 수명을 연장시키지 않는다.
④ 호스피스의 환자들은 원한다면 진통제를 받을 수 있다.
⑤ 호스피스 환경 안에서 죽어가는 사람들의 삶은 계속된다.

[해석]
호스피스는 말기 환자를 위한 특별한 프로그램이다. 그것은 의료 센터 내에 있을 수도 있지만 독립적으로 존재할 수도 있다. 호스피스의 보살핌은 죽음을 앞당기는 것도 지연시키는 것도 아니다. 간단히 말하자면, 그것의 목적은 죽어가고 있는 사람들의 삶의 질을 향상시키는 것이다. 숙련된 직원들, 후원해주는 자원봉사자들, 쾌적한 주변 환경과 공동체의식, 이 모든 것들이 환자들이 죽음에 대한 불안에 대처하도록 돕는다. 친척들과 친구들 심지어 애완동물들도 언제든지 호스피스의 거주자를 방문할 수 있다. 호스피스에 있는 환자들은 그들 자신의 치료와 약물 사용에 대해 스스로 결정한다. 만약 그들이 원한다면 둘 다 거절할 수도 있다. 하지만 그들이 선택한다면 통증을 억제하는 약을 받을 수 있다. 호스피스 환경 안에서 죽어가는 사람들의 삶은 계속된다.

[어휘]
• terminally : 말기의, 위독한
• hasten : 서둘러하다
• anxiety : 불안, 염려

62

제시문에서는 예배당의 종소리와 새들이 감미롭게 지저귀는 소리가 울려 퍼지는 평화로운 주변 분위기가 드러나 있으므로 'calm and peaceful(차분하고 평화로운)'이 가장 적절하다.

[해석]
그 도시에는 예배 장소들이 몇 개 있었고, 그들의 낮은 종소리가 아침부터 저녁까지 마을에 울려 퍼졌다. 태양은 밝고 기분 좋게 빛났고 공기는 따뜻했다. 시냇물이 물거품을 내며 흘렀고 새들의 감미로운 노래가 도시 저편 들판에서 울려 퍼졌다. 나무들은 이미 잠에서 깨어났고 푸른 하늘이 그들을 감싸고 있었다. 이웃 주변의 모든 것들, 나무들, 하늘, 그리고 태양은 너무도 젊고 친밀해 보여서 영원히 지속될 마법을 깨뜨리려 하지 않았다.

63

부시 대통령이 소개되어 단(壇)으로 걸어 나가는 것이 의미상 적절하므로 'announced'를 수동태로 고쳐야 한다.

[해석]
나는 즉시 백악관 입법부 직원의 인사를 받으며 골드 룸으로 들어갔다. 그곳에는 대부분의 상원과 하원 의원이 이미 모여 있었다. 정각 오후 4시에 부시 대통령은 소개되어, 그가 정시에 도착해 우회로를 최소화하려고 하는 것처럼 보이는 의기양양하고 단호한 걸음걸이로, 활기차고 건강한 모습으로 단(壇)으로 걸어갔다. 영부인과 함께 다과를 들고 사진을 찍도록 하기 위해 우리를 백악관 반대편으로 초대하기 전 약 10분 동안 그는 연설 중 몇 가지 농담을 하고, 국민의 단결을 촉구하는 연설을 하였다.

[어휘]
• on the dot : 정확히 시간 맞춰, 정각에
• podium : 단(壇), 지휘대
• jaunty : 의기양양한, 쾌활한
• refreshment : 다과, 가벼운 식사, 음료

64

'~가 없었다면 ~했을 것이다'라는 가정법 과거완료로 말해야 하므로 'would not have been possible'이 되어야 한다.

[해석]
샌프란시스코 자이언츠의 투수 Ryan Vogelsong과 그의 아내 Nicole은 아파트 옥상 마루에서 7월 4일 불꽃놀이를 보았다. 이 옥상 마루는 Bay Bridge와 Alcatraz Island, Coit Tower 같은 명소를 환상적으로 보여 준다. 또한, 그곳에서 그들은 순회하는 경력 중 적어도 지금까지는 믿기지 않는 정점이라 할 수 있는 내셔널 리그의 올스타 팀으로의 선발을 축하하며 샴페인을 터뜨렸다. San Francisco Chronicle은 최근 그를 Cy Young Award 후보로 지명했다. Vogelsong(34세)에게는 월드 시리즈 챔피언에서 8-1의 기록과 방어율 2.23을 기록한 동화 같은 시즌이었다. 올해의 업적은 Vogelsong이 전에 야구에서 했던 모든 것을 덮어버리지만, 10개 마이너리그 도시와 샌프란시스코, 피츠버그, 일본 및 베네수엘라에서의 머묾을 포함하는 경험이 가득한 긴 여정의 수고가 없었더라면 이는 불가능했을 것이다.

[어휘]
• improbable : 사실 같지 않은, 희한한, 별난
• itinerant : 떠돌아다니는, 순회하는
• overshadow : 빛을 잃게 만들다, 그늘을 드리우다
• odyssey : 경험이 가득한 긴 여정

65

제시문은 언어가 아닌 비언어적 능력들, 즉 눈과 마음을 통해 예술 작품을 온전히 감상할 수 있다는 내용이다. (A)에는 언어는 예술 작품의 의미를 충분히 전달하지 못하므로 '전달'이라는 의미의 'convey'가 들어가는 것이 적절하며, (B)에는 언어적 메시지와 달리 비언어적 메시지는 예술 작품을 온전히 감상하게 해 준다는 의미에서 '감상하다'의 의미인 'appreciate'가 들어가는 것이 적절하다.

해석

예술 작품을 충분히 경험하는 것에 관한 한, 언어는 다리와 같은 경계가 될 수 있다. 예술 비평은 그것이 얼마나 유창하고 세련되었는지와 관계없이 번역을 도울 어떠한 사전도 없이 매우 다른 언어를 묘사하기 위해 한 언어를 사용하려는 시도이다. 가장 높은 수준의 그림, 조각품, 소묘, 그리고 다른 시각적 매체는 읽히거나 말해지지 않은 언어의 창조를 나타낸다. 그것은 눈과 마음, 그리고 우리가 진심이라고 부르는 마음에 깊은 감동을 받는 우리의 내적 용량으로 이해된다. 이것은 우리가 우리의 감정을 말로 표현하기 힘들 때 침묵하게 만들 수 있다. 우리는 말하고, 듣고, 글자를 읽지만 우리는 글로 예술을 보고 느낄 수 없다. 오직 우리의 눈과 마음으로 예술을 보고 느낄 수 있다.

→ 우리의 언어가 예술 작품의 의미를 충분히 (A) 전달하지는 못하지만, 우리의 비언어적 능력들은 예술 작품을 진정으로 (B) 감상할 수 있다.

66

제시문은 개인에 대한 이야기를 쓸 때 경험과 교훈을 과장하지 말고 사실에 근거하여 명확하게 써야 한다고 말하고 있다. 따라서 빈칸에는 '과장'을 뜻하는 동명사 'exaggerating'이 들어가는 것이 적절하다.

해석

당신이 개인 업적에 대한 대입 논술을 쓸 때 경험과 배운 교훈을 과장하는 오류를 범하지 말라. 대신 그것이 재미없게 보일지라도 주제에 대해 비판적으로 생각하고, 어째서 그 경험이 가치 있었는지 이해하고 명확하게 설명하려고 하라. 사실에 근거하지 않은 너무 장황한 문제를 피하라. 당신이 스스로를 부풀리려고 하면 할수록 입학 사정관들의 눈에 덜 솔직하게 보일 것이다. '사실에 근거한 글쓰기'를 고수하면 경험을 꾸며 내지 않고도 더욱 인상 깊고 기억에 남는 논술을 쓸 수 있을 것이다.

어휘

• fall into the trap of : ~하는 오류를 범하다
• mundane : 재미없는, 일상적인
• long-winded : 장황한
• puff up : 자랑하다
• embellish : 꾸미다

67

마지막 문장에서 리더십은 유전적이거나 타고난 것이 아닌 습득한 요소에 즉각 반응을 보인다고 언급하고 있다. 따라서 훌륭한 지도자는 선천적으로 타고나는 것이 아니라 효과적인 지도자가 될 수 있는 요소들을 습득(acquired)하며 길러지는(cultivated) 것임을 알 수 있다.

해석

리더십에 대한 말도 안 되지만 오래 지속되는 미신은 훌륭한 지도자들은 그냥 그렇게 태어났다는 것이다. 우리의 대부분이 이 진술을 아주 많이 들어서 어느 정도 믿는 경향이 있을지라도 그것은 사실 아주 터무니없는 생각이다. 지도자들이 선천적으로 지도자가 되기 위해 태어났다는 진술은 세상이 지도자와 지도자가 아닌 사람으로만 가득 차 있다는 것을 암시한다. 그러나 사실 우리 개개인은 감정, 지성, 행동적인 재능의 독특한 조합과 형편없는 것에서부터 훌륭한 리더십까지의 연속체 어딘가에 우리를 두는 경향을 가지고 있다. 그리고 가장 중요한 것은 그 연속체에서 한 사람의 위치는 고정된 것이 아니라 유동적이라는 것이다. 리더십은 유전적이거나 타고난 것이 아닌 새로운 학식, 동기, 성숙함, 경험과 같이 습득한 특징들이 다양한 요소들에 즉각 반응을 보인다.

→ 누구나 (B) 습득한 요소들을 통해 효과적인 지도자가 될 수 있다는 점에서 지도자는 (A) 길러지는 것이다.

어휘

• enduring : 지속되는
• behavioral : 행동적인
• continuum : 연속체
• static : 고정적인
• maturity : 성숙함
• hereditary : 유전적인
• innate : 타고난

68

'directly'를 'indirectly'로 고쳐야 한다. 제시문은 언어적 메시지와 다르게 진심을 표현하는 비언어적 메시지를 다룬 글이다. 자신의 솔직한 반응을 직접적인 언어가 아닌 간접적인 비언어적 메시지로 표현한다고 하는 것이 내용의 흐름상 적절하다.

해석

언어적 메시지와 비언어적 메시지 사이에 차이가 있을 때, 판단을 형성하는 데 있어서 비언어적 메시지가 전형적으로 더 큰 비중을 차지한다. 예를 들어 한 친구가 저녁 식사 계획에 대해 말로는 "그거 좋은데"라고 하지만, 목소리에 열의가 거의 없고 활기 없는 얼굴 표정으로 응답할 수 있다. 이는 언어적 메시지에도 불구하고 표정상 열정의 부족이 그 계획을 그다지 긍정적으로 보고 있지 않다는 것을 암시한다. 그러한 경우, 긍정적인 말의 목적은 의견의 불일치를 피하고 친구를 지지하기 위한 것일 수 있지만, 긍정적인 표정의 부족은 자신도 모르게 그 계획에 대한 보다 솔직하고 부정적인 반응을 유출하는 것이다. 물론 활기 없는 표정을 보인 것은 또한 전략적이고 의도적인 것일 수도 있다. 즉, 그 비언어적 메시지는 고의적이지만, 상대방에게 자신의 솔직한 반응을 직접적으로(→ 간접적으

로) 알리려고 계획된 것이다. 그러면 그 비언어적 메시지를 해석하고 계획을 약간 조정하는 것은 상대방의 책임이 된다.

[69~70]

해석

옛날에 산에 어린 앵무새가 있었다. 그는 동물들의 목소리 흉내내기를 무척 좋아했다. 어느 날 그는 사자 흉내를 냈다. 몇몇의 동물들이 앵무새 주변에서 이 소리를 들었을 때 그들은 매우 놀라 달아났다.

"오, 멋져! 나는 다른 동물들을 놀라게 하는 게 좋아." 그 어린 앵무새는 생각했다. 그의 목소리는 점점 더 커졌다. 산에 있는 모든 동물들이 그의 목소리로부터 함께 도망갔다. 바로 그때 어린 앵무새는 사자 목소리를 들었다. 그는 큰 사자가 그에게 다가오고 있다고 생각했다.

"오! 사자가 나를 잡으러 오고 있어. 도와주세요!"

그러나 그를 도와줄 친구는 아무도 없었다. 그는 혼자였다. 그래서 그 앵무새는 산에서 날아가 버렸다. 후에 그 어린 앵무새는 늙은 앵무새에게 그 이야기를 했다. 그 늙은 앵무새가 웃으며 말했다. "너는 단지 네 목소리의 메아리를 들었다. 잘 들어라. 다른 이들을 놀라게 하지 마라. 만약 그런 일을 멈추지 않는다면, 너의 친구들은 모두 도망가 버릴 것이다."

어휘

• parrot : 앵무새
• imitate : 모방하다
• echo : 메아리
• run away : 달아나다

69 　　　정답 ②

산에 있는 동물들이 앵무새의 목소리를 듣고 그에 따라 도망을 간다는 내용이므로 'from'이 적절하다.

70 　　　정답 ⑤

큰 사자가 앵무새에게 다가오고 있으므로 'to'가 적절하다.

71 　　　정답 ④

'의향, 경향'의 뜻을 가진 단어 'inclination'이 'penchant'와 가장 유사하다.

해석

그의 인생에서 더 좋은 것을 향한 그의 기호는 가산 탕진으로 이어졌다.

어휘

• aptitude : 적성
• reproach : 비난하다
• extravagance : 사치

72 　　　정답 ①

'가두다, 국한시키다' 등의 의미로 쓰일 수 있는 단어는 'confine'이다.

해석

롤즈의 가장 엄중한 비평가들은 종종 그를 "미국인이나 영미계 미국인에게만 관련이 있다."라고 국한시키려 했다.

어휘

• stern : 엄중한, 근엄한
• rebuke : 책망
• exemplify : 예증하다

73 　　　정답 ⑤

'are raised'가 포함된 문장의 동사는 'have'이므로 'are raised'를 분사 형태인 'raised'로 고쳐야 한다.

해석

흡연은 당신의 건강에만 해로운 것이 아니라 당신 주위 사람들의 건강에도 해롭다. 간접흡연이라고도 불리는 환경 속의 담배 연기는 담배가 타면서 나오는 연기뿐만 아니라 내뿜는 연기까지 포함한다. 엄마의 흡연, 특히 임신 중의 흡연은 아기가 어릴 때 천식에 걸릴 위험이 높은 것과 연관이 있다. 흡연을 하는 가정에서 자라나는 아기와 어린 아이들은 비흡연 가정에서 자라나는 아이들보다 이염, 감기, 기관지염, 그리고 다른 호흡기 질병에 더 잘 걸리게 된다.

어휘

• passive : 수동적인
• secondhand : 간접적인
• asthma : 천식
• bronchitis : 기관지염
• respiratory : 호흡 기관의

74 　　　정답 ⑤

'have impression of＋명사'의 구조로 '～에 대한 인상을 받다, 가지다'라는 의미가 되어야 한다.

해석

루소에게 자연 상태로부터 비교점의 부재는 중요하다. 지속적인 관계와 동떨어져 살았던 생명체가 사람을 계급화하는 데 필요한 사고 방식을 진화시키지 못했다고 주장함으로써 루소는 두 가지 큰 결론을 이끌어 냈다. 첫째, 선천적 불평등(더 큰 체력, 더 좋은 노래 소리 또는 더 높은 지능)은 우리가 소유하게 된 자질이 우리를 다른 사람들의 눈에 존중받고, 찬양받고, 가치가 있고, 소중하게 할 때에만 중요하다는 것이다. 두 번째 결론은 자연인이, 그리고 자연인만이 정직하다는 것이다. 사회에서 우리는 항상 다른 사람들이 우리에 대해 어떻게 생각하는지에 관심이 있다. 우리는 다른 사람들의 경의와 존경심을 얻으려는 동기를 부여받는다. 그것은 자신에 대한 내 생각이 다른 사람들이 나에 대해 가지고 있는 인상에서 파생되는 지점에까지 이른다.

75
정답 ④

제시문은 여성들이 사회적 통념을 깨고 스포츠에 참가하게 되었다는 내용이므로 여성이 약한 성이라는 믿음을 받아들인다는 내용은 적절하지 않다. 따라서 'accept'를 'reject'로 고쳐야 한다.

해석
이제는 그 이전 어느 때보다 더 많은 여성들이 운동선수로서의 자신의 잠재력을 충분히 발휘할 수 있는 기회를 가지고 있다. 그러나 스포츠계에서 여성을 완전히 수용하게 되기까지 그 길은 험난했다. 미국에서 스포츠는 19세기에 엄격히 남자의 영역으로 등장했다. 여자들은 오락 활동 이상의 어떤 것에도 참여하지 못했는데, 이는 여성들이 경쟁의 압력과 압박을 신체적으로나 감정적으로 다룰 수 없는 약한 성이라는 믿음 때문이었다. 그러나 19세기 후반에서부터 여성들은 이러한 믿음을 받아들이기(→ 거부하기) 시작했고, 그들이 스포츠계에 자격이 있으며, 스포츠에 전적으로 참가함으로써 이득을 볼 수 있다는 것을 입증했다. 2002년 6월에 미국은 수천 명의 젊은 여성 운동선수들이 전미 스포츠 영역에서 자신의 잠재력을 발휘할 수 있는 기회를 제공해 준 Title 9 법안 통과 30주년을 기념했다.

어휘
• emerge : 나오다, 모습을 드러내다
• domain : 영역
• discourage : 막다
• recreational : 오락의
• latter : 후자의

76
정답 ①

(A) 다이아몬드의 산업적인 유용성을 언급한 문장으로 다이아몬드 부족이 가져올 문제를 말하고 있으므로 부족에 해당하는 'shortage'가 들어가야 적절하다.
(B) 뒤에 나오는 'from ~ to'의 내용이 다이아몬드 사용 범위를 나타내고 있으므로 'ranges'가 들어가야 한다.
(C) 다이아몬드가 산업 용도로 쓰이는 것은 그것이 지닌 경도 때문이므로 'hardness'가 정답이다.

해석
비록 대부분의 사람들이 이것을 보석으로 인식하지만, 다이아몬드는 도구로서 우리의 일상생활에 가장 직접적으로 영향을 끼친다. 공업용 다이아몬드는 너무나 중요해서 그것이 (A) 부족하면 금속 세공업의 붕괴를 초래할 것이며 대량 생산이 허물어질 것이다. 공업용 다이아몬드는 으깨지고 가루화되어 많은 연마 및 광택 작업에 사용된다. 다이아몬드가 사용되는 (B) 범위는 치과의 드릴부터 바위 절단용 톱과 유리 절단기까지 이른다. 다이아몬드의 굉장한 (C) 경도는 다이아몬드를 우리에게 알려진 가장 중요한 공업용 물질 중 하나로 만든다.

어휘
• breakdown : 붕괴, 몰락
• metal-working : 금속 세공술의
• mass production : 대량 생산
• crush : 분쇄하다
• grinding : 연마, 분쇄
• range from A to B : 범위가 A에서 B까지 걸쳐 있다

77
정답 ④

제시문은 비자발적으로 지은 얼굴 표정이더라도 우리 감정에 강한 영향을 행사할 수 있음을 보여 주는 내용이다. 미소짓도록 지시받은 그룹은 행복한 기억을, 찌푸리도록 시켜진 그룹은 슬픈 기억을 더 잘 상기하였다. 따라서 빈칸에는 얼굴 표현은 '자발적이 아닐 때에도 우리 감정에 강한 영향을 끼친다.'는 내용의 ④가 들어가는 것이 적절하다.

오답분석
① 심지어 자발적이 아닐 때에도 우리 기억에 강한 영향력을 행사한다.
② 그들이 자발적일 때 우리의 기억에 강한 영향력을 행사한다.
③ 자발적이든 아니든, 우리 기억에 강한 영향력을 행사한다.
⑤ 그들이 자발적일 때 우리 감정에 강한 영향력을 행사한다.

해석
1970년대에 수행된 한 흥미로운 연구에서 연구자들은 전극을 피실험자들의 얼굴에 부착했다. 그리고 연구자들은 피실험자들에게 다양한 근육을 수축해 달라는 단순한 요청을 했고, 피실험자들이 인식하지 못한 채 연구자들은 피실험자들의 얼굴을 웃음과 찡그림 등 감정 표현에 따라 움직였다. 미소짓는 상황의 대상은 통제군보다 행복하다고 느꼈고, 반면 찡그린 상황의 대상은 통제군보다 분노를 느꼈다고 보고했다. 만화를 보여 줄 때, 미소짓는 상태의 대상들은 만화를 찡그린 대상이 평가한 것보다 더 재밌다고 평가했다. 심지어 더욱 흥미로운 점은, 미소짓는 상태의 대상들은 그들의 삶에서 행복한 사건들을 슬픈 사건들보다 더 잘 기억했고, 반면 "찌푸린" 상태의 대상들은 그들의 과거로부터 슬픈 경험을 더 잘 상기할 수 있었다. 얼굴 표현들은 심지어 자발적이 아닐 때에도 우리 감정에 강한 영향을 행사한다.

78 정답 ①

남성과 여성이라는 생물학적인 요인으로 인하여 부모들이 자녀들과 대화하는 방식이 달라진다는 내용의 문장이므로 빈칸에는 'biological'이 들어가는 것이 가장 적절하다.

해석

부모들은 딸과 이야기할 때 조금 더 묘사적인 언어를 사용하고 세부적인 것들을 다룬다. 대부분의 부모들은 이것을 알고 놀라곤 한다. 그러면 그들은 왜 그럴까? 흥미롭게도 그것은 아이가 갓난아기일 때부터 시작된다. 출생 시 남성들이 여성들보다 약간 덜 발달된다는 것은 잘 알려진 사실이다. 그들은 여자아이들만큼 입으로 소리를 내어 표현하지 않고 눈도 많이 마주치지 않는다. 여자아이들은 입으로 소리를 내고 부모를 바라본다. 그 결과는? 부모님은 여자아이들에게 더 많이 말하면서 반응한다. 분명 생물학적 요인이 부모님들이 사용하는 언어의 양을 결정한다.

어휘
• descriptive : 설명적인, 묘사적인
• interestingly : 흥미롭게도
• vocalize : 발음하다
• respond : 반응하다, 응답하다
• apparently : 분명히
• factor : 요인
• determine : 결정하다

[79~80]

해석

우리가 이 세속 세계의 가장자리에서 표류하는 가상 세계를 함께 탐험할 때, 당신이 거주하는 수많은 상상의 영토들은 또 다른 현실을 가져온다. 나는 나니아, 호빗의 땅, 그리고 모글리의 정글을 통하여 내 어린 시절 방랑의 이미지를 떠올린다. 이 모든 것들은 내 모든 감각을 결합시키는 깊은 즐거움이며 잠시나마 나를 또 다른 차원의 삶으로 데려다 준다.

만약 내가 그 모든 것을 모두 모을 수 있다면, 모든 불행, 공포, 불의 및 고통 사이에서도 이 모든 것들이 순수한 즐거움의 시간 속으로 사라져 버리는 그런 순간들을 당신이 잊지 말기를 바란다고 말할 것이다. 어쩌면 우리가 절망을 이겨내는 기쁨의 정원 안에서 순식간에 우리가 우리의 모든 강력한 감각들을 한데 모으게 되는 바로 그런 때일 것이다.

따라서 당신이 헨델의 음악에 맞춰 춤을 추거나 야생화가 가득한 곳에 앉아 있거나 진지하게 당신의 첫 번째 다도(茶道)에 참여하는 그 순간들이야 말로 당신이 소중하게 여기게 될 그런 순간들인 것이다. 그 순간들이 친구들 및 사랑하는 이들과 함께하는 비슷한 순간들과 더불어, 우리가 인간임을 견딜 만하도록 만들어 주는 것이다.

어휘
• virtual : 가상의, 상상의
• material : 물질의, 구체적인, 세속의, 현실의
• territory : 영토, 영역

• wandering : 방황, 일탈, 배회, 혼란, 산책
• momentarily : 순간적으로, 일시적으로
• dimension : 차원, 부피, 규모, 치수
• fade away : 사라지다
• despair : 절망
• gravely : 무겁게, 진지하게, 근엄하게, 침통하게
• treasure : 소중히 여기다, 마음에 새기다
• bearable : 견딜 만한, 참을 만한

79 정답 ②

삶의 불행, 공포, 불의, 고통 등이 순수한 즐거움의 순간 속으로 사라진다고 했으므로 '절망을 이겨내다'의 의미가 되도록 'triumph'가 들어가는 것이 가장 적절하다.

80 정답 ③

제시문에서 글쓴이는 일상 속에서 느끼는 순수했던 즐거움의 순간들을 통해서 즐거운 기억으로부터 힘을 얻고 인생의 고통을 극복해 나갈 수 있다고 말한다.

오답분석
① 순수한 기쁨의 부정적인 양상들
② 어린 시절 방문한 불쾌한 장소들
④ 상상의 세계에서 불의를 간과하는 것
⑤ 가상현실에서 게임하는 것

4일 차 기출응용 모의고사 정답 및 해설

01	02	03	04	05	06	07	08	09	10
④	⑤	③	②	⑤	⑤	①	⑤	②	⑤
11	12	13	14	15	16	17	18	19	20
④	③	③	①	⑤	③	③	③	③	④
21	22	23	24	25	26	27	28	29	30
⑤	②	②	③	⑤	④	①	④	③	④
31	32	33	34	35	36	37	38	39	40
③	①	②	①	⑤	①	⑤	②	④	③
41	42	43	44	45	46	47	48	49	50
③	②	①	②	⑤	③	③	②	②	④
51	52	53	54	55	56	57	58	59	60
④	①	④	③	①	⑤	③	③	③	②
61	62	63	64	65	66	67	68	69	70
③	④	⑤	②	⑤	②	④	④	④	③
71	72	73	74	75	76	77	78	79	80
④	④	④	①	②	②	④	④	④	④

| 01 | 직업능력

01

정답 ④

방언이 유지되려는 힘이 크다는 것은 지역마다 자기 방언의 특성을 지키려는 노력이 강하다는 것을 의미하므로 방언이 유지되려는 힘이 커지면 방언의 통일성은 약화될 것이다.

02

정답 ⑤

네 번째 문단에서 정부가 수입을 규제하는 경우에 '수입 상품의 국내 가격이 상승하면서 수입 상품에 대한 소비를 억제하는 한편 해당 품목의 국내 생산을 촉진하는 효과'가 있다고 하였다. 따라서 이때 수입 상품의 가격 상승은 국내 생산자와 소비자 모두에게 영향을 끼친다.

03

정답 ③

증인 · 감정인 또는 통역인이 특허심판원에 대하여 허위의 진술 · 감정 또는 통역을 했을 때는 위증죄가 적용되어 5년 이하의 징역 또는 1천만 원 이하의 벌금에 처해진다. 고소가 있어야만 처벌할 수 있는 특허 침해죄와 달리 고소가 없어도 처벌이 가능하다.

04

정답 ②

증인 · 감정인 · 통역인의 허위 진술 · 감정에 대한 처벌은 '위증죄' 조항에 의해 이루어진다.

05

정답 ⑤

ㄱ은 집중화 전략, ㄴ은 원가우위 전략, ㄷ은 차별화 전략이다.

06

정답 ⑤

(가) 거래처까지는 오른쪽으로 2칸, 위로 5칸으로 총 7칸이므로 17.5km이다. 또한, (가) 거래처에서 (나) 거래처까지는 오른쪽으로 6칸, 위로 5칸으로 총 11칸이므로 27.5km이다. 따라서 사무실에서 (가) 거래처를 거쳐 (나) 거래처까지 들르는 거리는 45km이다.

• A차량에 주유할 때
  A차량의 연비는 15km/L이므로 총 3L의 휘발유를 주유해야 한다. 이때 휘발유의 리터당 가격은 1,563원이므로 총주유비는 4,689원이다.
• B차량에 주유할 때
  B차량의 연비는 13km/L이므로 총 3.5L의 경유를 주유해야 한다. 이때 경유의 리터당 가격은 1,403원이므로 총주유비는 4,910.5원이다.
• C차량에 충전할 때
  C차량의 연비는 9km/L이므로 총 5L의 LPG를 충전해야 한다. 이때 LPG의 리터당 가격은 904원이므로 총충전비는 4,520원이다.

따라서 가장 빠른 길로 갔을 때 차량과 그 연료비를 바르게 나열한 것은 ⑤이다.

07

정답 ①

계약직 사원 면접평가표의 질문사항 중 B대리가 조언한 내용의 질문사항은 아래와 같이 총 10개이다.

• 지금 주소에서 당사까지 얼마나 걸렸습니까?
• 최근에는 무슨 일을 하고 있었습니까?
• 당신의 장점은 무엇입니까?
• 당신의 10년 후의 모습은 무엇입니까?
• 당신은 향후 어떤 직업을 갖고 싶습니까?
• 직업은 무엇이라고 생각합니까?
• 아르바이트 및 다른 직업과 같은 사회 경험이 있습니까?
• 자기 발전을 위해 현재 무엇을 하고 있습니까?
• 계약기간 동안 지급될 급여가 적당하다고 생각합니까?
• 맡게 될 업무에 대해 어떻게 생각합니까?

따라서 총 20개의 질문사항 중 B대리의 조언과 별개로 K사원이 추가한 질문사항은 총 10개이다.

08

정답 ⑤

각각의 경우에 따라 부과되는 술과 담배의 세금은 다음과 같다.
• 술에 부과되는 세금
 - 종가세 부과 시 : 2,000×20×0.2=8,000원
 - 정액세 부과 시 : 300×20=6,000원
• 담배에 부과되는 세금
 - 종가세 부과 시 : 4,500×100×0.2=90,000원
 - 정액세 부과 시 : 800×100=80,000원

따라서 조세 수입을 극대화시키기 위해서 술과 담배 모두 종가세를 부여해야 하며, 종가세 부과 시 조세 총수입은 8,000+90,000=98,000원이다.

09

정답 ②

소금이나 후추 등이 다른 사람 손을 거치면 좋지 않다는 풍습을 볼 때, 소금과 후추가 필요할 때는 웨이터를 부르는 것보다 자신이 직접 가져오는 것이 적절한 행동이다.

10

정답 ⑤

케인스는 절대소득가설을 통해 소비를 결정하는 요인들 중에 가장 중요한 것은 현재의 소득이라고 주장하였다.

11

정답 ④

① 바이어가 생산현장을 먼저 방문하기로 되어 있는데, 첫날이 생산공장의 휴무이며 다음 날은 본사의 휴무이다. 또한 생산현장 시설 점검 및 보수가 예정되어 있다.
② 추석연휴인 15일이 겹친다.
③ 첫날이 생산공장의 휴무이다.
⑤ 창립기념일 휴무가 겹친다.

12

정답 ③

직원 투표 결과를 정리하여 합계를 구하면 다음과 같다.

구분	1인당 비용(원)	총무팀	영업팀	개발팀	홍보팀	공장1	공장2	합계
A	500,000	2	1	2	0	15	6	26
B	750,000	1	2	1	1	20	5	30
C	600,000	3	1	0	1	10	4	19
D	1,000,000	3	4	2	1	30	10	50
E	850,000	1	2	0	2	5	5	15
합계		10	10	5	5	80	30	140

ㄱ. 가장 인기 있는 상품은 D이다. 그러나 공장1의 고려사항은 회사에 손해를 줄 수 있으므로 2박 3일 상품이 아닌 1박 2일 상품 중 가장 인기 있는 B상품이 선택된다. 따라서 여행상품 비용으로 750,000×140=105,000,000원이 필요하므로 옳다.
ㄷ. 공장1의 A, B 투표 결과가 바뀐다면 여행상품 A, B의 투표수가 각각 31, 25표가 되어 선택되는 여행상품이 A로 변경된다.

오답분석

ㄴ. 가장 인기 있는 상품은 D이므로 옳지 않다.

13

정답 ③

비품은 회사 업무에 사용되는 물품을 의미하는데, 대체로 기업에서는 사전에 품목을 정해 놓고 필요한 자에게 보급한다. 만약 품목에 해당하지 않는 비품이 필요할 경우에는 그 사용 용도가 명확하고 업무에 필요한 것인지를 먼저 판단한 후에 예산을 고려하여 구매하는 것이 적절한 처리 과정이다. ③과 같이 단순히 목록에 없다는 이유로 제외하는 것은 적절하지 않다.

14

정답 ①

평가지표 결과와 지표별 가중치를 이용하여 지원자들의 최종 점수를 계산하면 다음과 같다.
• A지원자 : (3×3)+(3×3)+(5×5)+(4×4)+(4×5)+5=84점
• B지원자 : (5×3)+(5×3)+(2×5)+(3×4)+(4×5)+5=77점
• C지원자 : (5×3)+(3×3)+(3×5)+(3×4)+(5×5)=76점
• D지원자 : (4×3)+(3×3)+(3×5)+(5×4)+(4×5)+5=81점
• E지원자 : (4×3)+(4×3)+(2×5)+(5×4)+(5×5)=79점

따라서 H공단에서 올해 채용할 지원자는 A, D지원자이다.

15
정답 ⑤

'건설업' 분야의 취업자 수는 2021년과 2024년에 각각 전년 대비 감소했다.

오답분석

① 2016년 '도소매·음식·숙박업' 분야에 종사하는 사람의 수는 총취업자 수의 $\frac{5,966}{21,156} \times 100 ≒ 28.2\%$이므로 30% 미만이다.

② 2016~2024년 '농·임·어업' 분야의 취업자 수는 꾸준히 감소하는 것을 확인할 수 있다.

③ 2016년 대비 2024년 '사업·개인·공공서비스 및 기타' 분야의 취업자 수는 7,633−4,979=2,654천 명으로 가장 많이 증가했다.

④ 2016년 대비 2023년 '전기·운수·통신·금융업' 분야의 취업자 수는 $\frac{7,600-2,074}{2,074} \times 100 ≒ 266.4\%$ 증가했고, '사업·개인·공공서비스 및 기타' 분야의 취업자 수는 $\frac{4,979-2,393}{4,979} \times 100 ≒ 51.9\%$ 감소했다.

16
정답 ③

ㄱ. 2019년 '어업' 분야의 취업자 수는 '농·임·어업' 분야의 취업자 수 합계에서 '농·임업' 분야의 취업자 수를 제외한다. 따라서 1,950−1,877=73천 명이다.

ㄴ. 2023년에는 '전기·운수·통신·금융업' 분야의 취업자 수가 7,600천 명으로 가장 많다.

오답분석

ㄷ. '농·임업' 분야 종사자와 '어업' 분야 종사자 수는 계속 감소하기 때문에 '어업' 분야 종사자 수가 현상을 유지하거나 늘어날 것으로 보기 어렵다.

17
정답 ③

금화가 총 13개 있고, 상자마다 들어있는 금화의 개수는 다르며, 금화의 개수가 A<B<C라고 하였으므로 이를 정리하여 표로 나타내면 다음과 같다.

경우의 수	A상자	B상자	C상자
1		2	10
2		3	9
3	1	4	8
4		5	7
5		3	8
6	2	4	7
7		5	6
8	3	4	6

갑이 A상자를 열어본 후 B와 C에 각각 몇 개가 들어있는지 알 수 없다고 하였으므로 8은 제외한다. 을이 C상자를 열어본 후 A와 B에 각각 몇 개가 들어있는지 알 수 없다고 하였으므로 1, 2, 7이 제외된다. 이는 C상자에 10개, 9개, 6개 중 하나가 들어있는 경우 조건에 따라 A상자와 B상자의 금화 개수를 계산할 수 있기 때문이다. 두 사람의 말을 듣고 병이 B상자를 열어본 후 A와 C에 각각 몇 개가 들어있는지 알 수 없다고 하였으므로 4와 5가 제외된다. 따라서 성립할 수 있는 경우는 3과 6이고, 이 두 경우에 B상자에 들어있는 금화의 개수는 4개이다.

18
정답 ③

롱테일(Long Tail) 법칙은 하위 80%가 상위 20%보다 더 많은 수익을 낼 수 있다는 법칙이다. 이러한 법칙에 따라 1년에 한두 권밖에 안 팔리는 책일지라도 매출이 모이면 베스트셀러 못지않은 수익을 낼 수 있다.

19
정답 ③

소개를 할 때는 각자의 관심사와 최근의 성과에 대하여 간단히 언급하는 것이 바람직하다.

오답분석

① 천천히 그리고 명확하게 말한다.

② 소개받는 사람의 별칭은 그 이름이 비즈니스에서 사용되는 것이 아니라면 사용하지 않는다.

④ 정부 고관의 직급명은 퇴직한 경우라도 항상 사용한다.

⑤ 비즈니스 상황에서 소개를 할 때는 직장 내에서의 서열과 나이를 고려한다.

20
정답 ④

(가)의 앞의 윤리적 차원에서 지식인과 노동자 사이의 화해가 반드시 필요했지만 지식인들이 노동자의 땀 냄새를 극복하지 못해 실패했다는 내용을 통해 빈칸에는 사회문제는 후각의 문제이기도 하다는 ⓒ이 적절함을 알 수 있다.

(나)의 뒤의 '원시 종족만큼 객관적으로 냄새를 인지할 수 없지만, 후각이 주는 인상들에 대해 주관적으로 더욱 더 강렬히 반응하게 된다.'라는 문장을 통해 감각기관을 통한 인지능력의 예민함은 저하되지만, 그것이 제공하는 주관적인 느낌은 더 강해진다는 ⓒ이 적절함을 알 수 있다.

(다)의 앞의 '우리의 중심으로 끌어들인다.'라는 문장을 통해 빈칸에는 누군가의 냄새를 맡는다는 것은 그를 가장 내밀하게 인지하는 것이라는 ⊙이 적절함을 알 수 있다.

21

정답 ⑤

제시된 조건에 따라 직원별로 앉을 수 있는 자리를 도식화하면 다음과 같다.

	가 석	나 석		다 석	라 석	
1열		B대리	통로		✕	앞 ↕ 뒤
2열	✕		통로		D주임	

좌 ↔ 우

두 번째 조건에서 A팀장은 1열 다 석, 2열 나 석, 다 석에 앉을 수 있으며, 네 번째 조건에서 C주임은 B대리와 이웃하여 1열 가 석, 2열 나 석에 앉을 수 있다. 또한 마지막 조건에 E사원이 D주임보다 앞에 앉아야 하므로 1열 가 석, 다 석에 앉을 수 있다.
ㄷ. C주임이 2열 나 석, E사원이 1열 가 석에 앉을 수 있다.
ㄹ. E사원은 1열에만 앉아야 하고, C주임은 1열과 2열 모두 앉을 수 있으므로 옳은 설명이다.

오답분석

ㄱ. C주임은 1열 가 석 또는 2열 나 석에 앉을 수 있다.
ㄴ. A팀장이 2열 다 석에 앉는 경우에 가능하다.

22

정답 ②

	가 석	나 석		다 석	라 석	
1열		B대리	통로	E사원	✕	앞 ↕ 뒤
2열	✕		통로	A팀장	D주임	

좌 ↔ 우

제시된 내용에 따라 E사원은 A팀장과 이웃하여 앉아야 하므로 A팀장은 2열 나 석에는 앉을 수 없다. 또한 E사원은 D주임보다 앞에 앉아야 하므로 A팀장은 2열 다 석, E사원은 1열 다 석에 이웃하여 앉게 되고, C주임은 1열 가 석 혹은 2열 나 석에 앉을 수 있다. 따라서 반드시 2열에 앉는 직원은 A팀장과 D주임이다.

23

정답 ②

하루에 6명 이상 사무실에서 근무해야 하므로 하루에 2명까지만 휴가를 쓸 수 있다. 따라서 A사원이 4일 이상 휴가를 쓰면서 최대 휴가 인원 2명을 유지할 수 있는 기간은 6 ~ 11일이다.

24

정답 ③

A사와 B사의 제품 판매가를 x원이라고 하고, 두 번째 조건에 따라 A사와 B사의 어제 판매수량을 각각 $4y$개, $3y$개라고 하면, 세 번째 조건에 의하여 오늘 A사와 B사의 제품 판매가는 각각 x원, $0.8x$원이고, 네 번째 조건에 의하여 오늘 A사의 판매수량은 $4y$개, B사의 판매수량은 $(3y+150)$개이다. 다섯 번째 조건에 의하여 두 회사의 오늘 전체 판매액은 동일하므로 다음과 같은 식이 성립한다.

$$4xy=0.8x(3y+150)$$
$$\rightarrow 4y=0.8(3y+150)$$
$$\therefore y=75$$

따라서 오늘 B사의 판매수량은 $3 \times 75+150=375$개이다.

오답분석

① · ⑤ A사와 B사의 제품 판매가는 구할 수 없다.
② 오늘 A사의 판매수량은 $4 \times 75=300$개이고, 어제 B사의 판매수량은 $3 \times 75=225$개이다.
  따라서 오늘 A사의 판매수량과 어제 B사의 판매수량의 차는 $300-225=75$개이다.
④ 오늘 A사와 B사의 판매수량 비는 $300 : 375=4 : 5$이므로 동일하지 않다.

25

정답 ⑤

마지막 문단에 따르면 '라이헨바흐는 자연이 일양적일 수도 있고 그렇지 않을 수도 있음을 전제'하며, '자연이 일양적인지 그렇지 않은지 알 수 없는 상황에서는 귀납을 사용하는 것이 옳은 선택'이라고 한다. 그러나 ⑤와 같이 귀납이 현실적으로 옳은 추론 방법임을 밝히기 위해 자연의 일양성이 선험적 지식임을 증명하고 있는 것은 아니다.

오답분석

① 라이헨바흐는 '어떤 방법도 체계적으로 미래 예측에 계속해서 성공할 수 없다는 논리적 판단을 통해 귀납은 최소한 다른 방법보다 나쁘지 않은 추론'이라고 확언한다. 하지만 이것은 귀납의 논리적 허점을 현실적 차원에서 해소하려는 것이며, 논리적 허점을 완전히 극복한 것은 아니라는 점에서 비판의 여지가 있다.
② 라이헨바흐는 '귀납의 정당화 문제로부터 과학의 방법인 귀납을 옹호하기 위해 현실적 구제책을 제시'한다. 이것은 귀납이 과학의 방법으로 사용될 수 있음을 지지하려는 것이다.
③ 라이헨바흐는 '자연이 일양적일 경우 우리의 경험에 따라 귀납이 점성술이나 예언 등의 다른 방법보다 성공적인 방법'이라고 판단하며, '자연이 일양적이지 않다면 어떤 방법도 체계적으로 미래 예측에 계속해서 성공할 수 없다는 논리적 판단을 통해 귀납은 최소한 다른 방법보다 나쁘지 않은 추론이라고 확언'한다. 따라서 라이헨바흐가 귀납과 다른 방법을 비교하기 위해 경험적 판단과 논리적 판단을 활용했음을 알 수 있다.
④ 라이헨바흐는 '자연이 일양적인지 그렇지 않은지 알 수 없는 상황에서는 귀납을 사용하는 것이 옳은 선택'이라고 본다. 따라서 라이헨바흐는 귀납과 견주어 미래 예측에 더 성공적인 방법이 없다는 판단을 근거로 귀납의 가치를 보여 주고 있다.

26

정답 ④

아버지의 나이를 x세, 형의 나이를 y세라고 하자.
동생의 나이는 $(y-2)$세이므로 다음과 같은 식이 성립한다.
$y+(y-2)=40$
$\therefore y=21$
어머니의 나이는 $(x-4)$세이므로 다음과 같은 식이 성립한다.
$x+(x-4)=6\times21$
$\rightarrow 2x=130$
$\therefore x=65$
따라서 아버지의 나이는 65세이다.

27

정답 ①

부하직원을 칭찬할 때 쓰다듬거나 가볍게 치는 행위도 성희롱으로
오해받을 소지가 있으므로 그런 행동은 신중을 기해야 한다.

28

정답 ④

1주 이용권을 1주마다 구매할 때의 요금은 다음과 같다.
• 기본요금 : $3,000\times2=6,000$원
• 추가요금 : $100\div10\times(80+180+30+80)=3,700$원
따라서 총요금은 $6,000+3,700=9,700$원이다.

오답분석

① 3일, 9일을 제외하고 매일 1일 이용권 A를 구매할 때의 요금은
  다음과 같다.
  • 기본요금 : $1,000\times12=12,000$원
  • 추가요금 : $100\div10\times(10+40+140+240+90+140+40)$
    $=7,000$원
  따라서 총요금은 $12,000+7,000=19,000$원이다.
② 3일, 9일을 제외하고 매일 1일 이용권 B를 구매할 때의 요금은
  다음과 같다.
  • 기본요금 : $1,500\times12=18,000$원
  • 추가요금 : $100\div10\times(80+180+30+80)=3,700$원
  따라서 총요금은 $18,000+3,700=21,700$원이다.
③ 첫째 주는 1일 이용권 B를, 둘째 주는 1주 이용권을 구매할 때의
  요금은 다음과 같다.
  • 기본요금 : $1,500\times6+3,000=12,000$원
  • 추가요금 : $100\div10\times(80+180+30+80)=3,700$원
  따라서 총요금은 $12,000+3,700=15,700$원이다.
⑤ 1달 이용권을 구매할 때의 요금은 다음과 같다.
  • 기본요금 : $5,000$원
  • 추가요금 : $100\div10\times(10+40+140+240+90+140+40)$
    $=7,000$원
  따라서 총요금은 $5,000+7,000=12,000$원이다.

29

정답 ③

성과급 지급 규정의 평가기준 가중치에 따라 H대리의 평가점수를
변환해보면 다음과 같다.

(단위 : 점)

구분	전문성	유용성	수익성	총합	등급
1분기	1.8	1.6	3.5	6.9	C
2분기	2.1	1.4	3.0	6.5	C
3분기	2.4	1.2	3.5	7.1	B
4분기	2.1	1.6	4.5	8.2	A

따라서 1~2분기에는 40만 원, 3분기에는 60만 원, 4분기에는
80만 원으로 1년 동안 총 220만 원을 받는다.

30

정답 ④

전체 가입자 중 여성 가입자 수의 비율은 $\dfrac{9,804,482}{21,942,806}\times100$
$\fallingdotseq44.7\%$이므로 40% 이상이다.

오답분석

① 남성 사업장 가입자 수는 $8,059,994$명으로 남성 지역 가입자
  수의 2배인 $3,861,478\times2=7,722,956$명보다 많다.
② 여성 가입자 전체 수인 $9,804,482$명에서 여성 사업장 가입자
  수인 $5,775,011$명을 빼면 $4,029,471$명이므로 여성 사업장
  가입자 수가 나머지 여성 가입자 수를 모두 합친 것보다 많다.
③ 전체 지역 가입자 수는 전체 사업장 가입자 수의 $\dfrac{7,310,178}{13,835,005}$
  $\times100\fallingdotseq52.8\%$이다.
⑤ 가입자 수가 많은 집단 순으로 나열하면 '사업장 가입자 – 지
  역 가입자– 임의계속 가입자 – 임의 가입자'이다.

31

정답 ③

A는 9월 21일에 불가능하고, 남은 4팀 중 임의의 2팀을 섭외할
경우 예산 내에 모두 가능하다. 인지도 순위는 E>B, D>C이므로
E를 섭외하고, 나머지 1팀은 초대가수 후보 B, D 중 섭외가능 날
짜가 많은 가수를 섭외한다. 후보 B는 예정일 모두 가능하므로,
조건에 부합하는 섭외가수 2팀은 B, E이다.

32

정답 ①

인지도 조건에서 C는 제외되고, 9월 20일에 섭외가 불가능한 D도
제외된다.
따라서 A, B, E 중 섭외 비용을 최소로 할 수 있는 것은 E를 제외
하고 A, B를 섭외하는 것이다.

33

정답 ②

영업부장이 실수할 수도 있으므로 바로 생산 계획을 변경하는 것보다는 이중 확인 후 생산라인에 통보하는 것이 좋다.

34

정답 ①

각각의 경우의 수를 구하면 다음과 같다.
ⅰ) 홀수가 적힌 공이 나오고, 주사위를 2번 던졌을 때 합이 5인 경우
- 홀수 공이 나올 확률 : $\frac{3}{5}$
- 주사위 숫자 합이 5인 경우의 수 : (1, 4), (2, 3), (3, 2), (4, 1) → 4가지

홀수 공이 나오고, 주사위를 2번 던졌을 때 합이 5일 확률은
$\frac{4}{36} \times \frac{3}{5} = \frac{1}{15}$ 이다.

ⅱ) 짝수가 적힌 공이 나오고, 주사위를 3번 던졌을 때 합이 5인 경우
- 짝수 공이 나올 확률 : $\frac{2}{5}$
- 주사위 숫자 합이 5인 경우의 수 : (3, 1, 1), (1, 3, 1), (1, 1, 3), (2, 2, 1), (2, 1, 2), (1, 2, 2) → 6가지

짝수 공이 나오고, 주사위를 3번 던졌을 때 합이 5일 확률은
$\frac{6}{6^3} \times \frac{2}{5} = \frac{1}{90}$ 이다.

따라서 공을 하나 꺼내고, 주사위를 던져 나온 숫자의 합이 5일 확률은 $\frac{1}{15} + \frac{1}{90} = \frac{7}{90}$ 이므로 $p+q=90+7=97$이다.

35

정답 ⑤

사장님이 가운데 서는 경우의 수는 사장님을 제외한 나머지 6명이 일렬로 서는 경우의 수와 같다.
따라서 구하는 경우의 수는 6!=6×5×4×3×2×1=720가지이다.

36

정답 ①

줄다리기 대표는 3명이므로 사장님의 오른쪽 또는 왼쪽에 이웃해서 서야 한다. 사장님을 기준으로 줄다리기 대표 3명이 서는 방향의 수는 2가지이고, 각각의 경우의 수는 다음과 같다.
- 줄다리기 대표 3명이 일렬로 서는 경우의 수
  : 3!=3×2×1=6가지
- 나머지 종목 대표 3명이 일렬로 서는 경우의 수
  : 3!=3×2×1=6가지

따라서 사장님이 가운데 서고 줄다리기 대표들이 이웃해서 서는 경우의 수는 2×6×6=72가지이다.

37

정답 ⑤

초기의 독서는 낭독이 보편적이었고, 12세기 무렵 책자형 책이 두루마리 책을 대체하면서 묵독이 가능하게 되었다. 따라서 책자형 책의 출현으로 낭독의 확산이 아닌 묵독의 확산이 가능해졌다고 할 수 있다.

오답분석
①・②・③ 마지막 문단에서 확인할 수 있다.
④ 제시문 전체에서 확인할 수 있다.

38

정답 ②

기업중심의 원칙이 아니라 고객중심의 원칙이다. 고객중심의 원칙이란 고객에 대한 봉사를 최우선으로 생각하고 현장중심, 실천중심으로 일하는 것을 말한다.

직업윤리의 5대 원칙
- 객관성의 원칙
- 고객중심의 원칙
- 전문성의 원칙
- 정직과 신용의 원칙
- 공정경쟁의 원칙

39

정답 ④

기업이 공익을 침해할 경우 우선 합리적인 절차에 따라 문제 해결을 해야 하며, 기업 활동의 해악이 심각할 경우 근로자 자신이 피해를 볼지라도 신고할 윤리적 책임이 있다.

오답분석
ㄱ. 신고자의 동기가 사적인 욕구나 이익을 충족시켜서는 안 된다.

40

정답 ③

먼저 참가 가능 종목이 2개인 사람부터 종목을 확정한다. D는 훌라후프와 줄다리기, E는 계주와 줄다리기, F는 줄넘기와 줄다리기, G는 줄다리기와 2인 3각, J는 계주와 줄넘기이다. 여기에서 E와 J는 계주 참가가 확정되고, 참가 인원이 1명인 훌라후프 참가자가 D로 확정되었으므로 나머지는 훌라후프에 참가할 수 없다. 그러므로 C는 계주와 줄넘기에 참가한다. 다음으로 종목별 참가 가능 인원이 지사별 참가 인원과 동일한 경우 참가를 확정하면, 줄다리기와 2인 3각 참가 인원이 확정된다. A는 줄다리기와 2인 3각에 참가하고, B・H・I 중 1명이 계주에 참가하게 되며 나머지 2명이 줄다리기에 참가한다. 따라서 계주에 꼭 출전해야 하는 직원은 C, E, J이다.

| 02 | 한국사

41
정답 ③

오답분석
ㄹ. 지배층의 이익을 대변한 것은 성리학이다.

42
정답 ②

제시문의 첫 번째 글은 동아일보의 브나로드 운동(1931)이고, 두 번째 글은 조선일보의 문자보급 운동(1929)이다. 두 운동의 공통 목적은 문맹 퇴치와 농촌 계몽이었다.

오답분석
ㄴ. 1942년 조선어학회 사건에 대한 설명이다.
ㄹ. 1923년 민립대학 설립운동에 대한 설명이다.

43
정답 ①

자료는 만적이 노비들을 불러 모아 왕후장상의 씨가 따로 없다고 연설한 격문과 공주 명학소의 소민이었던 망이·망소이의 난에 대한 기록이다. 무신 집권기에는 신분 해방 운동의 성격을 띤 하층민에서의 반란이 많았다.

오답분석
③ 조위총의 난에 대한 설명이다.
④ 사미·효심의 난에 대한 설명이다.

44
정답 ②

- 제너럴셔먼호 사건은 제너럴셔먼호가 평양에 이르러 통상을 요구하다 발생했다. 이는 신미양요의 빌미가 된 사건이다.
- 묘청은 서경으로의 천도를 주장하였다. 서경은 지금의 평양을 말한다.
- 장수왕은 국내성에서 평양성으로 도읍을 옮기면서 남하 정책을 적극적으로 추진하였다.

따라서 사건 속에서 공통적으로 말하는 이곳은 (나) 평양이다.

45
정답 ⑤

제시문은 이자겸이 자신의 정치적 기반을 유지하기 위해 금의 사대 요구를 수락하는 내용이다(1125). 당시의 왕은 인종으로, 이때는 이자겸의 난과 묘청의 서경 천도 운동 등으로 문벌귀족 사회의 모순이 드러나고 있을 무렵이다. 『삼국사기』는 인종의 명에 의하여 김부식이 편찬한 역사서이다.

오답분석
ㄱ. 최우는 몽골과의 장기 항전을 대비하기 위하여 강화도로 천도하였다(1232).
ㄴ. 고려 광종은 노비안검법을 시행하여 호족 세력을 약화시켰고, 국가 재정을 확충하였다(956).

46
정답 ③

『조선책략』은 청의 황준헌이 러시아를 견제하기 위해 쓴 것으로 조선은 청, 일, 미국과 교섭해야 한다고 주장하고 있다. 제시된 자료는 위정척사운동에 대한 내용이다. 연대 순서로 정리하면 다음과 같다.

1860 년대	이항로 기정진	병인양요가 일어난 후 서양과의 교역을 반대하며 대원군의 통상 거부 정책을 지지하였다.
1870 년대	최익현	일본과의 강화도 조약 체결에 대해 상소문을 올려 왜를 서양과 다를 바가 없다고 비평하며 개항에 반대하였다.
1880 년대	이만손	일본에 수신사로 파견되었던 김홍집이 돌아와 조선책략을 소개하며 미국과 수교할 것을 건의하자 이에 대한 반발로 이만손 등은 상소 운동을 벌였다.
1890 년대	유인석 이소응	을미사변으로 명성황후가 일본에 의해 시해되고 단발령이 내려지자 이에 대한 반발로 유인석, 이소응 등이 의병 운동을 일으켰다.

47
정답 ③

『직지심체요절』은 청주 흥덕사에서 간행되었다(1377). 현재 원본은 프랑스 파리 국립도서관에 보관되어 있다.

48
정답 ②

우리 민족의 전통과 문화의 뿌리를 말살하려 한 일본은 식민지 지배정책으로 민족말살정책을 수행하였고, 1939년 창씨개명이라고 하여 성과 이름을 일본식으로 만들어 등록하도록 강요하였다. 창씨개명을 하지 않으면 취학, 취업, 우편물 이용 등의 공공생활을 규제하거나 신체적 학대를 가하기도 하였다.

오답분석
① 신사참배 : 황국신민화 정책으로 전국에 신사를 세우고 한국인들로 하여금 매일 참배하도록 하였다.
③ 병참기지화 정책 : 중일전쟁, 태평양전쟁 등을 일으킨 일본은 한국을 전쟁물자 보급창으로 사용하기 위해 병참기지화 정책을 시행하여 국내의 물적·인적 자원을 수탈하였다.
④ 한국어 교육 폐지 : 일본은 한국어 교육을 폐지하고 일본어만 가르쳤으며, 초등학교에서도 평상시에 일본어를 쓰도록 강제하였다.
⑤ 한국사 교육 폐지 : 일본은 왜곡된 식민역사의식을 교육하고, 한국사 교육을 폐지하였으며, 일본사 교육을 강요하였다.

49

(가)는 가쓰라·태프트 밀약, (나)는 일·영 동맹, (다)는 포츠머스 조약이다. 이들 조약은 일본과 청이 맺은 시모노세키 조약과 더불어 일본의 한국 종주권을 인정하는 국제 협약들이다. 특히 (가)~(다)는 1904년에서 1905년 사이에 맺어지면서 을사조약 체결의 배경이 되기도 하였다.

오답분석

① 남한 대토벌(1909)에 대한 설명이다.
③ 대한제국(1897)에 대한 설명이다.
④ 국권피탈(1910)에 대한 설명이다.
⑤ 독립협회(1896~1898)에 대한 설명이다.

50

발해 선왕 때 대외적으로 영토를 확장하였고, 당으로부터 해동성국이라 불렸다.

51

조선 후기에는 상품 화폐 경제가 진전되면서 시장 판매를 위한 수공업 제품의 생산이 활발했다. 이 시기 민간수공업자들은 작업장과 자본의 규모가 소규모여서 자금과 원료를 미리 받아 제품을 생산하는 선대제가 유행했다. 또 장인세만 부담하면 비교적 자유롭게 생산 활동에 종사할 수 있었으며, 관영수공업장에서 만든 제품에 비해 경쟁력도 높았다.

오답분석

ㄱ. 고려 전기에 대한 설명이다.
ㄷ. 조선 전기에 대한 설명이다.

52

조선 세종 때 4군 6진을 개척하여 현재와 같은 국경선을 가지게 되었다.

오답분석

② 토지와 인구에 따라 합리적으로 군현제를 정비하고, 면리제 등을 시행하였다.
③ 6조 판서가 왕에게 업무를 직접 보고하는 6조 직계제를 시행하였다.
④ 전·현직 관료에게 모두 지급하는 과전법에서 현직에게만 토지를 지급하는 직전법으로 바꾸었다.
⑤ 세조 때 경국대전 편찬을 시작하여 형전과 호전이 만들어졌고, 성종 때 반포되었다.

53

대한국 국제는 1899년에 제국이 반포한 한국 최초의 근대적 헌법이다. 또한 민주주의 국가가 아니라 '만세불변의 전제정치'임을 표방하였다.

54

만주 지역에서 활동하던 독립군 부대는 1920년 봉오동에서 홍범도 등의 연합부대를 이끌고 일본 군대를 기습하여 큰 승리를 거두었다. 이어 홍범도, 김좌진 등의 연합부대가 다시 청산리 전투에서도 승리를 거두었다. 이에 대한 보복으로 일제는 만주 지역 주민들을 대거 학살하는 간도 참변을 일으켰고, 결국 독립군은 자유시로 피신하였다.

오답분석

① 자유시로 피신했던 독립군이 만주로 복귀하자 1925년 일제가 만주 군벌과 체결한 협약이다.
② 1931년의 일이다.
④ 독립군의 자유시 집결은 사회주의 확산과 직접적인 관련이 없다.
⑤ 1910년대 후반의 일이다.

55

제시된 내용은 1170년에 일어난 보현원 사건(무신정변)이다. 보현원 사건은 정중부를 중심으로 한 무신들이 무(武)를 천시하는 시대적 상황에 불만을 품고 의종의 이궁(離宮)인 보현원에서 문신들을 살해한 사건이다.
무신집권기의 대표적 봉기인 만적의 난은 최초의 천민 해방 운동이었다(1198). 최충헌의 사노비였던 만적은 사람이면 누구나 공경대부가 될 수 있다고 주장하며 신분 해방 운동을 펼쳤다.

오답분석

② 고려 인종 때 왕실의 외척이었던 이자겸은 십팔자위왕(十八子爲王, 이 씨가 왕이 된다)을 유포하여 왕위를 찬탈하고자 난을 일으켰다(1126).
③ 고려의 장수 윤관은 별무반(기병인 신기군, 보병인 신보군, 승병인 항마군)을 편성해 여진족을 몰아내고 동북 9성을 개척하였다(1107).
④ 의천은 송나라에서 유학하고 돌아와 교종 중심의 해동 천태종을 세웠다(1097).
⑤ 거란은 소손녕을 앞세우고 고려를 침입했는데, 이때 고려의 서희가 외교 담판으로 강동 6주의 영유권을 획득하고 압록강 주변까지 영토를 넓혔다(993).

56

고려 숙종 때 부족을 통일한 여진족이 고려의 국경을 자주 침입하자 윤관이 왕에게 건의하여 별무반을 편성하였다(1104). 예종 때 별무반은 여진족을 물리치고 동북 9성을 설치하였다(1107).

57

3·1운동은 3단계로 구분할 수 있다. 첫 번째는 시위운동을 점화하는 단계이다. 두 번째는 시위운동이 대도시에서 중소도시로 확산된 단계이다. 이 시기에는 상인, 노동자들까지 시위운동에 가세하였다. 세 번째는 중소도시에서 읍면 단위의 농촌으로 파급되는 시기로, 이 시기의 주도 세력은 농민이었다. 이들은 일제의 수탈을 가장 극심하게 받은 계층으로 일제에 대한 증오심이 강력하였고, 일제가 무력으로 무자비하게 탄압하자 시위도 무력 저항의 형태로 변화하였다.

58

정답 ③

(가) 앞의 내용은 임진왜란(1592)이 처음 발발한 시기이고, (가) 뒤의 내용은 정유재란(1597)이 발발한 시기이다. 따라서 (가)에는 임진왜란 이후 정유재란 직전에 일어난 사건이 들어가면 된다. 임진왜란의 발발 순서는 '옥포 해전(이순신) → 한산도대첩(이순신) → 진주대첩(김시민) → 평양 수복 → 행주대첩(권율) → 휴전 협상 기간에 훈련도감 설치 및 속오법 실시 → 휴전 협상 결렬'로 볼 수 있다. 남한산성에서 포위되는 사건은 인조 때의 병자호란(1636)이다.

59

정답 ③

제시문은 일제가 1925년에 제정한 치안유지법에 대한 내용이다. 치안유지법은 조선 내 사회주의의 확산을 막기 위해 제정한 것이다. 당시 일제가 독립운동을 탄압하기 위해 활용하던 보안법은 사상범의 통제에 다소 미흡했기 때문에 치안유지법을 제정한 것으로 볼 수 있다.

오답분석

① 의병은 1915년경 채응언의 체포를 계기로 소멸되었다.
② 일본은 1930년대 이후 대륙 침략을 감행하였다.
④ 독립의군부는 1910년대에 결성되어 활동하였다.
⑤ 친일파 처벌은 해방 후의 상황이다.

60

정답 ②

제시문은 원산학사에 대한 설명으로 1883년에 설립되었다. 보빙사는 외국에 보빙(報聘)을 명목으로 파견하는 사절단으로 미국과 조미수호통상조약(1882)을 체결한 후 1883년 친선을 위해 파견하였다. 박문국은 편찬, 인쇄 등을 맡은 출판기관으로 1883년 김옥균, 박영효 등이 설치하였다.

오답분석

ㄴ. 임오군란은 1882년 구식 군대가 일으킨 군란이다.
ㄹ. 갑신정변은 1884년 급진개화파가 일으킨 정변이다.

|03| 영어

61

정답 ③

해석

A : 신고할 과세품을 갖고 있습니까?
B : 다시 한 번 말씀해 주시겠습니까?
A : 세금을 부담해야 할 품목을 가지고 계십니까?
B : 전혀 없는데요.

어휘

• declare : (세관, 세무서에) 신고하다
• item : 세목, 품목

62

정답 ④

'Following several weeks'라는 표현을 사용하여 '몇 주 후'라는 뜻을 나타내야 한다.

해석

1881년에 파스퇴르는 감염된 동물들에게 물려서 퍼지는 고통스럽고 치명적인 질병인 광견병을 연구하기 시작했다. 파스퇴르와 그의 조교는 실험실에서 오랜 시간을 보냈고, 그 결정은 성과를 올렸다. 파스퇴르는 실험 동물들의 광견병이 진행되는 것을 방해하는 백신을 개발한 것이다. 1885년 7월 6일, 광견병에 걸린 개에게 물린 작은 소년에게 백신을 투여하기 위해서 과학자들이 소집되었다. 파스퇴르는 치료를 하는 것에 대해 주저했으나, 소년이 광견병으로 인해 괴로운 죽음을 맞으려 하자 치료를 진행하였다. 배에 고통스런 주사를 놓고 몇 주일이 지났고, 소년은 광견병에 걸리지 않았다. 파스퇴르의 치료는 성공했다. 현재 우리가 알고 있는 광견병 치료법과 예방법은 파스퇴르의 백신에 바탕을 두고 있다. 그 백신은 전문가들에게 질병의 확산을 통제할 능력을 가져다 주었다.

어휘

• agonizing : 고통스러운
• pay off : 성공을 거두다
• rabid : 광적인, 광견병에 걸린
• treatment : 치료

63

정답 ⑤

(A) 왕에 의해서 임명되는 것이므로 수동태인 'being appointed'가 적절하다.
(B) 22번의 해전을 모두 이겼다는 단순 과거 사실을 이야기하는 것이므로 과거 시제인 'won'이 적절하다.
(C) 대명사 'them'은 일본을 뜻한다. 재귀대명사를 쓰려면 주어와 일치해야 한다.

해석

이순신은 1576년에 군 지휘관이 되었다. 그 당시 한국 군대는 다른 군대와 유사하게 육군과 해군이 분리되지 않았다. 이순신은 왕에 의해 해군 사령관으로 임명되기 전에 압록강 국경 지역 수비대를 지휘했고 북쪽 유목민과 싸웠다. 그는 한국에 가장 큰 위협이 일본의 해상 침입이라는 것을 알았다. 그는 즉시 함대를 정비하기 시작했다. 22번의 해전마다 승리한 이순신이 없었다면, 일본은 확실히 한국을 정복했을 것이다. 어떤 분석가들은 일본이 중국 또한 정복할 수 있었을 것이라고 믿고 있다. 그리고 만약 일본이 한국을 정복했다면, 어떤 것도 일본이 필리핀을 합병하는 것을 막을 수 없었을 것이다.

어휘
• frontier : 국경
• post : 구역
• nomad : 유목민
• admiral : 해군 장성
• sea-borne invasion : 해상 침입
• fleet : 함대
• annex : (국가·지역 등을 특히 무력으로) 합병하다

64
정답 ②

잘못된 내용을 함부로 끼워 넣는다는 내용이므로 '삽입'의 의미를 가진 'insertion'이 빈칸에 들어갈 말로 가장 적절하다.

해석
금전 등록기가 거의 모든 상점에서 주요 물품이 되기 전인 예전에는 상인들은 포장 겉면에 각 제품의 가격을 적어 계산서에 합산했다. 그러나 고객들이 전화로 주문을 할 땐 몇몇 상인들은 우연히 혹은 계획적으로 주소나 아파트 호수를 포장에 적고 그 숫자들도 총합으로 합쳤다. 관련 없는 정보들을 끼워 넣는 것은 삽입의 오류이다. 햄릿의 독백을 "To be sure, or not to be believed, that is their question ….".라고 잘못 인쇄한 출판업자는 비슷한 오류로 비난을 받을 것이다.

어휘
• cash register : 금전 등록기
• staple : 주요 상품
• by design : 고의로, 계획적으로
• monologue : 독백
• be charged : 비난을 받다, 피소되다
• transposition : 바꾸어 놓음, 전위
• omission : 생략, 빠짐, 누락

65
정답 ⑤

빈칸 뒷부분의 사람들의 마음을 사로잡는 암시의 기법을 사용하고, 사람들의 지각 작용을 조작한다는 내용으로 보아 마술사들이 '심리적인' 무기를 사용한다는 것을 추론할 수 있다.

해석
마술사들은 정직하게 속이는 사람들이다. 마술사들이 그들의 관객을 속이기 위해 사용하는 비밀을 연구하기 위해 Jastrow는 두 명의 뛰어난 마술사와 함께 작업을 했다. 그는 이 공연자들을 그의 실험실로 초대해 그들이 동작 속도와 손가락 움직임의 정확성을 측정하는 일련의 실험에 참여하도록 했다. 그러나 Jastrow의 결과 일반적인 것을 넘어서는 것이 거의 없다는 것을 밝혔다. 그는 마술이란 빠른 움직임과는 거의 관계가 없다고 설명했다. 대신에 마술사들은 관객들을 속이기 위한 일련의 심리적인 무기들을 이용한다. 사람들의 마음을 사로잡는 암시의 기법은 그 과정에서 중요한 역할을 한다. 사람들이 이전에 열기구 안에서 존재하지도 않는 여행을 계속했다고 믿도록 만들 수 있는 것과 마찬가지로, 마술사들은 공연에 대한 사람들의 지각 작용을 조작할 수 있어야만 한다.

어휘
• deceiver : 속이는 사람
• investigate : 조사하다
• illusionist : 마술사
• participate in : ~에 참여하다
• accuracy : 정확성
• suggestion : 암시, 제시
• hot-air balloon : 열기구
• manipulate : 조작하다
• perception : 지각 (작용)

66
정답 ②

제시문은 사람들이 자신 주위에 있는 모든 것들에 집중할 수 없고 자신이 필요로 하는 특정 사항들에만 신경을 쓰게 된다는 내용을 설명하고 있다. 따라서 보기의 (A)에는 'attention', (B)에는 'needed'가 들어가는 것이 적절하다.

해석
만약 당신이 강의 중에 어떤 공상에 잠긴다면, 당신의 두뇌는 강의에 대해 거의 기억하지 못한다. 당신은 필기를 하고 정신을 차리려고 노력할 수 있지만, 아마 당신의 마음이 방황하고 있음을 알 수 있을 것이다. 혹시 연료 바늘이 거의 "빈" 상태를 가리킨 채로 고속도로를 달린 적이 있는가? 아마 당신은 주유소의 위치에 몰두하게 될 것이다. 연료 탱크는 가득하지만 당신이 배고픔을 느끼는 또 다른 날에는 아마 주유소는 간과되지만 모든 식당과 레스토랑이 당신의 눈을 사로잡을 것이다. 만약 당신이 지금 배고프거나 목이 마르다면, 당신은 냉장고보다 이 단락을 읽기 위해 정신을 집중하는 것에 문제가 있을 것이다. 당신은 단순히 당신 주위의 모든 자극에 집중할 수 없으므로 오직 특정한 것들에만 집중한다.
→ 인식은 (A) 주의에 의해 강하게 영향을 받고, 일반적으로 (B) 필요한 것들에 초점을 맞춘다.

어휘
• preoccupied : 몰두한
• perception : 지각, 인식

67

제시문에 따르면 제인 구달은 대학 도서관 사서가 아니라 비서로 일했으므로 적절하지 않다.

해석

어렸을 때, 제인 구달은 모든 종류의 동물을 사랑했다. 그녀는 자라면서, 과학자가 되어 야생동물들을 연구하기 위해 아프리카로 가길 원했다. 그녀의 부모님이 가난해서 그녀는 대학에 들어갈 수 없었다. 그래서 그녀는 대신 비서가 되었다.

어휘

• grew up : 자라다
• secretary : 비서

[68~70]

해석

몇 년 전 나는 딸아이 학교의 사친회 모임에서 Phil이라는 이름의 남성을 만났다. 그를 만나자마자 아내가 Phil에 관하여 나에게 한 말이 생각났다. "그 사람은 모임에서 정말 골치 아픈 사람이에요." 나는 아내가 무슨 뜻으로 말했는지 금방 알게 되었다. 교장 선생님이 새로운 독서 프로그램을 설명하고 있을 때 Phil이 끼어들어 자기 아들이 어떻게 그것으로부터 이득을 얻을 수 있는지 물었다. 그 모임의 후반에 Phil은 다른 학부모의 관점을 고려하지 않고 논쟁을 벌였다.

집에 돌아와서 나는 아내에게 말했다. "Phil에 관해서 당신이 옳았어. 그는 무례하고 오만한 사람이야." 아내는 의아한 표정으로 나를 바라보았다. "Phil은 내가 당신에게 말한 사람이 아니에요." 하고 아내는 말했다. "그 사람은 Bill이었어요. Phil은 실제로 아주 좋은 사람이에요." 무안해져 그 모임을 되짚어 생각해 보니, Phil이 다른 이들보다 더 많이 사람들의 말에 끼어들거나 논쟁을 벌인 것은 아니었을지도 모른다는 점을 깨달았다. 더욱이 Phil이 교장 선생님의 말씀에 끼어들었다는 것도 그다지 분명하지는 않다는 것을 깨달았다. 내가 한 해석은 바로 그런 것, 그러니까 여러 가지 해석이 가능한 행동에 대한 무의식적인 해석이었던 것이다.

그릇된 정보에 기초하고 있을 때조차도 첫인상의 힘은 강하다는 것은 잘 알려진 사실이다. 그다지 분명하지 않은 것은 적응 무의식이 그 해석 행위를 하는 정도이다. Phil이 교장 선생님의 말씀에 끼어드는 것을 보았을 때, 나는 객관적으로 무례한 행동을 보고 있는 것처럼 느꼈다. 나의 적응 무의식이 Phil의 행동을 해석하여 나에게 현실로서 제시하고 있다는 것을 몰랐다. 그러므로 나는 내 자신의 예상을 인지하고 있었지만, 이 예상이 그의 행동에 대한 나의 해석에 얼마나 많은 영향을 끼치는지는 알지 못했다.

어휘

• parent-teachers' organization : 사친회
• quizzically : 의아한 표정으로
• sheepishly : 수줍게, 쑥스럽게
• be open to : ~에 대하여 열려 있다, ~이 가능하다
• extent : 범위, 정도

68

빈칸에는 '옳지 않은 정보'라는 의미의 단어가 들어가야 하므로 'faulty information'이 적절하다.

69

글쓴이의 아내가 부정적으로 얘기한 사람은 Phil이 아니라 Bill이므로 '글쓴이의 아내는 Phil에 대해 부정적으로 이야기했다.'라는 언급은 글의 내용으로 적절하지 않다.

70

제시문은 편견에 근거한 첫인상의 힘에 대한 내용이므로 '옳지 않은 정보에 근거하더라도 그 첫인상의 힘은 강하다.'가 글의 주제로 가장 적절하다.

71

제시문은 세계 각국의 음식과 식사 전통을 체험할 수 있는 행사에 대하여 안내하고 있다.

해석

정찬 모임에 참여하신 것을 환영하고 감사드립니다. 저희 모임은 독특한 식사 경험을 제공합니다. 여러분들은 전 세계의 음식을 먹어 보게 되는데, 더 중요한 것은 각 국가의 식사 전통과 관습을 경험할 수 있는 기회를 가지게 된다는 것입니다. 예를 들어, 인도에서는 손을 사용해 음식을 먹습니다. 여러분이 포크와 나이프를 사용하는 데 익숙하시다면 이는 도전이 될 것입니다. 프랑스에서는 코스 요리로 식사를 하므로 프랑스식 식사를 위해서는 반드시 충분한 시간을 잡아 놓도록 하세요. 일본에서는 국물을 수저로 먹지 않으니 사발째 직접 마셔야만 합니다. 이러한 것들은 8월 말까지 매주 토요일 저녁에 여러분들이 경험할 것들의 일부입니다. 저희는 여러분들이 식사 체험을 즐기시기를 희망합니다.

어휘

• unique : 독특한
• be used to : ~에 익숙하다
• customs : 관습
• challenging : 도전해 볼 만한
• adventure : 모험

4일 차 정답 및 해설 **53**

72

병렬 구조이므로 'to catch'를 'to catching'으로 고쳐서 'from ~ing … to ~ing(~하는 것에서부터 …하는 것에 이르기까지)'라는 전치사구를 이루어야 한다.

해석

먼 외국을 여행하다가 몸이 좋지 않으면, 따뜻한 비눗물에 약간의 화약을 넣어 마셔 보아라. 그것은 『여행의 기술』이라는 책에서 Francis Galton이 했던 조언이다. 벌에 쏘였다면? 담뱃대에서 긁어낸 타르를 피부에 바르면 통증이 완화된다. Galton의 책은 베스트셀러가 되었다. 그 책은 급히 보트, 오두막, 텐트 등을 만드는 것부터 낚싯줄 없이 고기를 잡는 것까지 모든 상황을 다루었다. 그 책은 독자들에게 폭풍우 속에서 땔나무를 찾는 방법(나무 뿌리 아래쪽)과 비가 올 때 옷이 젖지 않도록 둘 곳(단지 벗어서 깔고 그 위에 앉는다)도 알려 주었다.

어휘

- remote : 거리가 먼
- foreign : 해외의, 외국의
- gunpowder : 화약
- swallow : 삼키다
- apply : (연고를) 바르다
- relieve : 완화시키다, 경감시키다
- construct : 건설하다, 만들다
- firewood : 땔감, 땔나무

73

'devote A to B(A를 B에 쏟다)'에서 'to'는 전치사로 뒤에는 부정사인 'think'가 아닌 동명사 'thinking'이 온다.

해석

시험 답안에 가장 많은 결점은 부적절함이다. 시험 위원들은 어째서 부적절한 소재가 나오는지 이해하지만, 문제에 적절한 답을 하는 데 실패한 글에 좋은 점수를 줄 수는 없다. 부적절함은 주로 공황 상태 때문이다. 많은 사람들은 자신들이 아는 모든 것들을 종이 위에 재현하여 써 내려가는 데 불안을 느낀다. 무언가를 쓰기 전 무엇을 쓸지 생각하는 데 시간을 할애하는 것이 필수이다. 정교한 글쓰기 계획을 필요로 하는 것은 아니지만, 특정 문항이 무엇을 의미하며 어떻게 답하는 것이 가장 좋을지 생각해야 한다. 조금 더 생각하고 조금 덜 씀으로써 좋은 성적을 거둘 수 있다. 또한, 이는 글의 형태를 잡는 것에 대한 개념을 갖는 데 도움이 된다. 이는 답이 모양새와 형식 그리고 방향 감각을 갖추도록 보장한다.

어휘

- irrelevance : 부적절함, 무관함
- necessitate : 필요로 하다
- take shape : 구체화하다, 모양을 갖추다
- sense of direction : 방향 감각

74

- (A) 'deliberate'는 '계획적인, 신중한, 침착한' 등의 의미이므로 식물의 구조를 설명하기에는 부적절하다. 따라서 '가냘픈, 섬세한'이라는 의미의 'delicate'가 적절하다.
- (B) 바나나의 줄기가 극도로 가냘프다고 하였으므로 '바람에 날리다'라는 의미의 'blow'가 더 적절하다.
- (C) 문맥상 '~을 통하여'라는 의미의 'through'가 와야 하며, 어법상으로도 형용사인 'thorough'가 쓰이기 위해서는 관사 'a'가 형용사 'thorough' 앞에 쓰여야 한다.

해석

우리는 바나나를 자주 먹지만 바나나에 대해 많이 알고 있는 사람은 드물다. 바나나 나무는 목질의 줄기가 없는 지구상에서 가장 큰 초목이다. 나무 몸통은 다량의 수분을 함유하고 있고 극도로 (A) 섬세하다. 바나나 나무는 1년에 20피트 높이까지 자랄 수 있지만, 그다지 세지 않은 바람이라도 그 나무를 (B) 불어 넘어뜨릴 수 있다. 열매 줄기와 더미는 7개에서 9개의 송이로 이루어지며, 각 송이는 빽빽이 들어선 나뭇잎 덮개를 (C) 통해 천천히 자라는 10개에서 20개의 바나나들로 이루어진다. 그것들은 익기 직전에 따서 포장되며 마지막으로 동네 슈퍼마켓에 배송된다.

어휘

- stem : 줄기
- trunk : 나무의 몸통
- deliberate : 고의의
- moderate : 보통의, 중간의
- bunch : 다발, 송이
- thorough : 빈틈없는
- ripen : 익다

75

마지막 문장을 통해 어린이에게 책임감을 기를 수 있는 기회를 갖게 하라는 것이 글의 중심 내용임을 알 수 있다.

오답분석

① 아이들이 그들의 숙제를 하는 것을 도와라.
③ 당신의 아이들의 이익을 위해 엄격한 규칙들을 세워라.
④ 아이들이 도움이 필요한 그들의 이웃을 돕도록 가르쳐라.
⑤ 아이들이 먼저 지저분한 것들을 경험하도록 허락하라.

해석

아이들은 성장하여 집을 떠난다. 우리가 보고 있지 않는 동안 그들은 무력한 아기에서 성숙한 어른이 된다. 비결은 그들과 함께 노력하고 그들의 보조에 맞춰 주는 것이다. 우리는 그들을 위해 모든 것을 해 주려는 충동에 저항해야 하며 그들이 혼자 힘으로 달걀 프라이를 하거나 쓰레기통에 페인트칠을 하게 내버려 둬야 한다. 그들이 사춘기에 다다를 무렵에, 우리는 그들이 처음으로 그들의 방을 깨끗이 정돈할 수 있기를 기대할 것이다. 그러나 그들은 전에 결코 그것을 해 본 적이 없다. 그들은 그것을 하는 방법을 배워야 하며 그 배우는 과정의 일부는 그것을 해내는 게 아니라 형편없게 혹은 우리가 그것을 하는 방식과 다르게 하는 것이다. 성장은 성가신 일이다. 우리의 일은 그들을 돕는 것이다. 즉, 그들에게 천천히, 조금씩 책임을 넘겨주는 것이다.

어휘

- adolescence : 사춘기
- helpless : 무력한
- nature : 성숙한
- keep pace with : ~와 보조를 맞추다
- urge : 충동
- tidy : 단정한
- messy : 어질러진, 성가신
- bit by bit : 조금씩, 점차로

76   정답 ②

'고대 스파르타', '로마 공화국', '빅토리아 시대'는 빈칸 앞 문장에서 언급한 '역사상의 특정 시기'의 예시에 해당하므로 (A)에는 'for example'이 적절하다. (B)의 앞에서는 역사상 어떤 시기에는 개인이 감정을 통제할 책임이 없는 사람은 공동체의 일원이 될 자격이 없다는 내용이 오는 반면, (B)의 뒤에서는 오늘날과 같이 역사상 또 다른 시기에는 감정을 통제하는 것이 이상하게 여겨졌다는 상반되는 내용이 이어지므로 (B)에는 'however'가 가장 적절하다.

해석

역사적으로 특정한 시기에, 여러 문화들은 한 사람이 사상이나 감정을 통제하는 법을 배우지 않으면 그 사람은 완전한 인간이 아니라는 것을 당연하게 받아들였다. (A) 예를 들면, 고대 스파르타, 로마 공화국, 그리고 빅토리아 시대의 영국 상류층들의 사이에서 사람들은 자신의 감정을 통제할 책임을 지고 있었다. 너무 쉽게 성질을 내는 사람은 누구나 공동체의 일원으로서 인정될 권리를 박탈당했다. (B) 그러나 오늘날 우리가 살고 있는 것과 같은 역사적으로 다른 시기에서는 자기 자신을 통제하는 능력이 언제나 크게 존중되는 것은 아니다. 감정을 통제하려고 시도하는 사람들은 종종 이상하게 여겨진다.

어휘

- master : 지배하다, 통제하다
- upper class : 상류층
- odd : 이상한
- deprive : 박탈하다, 빼앗다

77   정답 ④

주어진 문장은 국가의 인구가 빠르게 증가한다는 내용인데, 인구가 빠르게 증가하려면 출산율은 높고 사망률은 낮아야 한다. 따라서 주어진 문장이 들어가기에 가장 적절한 곳은 ④이다.

해석

한 나라의 발달 과정과 인구 구조 사이에는 재미있는 상관 관계가 존재한다. 인구 변동 이론에 따르면 국가들은 여러 단계의 발달 단계를 거친다. 가장 초기 단계는 높은 출산율과 사망률, 그리고 느린 성장으로 특징지어진다. 발달하기 시작하면서 출산율은 높은 상태로 남아 있지만 사망률은 떨어진다. 그 결과 인구가 빠른 증가의 시기로 진입하게 된다. 그런 다음 산업화가 최고조에 이르면서 출산율이 떨어져 사망률과 비슷해지기 시작한다. 결국 오늘날 유럽의 많은 국가에서 볼 수 있는 매우 완만한 성장의 단계에 도달하면서 인구 증가는 극도로 느려진다.

어휘

- transition : 변동
- characterize : 특색을 이루다
- industrialization : 산업화
- approximate : 가까워지다
- modest : 완만한

78   정답 ④

제시문은 모피 때문에 무자비하게 죽음을 당해 멸종 위기에 처한 비버가 되살리기 프로그램을 통해 다시 개체수를 회복하였다는 내용이므로 비버의 생김새를 묘사하고 있는 ④는 글의 흐름과 관련이 없다.

해석

비버만큼 모피를 얻으려는 목적으로 그렇게 무자비하게 착취된 동물은 거의 없었다. 18세기와 19세기에 비버 모피는 같은 무게의 금만큼이나 가치가 있었다. 결과적으로 1896년쯤에는 미국의 최소 14개 주에서 그 주의 모든 비버가 죽임을 당했다고 발표했다. 20세기 초반 경에는 비버가 지구상에서 당장 사라질 것처럼 보였다. (비버는 크고 납작한 꼬리를 가지고 있는 커다란 쥐처럼 생긴 털이 많은 동물이다.) 그러나 비버를 생포해서 보호 구역, 특히 미국의 교외 지역에 있는 구역으로 이전시키는 비버 되살리기 프로그램 덕에 비버는 전국에 걸쳐 눈에 띄게 개체수를 회복했다.

어휘

- mercilessly : 무자비하게
- exploit : 착취하다, 이용(악용)하다, 개발하다
- fur : 털, 모피
- be about to : 막 ~하려 하다, ~하기 직전이다
- face of the earth : 지구상, 이 세상
- furry : 털이 많은
- flat : 평평한, 납작한
- recovery : 회복, 복구
- trap : (덫으로) 잡다, 끌어 모으다
- relocate : 이전(이동)시키다
- suburban : 교외의, 외곽의

[79~80]

해석

나의 누나 Tara는 가족 내에서 아주 조용한 아이였다. 그녀는 형과 나만큼 모험적이지 않았다. 그녀는 결코 학업이나 스포츠도 잘하지 못했다. 물론 나는 누나를 사랑했지만 때때로 그러기가 그다지 쉽지 않았다. 그녀는 좀처럼 나와 눈을 맞추지 않았다. 우리가 우연히 학교에서 마주치면 (A) 그녀는 가끔 나를 모르는 체하였다. 어느 날 아버지의 직장일로 우리는 새로운 동네로 이사하게 되었다. 우리가 전학 간 학교인 Emerson의 양호 선생님이 우리에게 난생 처음으로 청력과 시력 검사를 하셨다. 나는 테스트를 우수하게 마쳤다. "독수리 같은 눈과 코끼리 같은 귀를 가졌구나."라고 선생님은 말씀하셨다. 그러나 Tara는 시력 차트를 읽는 것이 힘겨웠다. (B) 그녀는 Tara가 심각한 근시이고 안경을 착용해야 한다고 말씀하셨다. 안경이 준비되었을 때 우리는 모두 안경을 가지러 시내에 나갔다. Tara가 처음으로 안경을 착용했을 때 그녀는 계속해서 머리를 돌리고 위아래로 움직였다. "무슨 문제가 있어?"라고 물었다. 그녀가 "저기 있는 나무를 볼 수 있니?"하고 대략 100피트 정도 떨어져 있는 단풍나무를 가리키며 말했다. 나는 고개를 끄덕였다. (C) 그녀는 흐느끼며 말했다. "나는 가지들만이 아니라 작은 나뭇잎도 모두 볼 수가 있어." Tara는 눈물을 터트렸다.

어휘

- run into : 우연히 만나다, 뛰어가다
- first ever : 생전 처음
- shortsighted : 근시안의
- nod : 끄덕이다
- billboard : 광고판
- sparrow : 참새
- fuzzy : 애매한, 불분명한
- point out : 가리키다
- unfocused : 초점이 맞지 않는
- bang : 부딪치다, 탕치다
- not long after : 오래지 않아
- compulsively : 마지못해, 강제적으로, 강박적으로
- drawing : 데생, 그림, 소묘

79

정답 ④

제시문은 Tara가 처음 안경을 착용하면서 시력을 회복한 전후 상황에 대한 글쓴이의 회상을 서술하고 있다. 따라서 '안경을 통한 새로운 세상'이 글의 제목으로 적절하다.

오답분석

① 마음의 눈으로 보기
② 누나의 마구 쏟아지는 눈물
③ 맞지 않는 안경을 쓰는 일
⑤ 미술 선생님이 되는 차선책

80

정답 ④

(B)는 양호 선생님을, 나머지는 Tara를 가리킨다.

한국산업인력공단 6급 필기시험 답안카드

성 명

지원 분야

문제지 형별기재란

( )형

Ⓐ Ⓑ

수험번호

⓪	①	②	③	④	⑤	⑥	⑦	⑧	⑨
⓪	①	②	③	④	⑤	⑥	⑦	⑧	⑨
⓪	①	②	③	④	⑤	⑥	⑦	⑧	⑨
⓪	①	②	③	④	⑤	⑥	⑦	⑧	⑨
⓪	①	②	③	④	⑤	⑥	⑦	⑧	⑨
⓪	①	②	③	④	⑤	⑥	⑦	⑧	⑨
⓪	①	②	③	④	⑤	⑥	⑦	⑧	⑨

감독위원 확인

(인)

1	① ② ③ ④ ⑤	21	① ② ③ ④ ⑤	41	① ② ③ ④ ⑤	61	① ② ③ ④ ⑤
2	① ② ③ ④ ⑤	22	① ② ③ ④ ⑤	42	① ② ③ ④ ⑤	62	① ② ③ ④ ⑤
3	① ② ③ ④ ⑤	23	① ② ③ ④ ⑤	43	① ② ③ ④ ⑤	63	① ② ③ ④ ⑤
4	① ② ③ ④ ⑤	24	① ② ③ ④ ⑤	44	① ② ③ ④ ⑤	64	① ② ③ ④ ⑤
5	① ② ③ ④ ⑤	25	① ② ③ ④ ⑤	45	① ② ③ ④ ⑤	65	① ② ③ ④ ⑤
6	① ② ③ ④ ⑤	26	① ② ③ ④ ⑤	46	① ② ③ ④ ⑤	66	① ② ③ ④ ⑤
7	① ② ③ ④ ⑤	27	① ② ③ ④ ⑤	47	① ② ③ ④ ⑤	67	① ② ③ ④ ⑤
8	① ② ③ ④ ⑤	28	① ② ③ ④ ⑤	48	① ② ③ ④ ⑤	68	① ② ③ ④ ⑤
9	① ② ③ ④ ⑤	29	① ② ③ ④ ⑤	49	① ② ③ ④ ⑤	69	① ② ③ ④ ⑤
10	① ② ③ ④ ⑤	30	① ② ③ ④ ⑤	50	① ② ③ ④ ⑤	70	① ② ③ ④ ⑤
11	① ② ③ ④ ⑤	31	① ② ③ ④ ⑤	51	① ② ③ ④ ⑤	71	① ② ③ ④ ⑤
12	① ② ③ ④ ⑤	32	① ② ③ ④ ⑤	52	① ② ③ ④ ⑤	72	① ② ③ ④ ⑤
13	① ② ③ ④ ⑤	33	① ② ③ ④ ⑤	53	① ② ③ ④ ⑤	73	① ② ③ ④ ⑤
14	① ② ③ ④ ⑤	34	① ② ③ ④ ⑤	54	① ② ③ ④ ⑤	74	① ② ③ ④ ⑤
15	① ② ③ ④ ⑤	35	① ② ③ ④ ⑤	55	① ② ③ ④ ⑤	75	① ② ③ ④ ⑤
16	① ② ③ ④ ⑤	36	① ② ③ ④ ⑤	56	① ② ③ ④ ⑤	76	① ② ③ ④ ⑤
17	① ② ③ ④ ⑤	37	① ② ③ ④ ⑤	57	① ② ③ ④ ⑤	77	① ② ③ ④ ⑤
18	① ② ③ ④ ⑤	38	① ② ③ ④ ⑤	58	① ② ③ ④ ⑤	78	① ② ③ ④ ⑤
19	① ② ③ ④ ⑤	39	① ② ③ ④ ⑤	59	① ② ③ ④ ⑤	79	① ② ③ ④ ⑤
20	① ② ③ ④ ⑤	40	① ② ③ ④ ⑤	60	① ② ③ ④ ⑤	80	① ② ③ ④ ⑤

※ 본 답안카드는 마킹연습용 모의 답안카드입니다.

한국산업인력공단 6급 필기시험 답안카드

	1	2	3	4	5			1	2	3	4	5			1	2	3	4	5			1	2	3	4	5
1	①	②	③	④	⑤	21	①	②	③	④	⑤	41	①	②	③	④	⑤	61	①	②	③	④	⑤
2	①	②	③	④	⑤	22	①	②	③	④	⑤	42	①	②	③	④	⑤	62	①	②	③	④	⑤
3	①	②	③	④	⑤	23	①	②	③	④	⑤	43	①	②	③	④	⑤	63	①	②	③	④	⑤
4	①	②	③	④	⑤	24	①	②	③	④	⑤	44	①	②	③	④	⑤	64	①	②	③	④	⑤
5	①	②	③	④	⑤	25	①	②	③	④	⑤	45	①	②	③	④	⑤	65	①	②	③	④	⑤
6	①	②	③	④	⑤	26	①	②	③	④	⑤	46	①	②	③	④	⑤	66	①	②	③	④	⑤
7	①	②	③	④	⑤	27	①	②	③	④	⑤	47	①	②	③	④	⑤	67	①	②	③	④	⑤
8	①	②	③	④	⑤	28	①	②	③	④	⑤	48	①	②	③	④	⑤	68	①	②	③	④	⑤
9	①	②	③	④	⑤	29	①	②	③	④	⑤	49	①	②	③	④	⑤	69	①	②	③	④	⑤
10	①	②	③	④	⑤	30	①	②	③	④	⑤	50	①	②	③	④	⑤	70	①	②	③	④	⑤
11	①	②	③	④	⑤	31	①	②	③	④	⑤	51	①	②	③	④	⑤	71	①	②	③	④	⑤
12	①	②	③	④	⑤	32	①	②	③	④	⑤	52	①	②	③	④	⑤	72	①	②	③	④	⑤
13	①	②	③	④	⑤	33	①	②	③	④	⑤	53	①	②	③	④	⑤	73	①	②	③	④	⑤
14	①	②	③	④	⑤	34	①	②	③	④	⑤	54	①	②	③	④	⑤	74	①	②	③	④	⑤
15	①	②	③	④	⑤	35	①	②	③	④	⑤	55	①	②	③	④	⑤	75	①	②	③	④	⑤
16	①	②	③	④	⑤	36	①	②	③	④	⑤	56	①	②	③	④	⑤	76	①	②	③	④	⑤
17	①	②	③	④	⑤	37	①	②	③	④	⑤	57	①	②	③	④	⑤	77	①	②	③	④	⑤
18	①	②	③	④	⑤	38	①	②	③	④	⑤	58	①	②	③	④	⑤	78	①	②	③	④	⑤
19	①	②	③	④	⑤	39	①	②	③	④	⑤	59	①	②	③	④	⑤	79	①	②	③	④	⑤
20	①	②	③	④	⑤	40	①	②	③	④	⑤	60	①	②	③	④	⑤	80	①	②	③	④	⑤

성 명

지원분야

문제지 형별기재란
A형 B
( )형

수험번호
⓪ ① ② ③ ④ ⑤ ⑥ ⑦ ⑧ ⑨
⓪ ① ② ③ ④ ⑤ ⑥ ⑦ ⑧ ⑨
⓪ ① ② ③ ④ ⑤ ⑥ ⑦ ⑧ ⑨
⓪ ① ② ③ ④ ⑤ ⑥ ⑦ ⑧ ⑨
⓪ ① ② ③ ④ ⑤ ⑥ ⑦ ⑧ ⑨
⓪ ① ② ③ ④ ⑤ ⑥ ⑦ ⑧ ⑨
① ② ③ ④ ⑤ ⑥ ⑦ ⑧ ⑨

감독위원 확인
(인)

한국산업인력공단 6급 필기시험 답안카드

성명

지원분야

문제지 형별기재란

( )형   Ⓐ Ⓑ

수험번호

0 1 2 3 4 5 6 7 8 9

감독위원 확인

(인)

1	① ② ③ ④ ⑤	21	① ② ③ ④ ⑤	41	① ② ③ ④ ⑤	61	① ② ③ ④ ⑤
2	① ② ③ ④ ⑤	22	① ② ③ ④ ⑤	42	① ② ③ ④ ⑤	62	① ② ③ ④ ⑤
3	① ② ③ ④ ⑤	23	① ② ③ ④ ⑤	43	① ② ③ ④ ⑤	63	① ② ③ ④ ⑤
4	① ② ③ ④ ⑤	24	① ② ③ ④ ⑤	44	① ② ③ ④ ⑤	64	① ② ③ ④ ⑤
5	① ② ③ ④ ⑤	25	① ② ③ ④ ⑤	45	① ② ③ ④ ⑤	65	① ② ③ ④ ⑤
6	① ② ③ ④ ⑤	26	① ② ③ ④ ⑤	46	① ② ③ ④ ⑤	66	① ② ③ ④ ⑤
7	① ② ③ ④ ⑤	27	① ② ③ ④ ⑤	47	① ② ③ ④ ⑤	67	① ② ③ ④ ⑤
8	① ② ③ ④ ⑤	28	① ② ③ ④ ⑤	48	① ② ③ ④ ⑤	68	① ② ③ ④ ⑤
9	① ② ③ ④ ⑤	29	① ② ③ ④ ⑤	49	① ② ③ ④ ⑤	69	① ② ③ ④ ⑤
10	① ② ③ ④ ⑤	30	① ② ③ ④ ⑤	50	① ② ③ ④ ⑤	70	① ② ③ ④ ⑤
11	① ② ③ ④ ⑤	31	① ② ③ ④ ⑤	51	① ② ③ ④ ⑤	71	① ② ③ ④ ⑤
12	① ② ③ ④ ⑤	32	① ② ③ ④ ⑤	52	① ② ③ ④ ⑤	72	① ② ③ ④ ⑤
13	① ② ③ ④ ⑤	33	① ② ③ ④ ⑤	53	① ② ③ ④ ⑤	73	① ② ③ ④ ⑤
14	① ② ③ ④ ⑤	34	① ② ③ ④ ⑤	54	① ② ③ ④ ⑤	74	① ② ③ ④ ⑤
15	① ② ③ ④ ⑤	35	① ② ③ ④ ⑤	55	① ② ③ ④ ⑤	75	① ② ③ ④ ⑤
16	① ② ③ ④ ⑤	36	① ② ③ ④ ⑤	56	① ② ③ ④ ⑤	76	① ② ③ ④ ⑤
17	① ② ③ ④ ⑤	37	① ② ③ ④ ⑤	57	① ② ③ ④ ⑤	77	① ② ③ ④ ⑤
18	① ② ③ ④ ⑤	38	① ② ③ ④ ⑤	58	① ② ③ ④ ⑤	78	① ② ③ ④ ⑤
19	① ② ③ ④ ⑤	39	① ② ③ ④ ⑤	59	① ② ③ ④ ⑤	79	① ② ③ ④ ⑤
20	① ② ③ ④ ⑤	40	① ② ③ ④ ⑤	60	① ② ③ ④ ⑤	80	① ② ③ ④ ⑤

※ 본 답안카드는 마킹연습용 모의 답안카드입니다.

한국산업인력공단 6급 필기시험 답안카드

번호	1	2	3	4	5	번호	1	2	3	4	5	번호	1	2	3	4	5	번호	1	2	3	4	5
1	①	②	③	④	⑤	21	①	②	③	④	⑤	41	①	②	③	④	⑤	61	①	②	③	④	⑤
2	①	②	③	④	⑤	22	①	②	③	④	⑤	42	①	②	③	④	⑤	62	①	②	③	④	⑤
3	①	②	③	④	⑤	23	①	②	③	④	⑤	43	①	②	③	④	⑤	63	①	②	③	④	⑤
4	①	②	③	④	⑤	24	①	②	③	④	⑤	44	①	②	③	④	⑤	64	①	②	③	④	⑤
5	①	②	③	④	⑤	25	①	②	③	④	⑤	45	①	②	③	④	⑤	65	①	②	③	④	⑤
6	①	②	③	④	⑤	26	①	②	③	④	⑤	46	①	②	③	④	⑤	66	①	②	③	④	⑤
7	①	②	③	④	⑤	27	①	②	③	④	⑤	47	①	②	③	④	⑤	67	①	②	③	④	⑤
8	①	②	③	④	⑤	28	①	②	③	④	⑤	48	①	②	③	④	⑤	68	①	②	③	④	⑤
9	①	②	③	④	⑤	29	①	②	③	④	⑤	49	①	②	③	④	⑤	69	①	②	③	④	⑤
10	①	②	③	④	⑤	30	①	②	③	④	⑤	50	①	②	③	④	⑤	70	①	②	③	④	⑤
11	①	②	③	④	⑤	31	①	②	③	④	⑤	51	①	②	③	④	⑤	71	①	②	③	④	⑤
12	①	②	③	④	⑤	32	①	②	③	④	⑤	52	①	②	③	④	⑤	72	①	②	③	④	⑤
13	①	②	③	④	⑤	33	①	②	③	④	⑤	53	①	②	③	④	⑤	73	①	②	③	④	⑤
14	①	②	③	④	⑤	34	①	②	③	④	⑤	54	①	②	③	④	⑤	74	①	②	③	④	⑤
15	①	②	③	④	⑤	35	①	②	③	④	⑤	55	①	②	③	④	⑤	75	①	②	③	④	⑤
16	①	②	③	④	⑤	36	①	②	③	④	⑤	56	①	②	③	④	⑤	76	①	②	③	④	⑤
17	①	②	③	④	⑤	37	①	②	③	④	⑤	57	①	②	③	④	⑤	77	①	②	③	④	⑤
18	①	②	③	④	⑤	38	①	②	③	④	⑤	58	①	②	③	④	⑤	78	①	②	③	④	⑤
19	①	②	③	④	⑤	39	①	②	③	④	⑤	59	①	②	③	④	⑤	79	①	②	③	④	⑤
20	①	②	③	④	⑤	40	①	②	③	④	⑤	60	①	②	③	④	⑤	80	①	②	③	④	⑤

성 명

지원 분야

문제지 형별기재란
A
B
( ) 형

수 험 번 호
⓪ ① ② ③ ④ ⑤ ⑥ ⑦ ⑧ ⑨
⓪ ① ② ③ ④ ⑤ ⑥ ⑦ ⑧ ⑨
⓪ ① ② ③ ④ ⑤ ⑥ ⑦ ⑧ ⑨
⓪ ① ② ③ ④ ⑤ ⑥ ⑦ ⑧ ⑨
⓪ ① ② ③ ④ ⑤ ⑥ ⑦ ⑧ ⑨
⓪ ① ② ③ ④ ⑤ ⑥ ⑦ ⑧ ⑨
⓪ ① ② ③ ④ ⑤ ⑥ ⑦ ⑧ ⑨

감독위원 확인
(인)

한국산업인력공단 6급 필기시험 답안카드

성명

지원 분야

문제지 형별기재란

( )형

Ⓐ Ⓑ

수험번호

	⓪	①	②	③	④	⑤	⑥	⑦	⑧	⑨
⓪	①	②	③	④	⑤	⑥	⑦	⑧	⑨
⓪	①	②	③	④	⑤	⑥	⑦	⑧	⑨
⓪	①	②	③	④	⑤	⑥	⑦	⑧	⑨
⓪	①	②	③	④	⑤	⑥	⑦	⑧	⑨
⓪	①	②	③	④	⑤	⑥	⑦	⑧	⑨
⓪	②	③	④	⑤	⑥	⑦	⑧	⑨

감독위원 확인

(인)

1	① ② ③ ④ ⑤	21	① ② ③ ④ ⑤	41	① ② ③ ④ ⑤	61	① ② ③ ④ ⑤
2	① ② ③ ④ ⑤	22	① ② ③ ④ ⑤	42	① ② ③ ④ ⑤	62	① ② ③ ④ ⑤
3	① ② ③ ④ ⑤	23	① ② ③ ④ ⑤	43	① ② ③ ④ ⑤	63	① ② ③ ④ ⑤
4	① ② ③ ④ ⑤	24	① ② ③ ④ ⑤	44	① ② ③ ④ ⑤	64	① ② ③ ④ ⑤
5	① ② ③ ④ ⑤	25	① ② ③ ④ ⑤	45	① ② ③ ④ ⑤	65	① ② ③ ④ ⑤
6	① ② ③ ④ ⑤	26	① ② ③ ④ ⑤	46	① ② ③ ④ ⑤	66	① ② ③ ④ ⑤
7	① ② ③ ④ ⑤	27	① ② ③ ④ ⑤	47	① ② ③ ④ ⑤	67	① ② ③ ④ ⑤
8	① ② ③ ④ ⑤	28	① ② ③ ④ ⑤	48	① ② ③ ④ ⑤	68	① ② ③ ④ ⑤
9	① ② ③ ④ ⑤	29	① ② ③ ④ ⑤	49	① ② ③ ④ ⑤	69	① ② ③ ④ ⑤
10	① ② ③ ④ ⑤	30	① ② ③ ④ ⑤	50	① ② ③ ④ ⑤	70	① ② ③ ④ ⑤
11	① ② ③ ④ ⑤	31	① ② ③ ④ ⑤	51	① ② ③ ④ ⑤	71	① ② ③ ④ ⑤
12	① ② ③ ④ ⑤	32	① ② ③ ④ ⑤	52	① ② ③ ④ ⑤	72	① ② ③ ④ ⑤
13	① ② ③ ④ ⑤	33	① ② ③ ④ ⑤	53	① ② ③ ④ ⑤	73	① ② ③ ④ ⑤
14	① ② ③ ④ ⑤	34	① ② ③ ④ ⑤	54	① ② ③ ④ ⑤	74	① ② ③ ④ ⑤
15	① ② ③ ④ ⑤	35	① ② ③ ④ ⑤	55	① ② ③ ④ ⑤	75	① ② ③ ④ ⑤
16	① ② ③ ④ ⑤	36	① ② ③ ④ ⑤	56	① ② ③ ④ ⑤	76	① ② ③ ④ ⑤
17	① ② ③ ④ ⑤	37	① ② ③ ④ ⑤	57	① ② ③ ④ ⑤	77	① ② ③ ④ ⑤
18	① ② ③ ④ ⑤	38	① ② ③ ④ ⑤	58	① ② ③ ④ ⑤	78	① ② ③ ④ ⑤
19	① ② ③ ④ ⑤	39	① ② ③ ④ ⑤	59	① ② ③ ④ ⑤	79	① ② ③ ④ ⑤
20	① ② ③ ④ ⑤	40	① ② ③ ④ ⑤	60	① ② ③ ④ ⑤	80	① ② ③ ④ ⑤

※ 본 답안카드는 마킹연습용 모의 답안카드입니다.

한국산업인력공단 6급 필기시험 답안카드

성 명	

지원 분야	

문제지 형별기재란	(A) (B)
( )형	

수 험 번 호

0	1	2	3	4	5	6	7	8	9
0	1	2	3	4	5	6	7	8	9
0	1	2	3	4	5	6	7	8	9
0	1	2	3	4	5	6	7	8	9
0	1	2	3	4	5	6	7	8	9
0	1	2	3	4	5	6	7	8	9
0	1	2	3	4	5	6	7	8	9

감독위원 확인
(인)

번호	①	②	③	④	⑤	번호	①	②	③	④	⑤	번호	①	②	③	④	⑤	번호	①	②	③	④	⑤
1	①	②	③	④	⑤	21	①	②	③	④	⑤	41	①	②	③	④	⑤	61	①	②	③	④	⑤
2	①	②	③	④	⑤	22	①	②	③	④	⑤	42	①	②	③	④	⑤	62	①	②	③	④	⑤
3	①	②	③	④	⑤	23	①	②	③	④	⑤	43	①	②	③	④	⑤	63	①	②	③	④	⑤
4	①	②	③	④	⑤	24	①	②	③	④	⑤	44	①	②	③	④	⑤	64	①	②	③	④	⑤
5	①	②	③	④	⑤	25	①	②	③	④	⑤	45	①	②	③	④	⑤	65	①	②	③	④	⑤
6	①	②	③	④	⑤	26	①	②	③	④	⑤	46	①	②	③	④	⑤	66	①	②	③	④	⑤
7	①	②	③	④	⑤	27	①	②	③	④	⑤	47	①	②	③	④	⑤	67	①	②	③	④	⑤
8	①	②	③	④	⑤	28	①	②	③	④	⑤	48	①	②	③	④	⑤	68	①	②	③	④	⑤
9	①	②	③	④	⑤	29	①	②	③	④	⑤	49	①	②	③	④	⑤	69	①	②	③	④	⑤
10	①	②	③	④	⑤	30	①	②	③	④	⑤	50	①	②	③	④	⑤	70	①	②	③	④	⑤
11	①	②	③	④	⑤	31	①	②	③	④	⑤	51	①	②	③	④	⑤	71	①	②	③	④	⑤
12	①	②	③	④	⑤	32	①	②	③	④	⑤	52	①	②	③	④	⑤	72	①	②	③	④	⑤
13	①	②	③	④	⑤	33	①	②	③	④	⑤	53	①	②	③	④	⑤	73	①	②	③	④	⑤
14	①	②	③	④	⑤	34	①	②	③	④	⑤	54	①	②	③	④	⑤	74	①	②	③	④	⑤
15	①	②	③	④	⑤	35	①	②	③	④	⑤	55	①	②	③	④	⑤	75	①	②	③	④	⑤
16	①	②	③	④	⑤	36	①	②	③	④	⑤	56	①	②	③	④	⑤	76	①	②	③	④	⑤
17	①	②	③	④	⑤	37	①	②	③	④	⑤	57	①	②	③	④	⑤	77	①	②	③	④	⑤
18	①	②	③	④	⑤	38	①	②	③	④	⑤	58	①	②	③	④	⑤	78	①	②	③	④	⑤
19	①	②	③	④	⑤	39	①	②	③	④	⑤	59	①	②	③	④	⑤	79	①	②	③	④	⑤
20	①	②	③	④	⑤	40	①	②	③	④	⑤	60	①	②	③	④	⑤	80	①	②	③	④	⑤

2025 최신판 시대에듀 사이다 모의고사
한국산업인력공단 6급 NCS+한국사+영어

개정6판1쇄 발행	2025년 06월 20일 (인쇄 2025년 05월 16일)
초 판 발 행	2019년 10월 10일 (인쇄 2019년 09월 27일)
발 행 인	박영일
책 임 편 집	이해욱
편 저	SDC(Sidae Data Center)
편 집 진 행	여연주 · 정수현
표지디자인	현수빈
편집디자인	유가영 · 임창규
발 행 처	(주)시대고시기획
출 판 등 록	제10-1521호
주 소	서울시 마포구 큰우물로 75 [도화동 538 성지 B/D] 9F
전 화	1600-3600
팩 스	02-701-8823
홈 페 이 지	www.sdedu.co.kr
I S B N	979-11-383-9368-3 (13320)
정 가	18,000원

합격의공식
시대
에듀

www.sdedu.co.kr

사사사
이이
다다다

사일 동안
이것만 풀면
다 합격!

한국산업인력공단 6급
NCS + 한국사 + 영어

기업별 맞춤 학습 "기본서" 시리즈

공기업 취업의 기초부터 심화까지! 합격의 문을 여는 **Hidden Key!**

기업별 시험 직전 마무리 "모의고사" 시리즈

실제 시험과 동일하게 마무리! 합격을 향한 **Last Spurt!**

※**기업별 시리즈** : HUG 주택도시보증공사/LH 한국토지주택공사/강원랜드/건강보험심사평가원/국가철도공단/국민건강
보험공단/국민연금공단/근로복지공단/발전회사/부산교통공사/서울교통공사/인천국제공항공사/코레일 한국철도공사/
한국농어촌공사/한국도로공사/한국산업인력공단/한국수력원자력/한국수자원공사/한국전력공사/한전KPS/항만공사 등

※도서의 이미지 및 구성은 변동될 수 있습니다.

NEXT STEP

시대에듀가 합격을 준비하는
당신에게 제안합니다.

성공의 기회
시대에듀를 잡으십시오.

시대에듀

기회란 포착되어 활용되기 전에는 기회인지조차 알 수 없는 것이다.
– 마크 트웨인 –